# 인간과 잣대

국어과 평가의 새로운 탐색

전 북 대 학 교
교과교육연구총서 ❷

# 인간과 잣대

국어과 평가의 새로운 탐색

권순희 · 소미영 · 안재란 · 임미성 · 김병오
최은경 · 정승우 · 문  신 · 이중진

도서출판 역락

## 발간사

이 시대 교육의 중요성에 대해서는 다시 강조해도 부족함이 없을 듯합니다. 우리 전북대학교 사범대학은 지역사회와 나라를 대표하는 교육 연구와 실천의 요람으로서 나름의 역할을 충실히 해왔음을 자부합니다. 그동안 안으로는 학문적으로 교육의 이론을 세우고, 밖으로는 이를 실천하는 우수한 선생님들을 수없이 배출해 온 역사가 이를 잘 보여준다고 믿습니다. 그러나 하루가 다르게 변화하는 교육 현실은 우리에게 또 다른 도전을 요구하고 있습니다.

특히 그동안 광범위한 영역에서 교과 교육은 있어 왔으나, 이에 관한 이론 수준의 연구가 부족했던 것이 사실입니다. 이에 우리 전북대학교 교과교육연구소는 이런 학계와 교육계의 반성을 바탕으로 교과 교육 방면의 지식 체계를 구조화할 수 있는 이론의 개발에 노력하기로 했습니다. 교과교육연구총서의 발간과 보급은 이를 뒷받침할 수 있는 사업의 하나로 기획된 것입니다.

이론 없는 실천은 공허하기 쉽습니다. 우리의 궁극적 목표는 교육 현장에서 이루어지는 것이지만, 이를 위해서는 치열한 이론 탐구가 전제되어야 합니다. 이론 제시가 토론을 낳고, 토론의 결실이 현장에 반영되고, 다시 그 결과가 이론 연구에 영향을 주어야 합니다. 학교 현장에서의 교육은 교과 교육의 형태를 띠고 있습니다. 때문에 교과 교육에 대한 이론적 연구는 어떤 연구보다 우선시되고 중요하게 여겨져야 할 것입니다. 우리 전북대학교 교과교육연구소는 앞으로도 이 점에 역점을 두고 여러 사업을 진행해 나가고자 합니다.

우리 연구소의 노력이 총서의 형태로 결실을 맺기까지는 집필에 참여해주신 연구자 여러분은 물론이거니와, 많은 분들의 헌신적인 노고가 깃들어 있음을 잘 알고 있습니다. 우리는 이를 항상 기억하고 또 다른 결실로 보답하기 위해 노력하고자 합니다. 특히 이런 뜻깊은 사업의 취지에 동감하고 아낌없는 지원을 해주시는 전북대학교 당국의 배려에 감사의 말씀을 드립니다.

　이제 약간은 두근거리는 심정으로 우리 노력의 결과를 하나씩 세상에 내놓고자 합니다. 아무쪼록 이 총서를 접하는 많은 이들에게 의욕과 성과가 함께 하기를 기원합니다.

전북대학교 교과교육연구소장

## 책머리에


　우리는 살아가면서 많은 사람을 만나고, 그들과 소통하며 살아간다. '소통'에는 여러 방법들이 있으나 가장 핵심이 되는 것은 '의사소통 능력'이라 할 수 있다. 현대 사회에서는 기본적이고 단순한 이해와 표현 이상으로 다양한 매체로 표상된 타인의 '말'과 '글'을 이해하고 반응하는 능력이 필요하다. 아울러 수용과 이해를 넘어 문화를 창조해내는 능력까지도 포함하는 새로운 '의사소통 능력'을 필요로 한다.

　이런 맥락에서 2007년 개정 국어교육과정에서도 '담화와 텍스트의 생산과 수용'을 강조하고 있다. 국어 능력의 핵심이 바로 '창조적인 의사소통 능력'에 있다는 것이다. 이렇듯 중요한 의사소통 능력은 국어과에서 핵심적으로 교수해야 할 영역이며 평가도 그런 맥락에서 이루어져야 한다.

　국어과 평가에 대한 연구는 '국어과 평가의 방향과 원리에 관한 연구', '국어과 평가 도구에 관한 연구'로 범주화할 수 있으며, 특히 기존의 연구를 바탕으로 영역별 평가 연구로 세분화되고 있는 추세이다.

　이 책은 이러한 바탕 위에 국어과의 각 영역별로 그간의 평가가 가진 문제점을 짚어보고, 국어과 평가 본연의 평가를 지향하는 평가 방식과 결과 보고 방식 등을 제안하는 데 그 목적이 있다. 국어교육 평가에 대한 단행본이 많지 않은 상황에서 용기를 내어 이 책을 일구게 되었다. 집필진의 대다수는 전북대학교에서 박사과정을 하면서 연구하고 있는 국어교육 현장 교사와 문학가, 한국어교육 강사들이다. 각각 자신의 국어교육 현장에서 혹은 문학의 의사소통 현장에서 발견한 국어과 평가에 대해 진지한 고민과 성찰을 토대로 우리 국어과 평가가 진정한 평가가 되기 위한 대안적 방법을 제시하고 있다.

그래서 평가에 대한 논의의 범위는 초등에서 중등, 그리고 세계 속의 한국어 교육까지 닿아있다. 영역은 국어과 교육과정의 영역 분류에 따라 듣기·말하기, 읽기, 쓰기, 국어지식(문법), 문학, 한국어로 나누었다. 각각의 논의는 '현행 국어과 평가는 어떤 점이 문제인가', '국어과 평가는 왜 하는가', '국어과 평가에서는 어떤 점을 주목해야 하는가', '평가 문항은 어떠해야 하는가' 등에 대한 심도 있는 고민을 기저로 하고 있다. 국어교육 실천에 몸담고 있는 저자들의 눈을 통해 평가를 바라본 것으로 다분히 실제적이며 과정 지향적, 생태학적인 일면이 있다.

이 책이 국어과 평가의 모든 내용을 다루고 있는 것은 아니다. 다만, 국어과 평가를 실제 교수·학습의 실천을 담당하고 있는 입장에서 새롭게 바라보는 하나의 출발점이 될 수 있다. 이 책이 가진 부족함은 앞으로의 국어교육 발전으로 해결될 거라 믿고, 책을 읽는 분들의 아낌없는 조언과 충고를 기다린다.

책이 나오기까지 협력해주신 여러 사람들의 노고에 감사드린다. 전북대학교 어문교육학과 박사과정 대학원생들, 도서출판 역락의 관계자 여러분, 끝까지 원고 교정과 윤문 등을 꼼꼼히 봐준 임미성, 소미영, 최은경 선생님에게도 감사드린다. 마지막으로 우리에게 늘 용기와 도전의 힘을 주시는 하나님과 변함없는 사랑으로 함께해주신 분들께 감사를 드린다.

2009년 3월 봄이 오는 교정에서
권 순 희

# 차 례

# 국어과 교육 평가의 현황과 문제점

권순희

현 정부에서 실시한 일제고사에 대한 찬반 논란이 있다. 일제고사 시험 거부로 몇몇 교사들이 해임되거나 파면되었고, 성적 조작 보고로 교육 관계자들이 해임되었다(2008년, 2009년 신문참고). 일제고사가 학생들에게 미친 긍정적인 영향은 무엇인지 의심스럽다.

일제고사는 일종의 상대평가이다. 상대평가가 언제부터 실시되었는지 정확한 기록을 찾기는 쉽지 않다. 선발을 목적으로 한 평가에서 상대평가의 기원을 찾는다면 그 기원은 여러 시대를 거슬러 올라가게 된다. 과거제도도 일종의 상대평가[1]일 수 있다. 그러나 선발이 아니라 줄세우기식 평가로 상대평가를 본다면 얘기는 달라진다. 상대평가는 우리나라 국어교육사에서 볼 때 일제강점기(1920~1945년)에 처음으로 시행되었다고

---

[1] 동양에서 과거제도의 중요성을 논의한다면 서양에서는 근대 이후 등장한 선발 평가의 중요성을 논의할 필요가 있다. 서양에서 시민 혁명 후 실시된 근대적 의미의 선발 평가는 신분 제도 붕괴의 사회적 의미가 있다. 타고난 신분으로 국가 권력을 차지하지 못하게 된 사회적 구조는 국가에서 인정하는 선발제도에 의해 권력을 차지하게 되는 구조로 발전한다. 국가 차원의 선발 평가인 상대평가가 생기게 된 이유이다. 시민 혁명 이후 국가라는 권위 있는 기관에서 인정하는 평가로 국가의 지배층을 고용하게 되는 문화의 형성이 상대 평가를 가져온 것이다.

본다. 천경록(2005 : 305)에서, "일제강점기에 학급 석차를 매기는 상대평가가 처음으로 시행되었다. 특정 집단에서 상대적인 서열을 판정하여 석차를 매기는 일은 전통 교육과 개화기 교육에서는 없었다"고 기록하고 있다. 반면에 전통 서당 교육에서 학습자의 학습 능력이나 학습 속도에 따라 경서의 종류나 진도에 차등을 두었다는 것은 익히 알고 있는 사실이다. 개화기 근대 학교에서도 이런 방법은 유지되었다. 천경록(2005 : 306)에서는 "일제 강점기에 상대평가를 실시한 것은 한국 민족을 분할시키고 학력주의를 조장하려는 의도를 반영한 것"이라고 지적하고 있다.

성태재(2002 : 36)에서는 미국의 평가 역사를 밝히고 있다. 타일러(Tyler)가 교육평가(Educational Evaluation)라는 용어를 사용하던 1930년부터 본격적인 평가가 이루어진 것으로 보고 있다. 1930년부터 세계 2차 대전이 종료한 1945년까지를 타일러 시대라고 명명한다. 타일러는 8년 연구에서 미국 전역의 30개 중등학교에서 교육과정과 교수 전략의 효율성을 평가하였다. 학업 성취 수준의 준거 혹은 목표에 도달하였는지를 평가하였지만 학습 결과만 가지고 평가를 하여 학교에서 일어나는 내적 요인이 무시되었다고 비판을 받았다. 소련이 Sputnik 무인인공위성을 발사한 다음 해인 1958년에는 국가 수준의 표준화검사가 개발되었다(성태재, 2002 : 37). 이때 상대평가가 널리 이용되어 1957년 이후 수년간 학력 비교, 서열화 등의 목적으로 학업성취도를 비롯한 교육결과를 평가하였으나 1963년 이후에는 상대평가에 대한 비판이 제기되었다. Cronbach(1963)는 상호비교가 유행하는 현상을 보며, 교육 평가는 '어떤 말이 일등으로 들어왔느냐'에 관심을 두는 승마경기가 아니라고 비판하였다(성태재, 2002 : 38 재인용).

우석훈(2008 : 17)은 "우리나라 초등학교에서부터 고등학교까지 '승자독식'이라는 이름으로 강화된 입시경쟁과 '교육노동'이라는 이름으로 불리는 말도 되지 않는 경쟁관계는 바로 '워싱턴합의'가 근본 원인"이라고 보고 있다. 신자유주의 이론이 원인이라고 보고 있는 것이다. 워싱턴합의란 미국과 국제금융자본이 미국식 시장경제체제를 개발도상국 발전모델로 삼도록 하자고 한 합의를 일컫는다. 냉전 붕괴 이후 미 행정부와 국제통화기금(IMF), 세계은행 등 워싱턴의 정책 결정자들 사이에서는 '위기에 처한 국가' 또는 '체제 이행중인 국가'에 대해 미국식 시장경제를 이식하자는 모종의 합의가 이뤄졌다. 우석훈(2008)에 따르면 '워싱턴 합의'는 미국 정치경제학자 존 윌리엄슨이 1989년 주창한 것이라고 한다.

이런 의미에서 상대평가는 경제학 이론으로 설명할 필요가 생긴다. 상대평가는 참조효과[2]를 낸다. 97점을 맞은 학생은 100점을 맞은 학생이 있을 때 상대적 박탈감에 자신이 공부를 못하는 존재라고 생각하게 된다. 반면에 80점이 대부분인 학교에서 90점을 맞는 학생은 상대적으로 자신이 공부를 잘하는 존재라고 인식하게 된다. 그러나 상대평가의 참조효과는 긍정적인 측면보다 부정적인 측면이 강하다. 평가에서 상위 등급이나 상위 점수를 획득한 학생은 상대적으로 극소수이고, 다수는 낮은 등급이나 낮은 점수를 받았다고 인식하게 된다. 여러 차례의 평가가 진행될수록 학생들은 자신감에 상처를 입고, 상처를 끌어안고 살게 된다.

---

2) 로버트 프랭크(2007)가 경제학에서 논의한 '참조틀의 변화'라는 개념을 평가에 도입하여 필자가 고안한 용어이다. 예를 들어, 1,000만 달러에 육박하는 보석 브래지어가 백화점에 전시되었을 때, 수많은 고객들은 그것을 사지 못한다. 그러나 1,000만 달러 전시품에 일반인들의 반응은 의외의 효과를 낸다. "부자들은 1,000만 달러짜리 속옷을 사는데 100달러짜리 속옷쯤이야"라고 생각하면서 일반인들이 100달러짜리 속옷을 과감하게 구매하게 된다. 고객의 참조틀을 변화시켜 100달러짜리 속옷이 별것 아니라는 생각으로 소비를 하도록 조장하는 것이다. 지위 경쟁에 내몰린 자본주의의 시장 원리 속에 드러나는 일반인의 소비 현상을 대변하는 해석이다. 자동차도 마찬가지다. 자동차는 지위를 대변해 주는 지위재라고 한다. 지위재의 특징은 '절대적 가치'보다 '상대적 가치'가 중요하다는 점이다. 모두가 배기량 1500cc 자동차를 타는 동네에서 혼자 1700cc 자동차를 굴리는 것이, 모두가 2500cc 자동차를 타는 동네에서 자기만 2000cc 자동차를 모는 것보다 선호되는 이치다. 프랭크는 '지위 경쟁'에 내몰린 사람들의 어쩔 수 없는 선택이라는 점을 강조한다.

절대적 가치보다 상대적 가치가 중요하다고 생각하고 경쟁에 내몰린 학생들은 무한한 경쟁 속에서 지속적으로 상대적 박탈감을 맛보게 된다. 이것이 '참조효과'이다. 평가가 참조효과를 가중하다보면 상대적 비교 평가로 학습자의 자존감은 약화되고, 성취의욕은 없어진다. 그 결과, 평가에 대한 실패감을 더 맛보게 되는 효과가 생긴다. 평가 후 계속적인 실패감의 강화는 학습자의 학습 효과를 상대적으로 떨어뜨린다. 초등학교에 비해 중·고등학교에 진학하면서 즉, 교육이 진행되면서 학생들은 자신감 있는 성취의욕을 느끼기보다 실패감을 더 맛보게 된다. 교육이 상대적 실패자를 양성하게 된다면 문제이다. 이것이 우리나라 교육 평가의 문제이다. OECD국가를 상대로 시행하는 평가인 PISA에 의하면 우리나라 학생들은 상위 수준의 실력을 자랑한다. 그러나 자신감과 흥미도 면에서는 최하위 수준이라고 한다. 이러한 시험 결과는 참조효과를 드러내는 평가 속에서 학생들의 상처가 깊어감을 방증한다.

평가가 처치, 치료, 개선 효과를 내는 것이 아니라 참조효과를 낸다면 문제이다. "난 저 애보다 못하다."라는 참조효과를 내는 것이 아니라 "난 할 수 있어."라는 개선 효과를 내는 평가의 방향으로 나아가야 한다. 교육 받고자 하는 의욕을 길러주는 평가의 방향으로 나아가야 한다. 요즘 중·고등학교 졸업식에 학생들이 교복을 찢고, 교사들에게 분풀이를 하는 행동을 한다고 뉴스에서 보도(2009년 2월 현재)하곤 한다. 교육의 과정에 분풀이를 하는 현상은 궁극적으로 평가에 대한 분풀이가 큰 몫을 차지하는 것으로 보인다. 성취의욕을 고양시키고, 나아진 모습에 대한 만족과 개선 의욕을 고취시켜주는 쪽으로 평가가 이루어진다면, 분풀이식의 교육 현장이 달라지리라 본다.

다수의 학생들은 평가의 결과가 성공적이었던 때를 기억하기보다 평가의 결과가 실망스러웠던 때를 더 많이 기억한다. 소수의 학생만이 평가 결과가 성공적이었던 때를 기억할 것이다. 상대평가를 많이 하면 할수록 평가 결과가 성공적이었던 때를 기억하기보다는 실패한 경험을 기억하게 할 것이다. 수많은 경쟁 속에서 나보다 더 나은 경쟁자가 수없이 많은 상황에서 무엇을 위한 경쟁인가에 대한 정체성도 없이 끝없는 경쟁 속에 학생들이 내몰리고 있다. 이를 개선하기 위해서는 평가가 '새롭게 교육 방향의 가능성을 제시'하는 역할을 해야 한다.

초등학교 학생이 중학교, 고등학교에 진학하면서 발표력, 학습 의욕이 떨어지고 학습에 소극적이게 되는 현상, 적극적 탐구 학습 의욕의 상실에도 평가가 한몫하고 있다. 성취의욕을 높여주는 산출물 생산의 쾌감, 창조의 기쁨을 누리는 평가가 무엇인지 찾아야 할 것이다.

학습에 대한 성취도가 최상위권인 학생들이 학습에 대한 흥미도와 자신감도 높은 점수를 보여줄 거라 생각하기 쉽다. 그러나 현실은 그렇지 못하다. 우리나라 학생들은 OECD 주요 국가들을 대상으로 한 PISA 결과에 따르면, 학습 흥미도, 자신감, 협동적 학습에 대한 선호도, 자기 주도적 학습 능력 역시 매우 낮았다. 한마디로 우리나라 학생들은 성적은 높으면서도 스스로 잘할 수 있다는 생각이 부족하고 동시에 해당 교과목에 대한 흥미도가 매우 낮다. 우리 교육의 취약점이라 할 수 있다.

국제 교육성취도 평가협회(IEA)는 50개국 만 13세 학생(8학년, 한국 중2)을 대상으로 2007년 실시한 '수학·과학 성취도3) 추이 변화 국제비교연구(TIMSS 2007)' 결과를 2008년 12월 10일 발표한 바 있다. 세계 23만 명을 대상으로 조사했으며 우리나라는 150개 중학교, 5,448명이 참여하였다. 성취도 면에서 수학은 2위, 과학은 4위를 기록하는 성적이었다. 그러나 자신감 지수에서 "수학에 자신이 있다"는 학생은 29%(국제 평균

---

3) 국어 성취도 추이 비교는 이 책 149쪽에서 다루고 있다.

43%)로 조사 대상국 중 43위였다. 과학도 24%(국제 평균 48%)로 27위였다. 또 흥미도 지수에서 "수학이 즐겁다"는 학생은 33%(국제 평균 54%)로 43위, "과학이 즐겁다"는 학생은 38%(국제 평균 65%)로 29위였다. "수학, 과학을 배우는 것이 가치 있다"는 인식도 국제 평균보다 낮았다. 수학 학습이 가치 있다는 학생은 53%(국제 평균 78%)로 45위, 과학은 41%(국제 평균 66%)로 26위였다. 학업에 대한 흥미도와 자신감이 있어야 지속적으로 학업성취도가 성장할 수 있는데, 이 지표가 다른 나라에 비해 안 좋은 것은 우리 학생들의 경쟁력이 장기적으로 떨어질 가능성이 있다는 것을 의미한다.

이 책에서 소개하는 연구는 상대 평가의 문제점에 대한 기본 인식을 기저에 두고 이를 극복하고자 하는 대안 제시에 주안점을 두어 논의하였다. 인지적 영역에 대한 평가와 더불어 정의적 태도에 대한 평가를 시도한 것이 이 때문이다.

정의적 태도란 교과 흥미도, 학습 동기, 문제 해결에 대한 자신감, 협동학습 선호도, 평생 학습에 필요한 자기주도적 학습 능력 등을 의미한다. 우리나라 학생들의 정의적 태도가 떨어지기 때문에 중·고교 때는 학력이 우수하지만 대학만 가면 경쟁력이 떨어지는 현상이 나타난다.

학업성취도가 조금 낮더라도 학생들의 정의적 태도가 높게 나오는 게 오히려 더 중요하다. 조향숙(2008)은 "과학이 재미있다고 응답한 학생의 비율을 조사한 결과 초등생 58%, 중학생 48%, 고교생 32%로 나타났다"며 "입시 위주의 교육이 학년이 올라갈수록 흥미와 자신감을 떨어뜨리는 원인"이라고 지적했다.

평가는 교육 정책 차원의 방향에 따라 좌우되는 경우가 더 많다. 그러나 이론연구나 교육 현장에서는 실천자로서의 교사에 초점을 두어 논의하고 있다. 이것이 어쩔 수 없는 학자들의 한계이며 현실의 모순인지도 모르겠다. 한편으로는 가능태에서 변화를 찾으려는 몸부림인지도 모르겠다.

천경록(2005)에서도 "교사는 평가를 실시할 때에 사려 깊게 계획을 세워 추진해야 한다. 평가 계획은 시간을 고려하여 장기, 중기, 단기 계획을 세워 추진해야 한다. 먼저 평가 목적을 분명히 해야 한다. 누구를 대상으로 어떤 정보를 얻어서 어떤 용도로 활용할 것인가를 결정해야 한다. 선발이나 서열과 같은 사회적 목적에 초점을 두는 것인지 학습자의 진단이나 재시도 등과 같은 교육적 목적에 초점을 두는 것인지 결정해야 한다"(천경록, 2005 : 333)고 밝히고 있다. 이 책에서는 주로 후자에 초점을 두어 국어과 교육의 평가를 논의하였으며 국가 수준의 평가에 대한 논의도 포함하였다.

이 책의 기저에 흐르는 평가에 대한 철학을 논의하면 다음과 같다.

## (1) 평가는 문화이다

평가는 문화이다. 평가 제도는 한 사회에서 만들어낸 교육 문화이다. 문화를 바꾸거나 거슬러 행동한다는 것은 쉬운 일이 아니다. 사회적 약속을 바꾸어야 하기 때문이다. 평가 제도를 바꾼다는 것은 사회적 합의를 얻어내야 가능한 것도 이 때문이다.

변화시키기 어렵다고 포기해서는 안 되는 것이 또한 문화이다. 생명체가 나고, 자라고, 변화하듯이 사회 전반에 있는 문화 역시 생명력을 가진 것이기 때문이다. 생성, 변화, 소멸을 하면서 생태학적으로 살아 움직이며 그 작용태를 형성하는 것이 문화이듯이 평가 역시도 변화하면서 생명력을 가지고 역동적인 속성으로 작용해야 한다.

## (2) 평가는 잣대이다

평가는 잣대이다. 교육에서 평가는 학습된 정도를 측정하는 잣대이다.

그런데 그 잣대가 학습 결과를 재는 잣대이기도 하지만 학습 상태를 알아보는 잣대이기도 하다.

평가는 현재 모습만을 재는 잣대가 되어서는 안 된다. 평가는 학생의 과거 학습 문화를 읽어 개선해주고, 현재 학습 상태를 점검해주며, 미래의 가능성을 도와주고 예측해보는 문화적 작용태가 되어야 한다.

### (3) 평가는 목표가 중요하다

평가는 판단의 끝이 아니다. 평가는 학습자의 국어사용 능력 계발을 위해 거쳐야 할 통로이다. 일상생활에서도 목표를 점검해 보아야 바른 길로 가고 있는지 알 수 있듯이 평가의 목표를 점검하여 평가가 교육적으로 긍정적인 방향을 향해 가고 있는지 살펴야 한다. 예를 들면, 누군가 자동차를 타고 여행을 간다고 하자. 옆 차가 가는 길을 따라 갈 것이 아니라 자신이 가고자 하는 목적지를 향해 가야 한다. 옆 차와의 속도 비교가 아니라 자신이 가는 방향을 점검해야 한다.

국어교육에서도 다른 사람과의 비교에 중점을 둔 평가보다는 목표 점검을 위한 개별화된 맞춤형 평가에 중점을 두어야 한다. 이렇게 될 때 평가가 피해야 할 저주가 아니라 미래를 대비하기 위한 축복의 통로가 될 수 있다.

### (4) 평가는 치료이자 성장이다

교육의 장에서 평가는 학생이 지속적으로 성장하고 발달할 수 있도록 돕기 위한 징검다리 역할을 수행한다(정구향, 2005 : 337). 교육평가의 본질적 기능은 학생이 도달하여야 할 목표에 어느 정도나 성취하였는지를 점검하고, 그 결과를 학생이나 교사, 부모에게 제공해 주어 학생이 나아갈 좌표를 알려주고 도와주는 역할을 담당하는 것이다. 그러나 현실은 그러하지 못하다. 학생들이 얻은 평가 결과는 시험의 난이도나 그들이 속한 집단의 특성에 영향을 받은 상대 평가가 대부분이다. 평가로 인하여 좌절감을 맛보며 상처 입은 것을 새로운 평가로 치료해 주며 평가가 학생의 성장을 돕는 역할을 해야 한다.

정구향(2005 : 336)에서는 국어과 평가는 "국어과 교육 목표를 교수 학습 활동을 통하여 얼마나 도달하였는지를 파악하는 활동이고, 학생의 국어과 학습에 대한 장단점을 파악해 이를 교수 학습에 피드백하기 위한 활동이며, 국어과 교육 활동을 개선하기 위해 변인별 각종 정보를 수집하고 이를 분석하여 활용하는 과정"이라고 정의하고 있다. 신헌재 외(2005 : 176)에서는 국어과 평가를 "학습자의 국어과 성취 정도를 향상시키기 위해 교육 주체들이 학습자의 국어과 성취에 영향을 주는 특성에 관한 정보를 수집하여 해석하는 일련의 협동적이며 상호작용적인 의사결정 활동"으로 보고 있다. 학자들의 이러한 논의는 수행평가에 대한 필요성으로 실천을 유도하였다. 그러나 교육현장에서는 여전히 수행평가에 대한 오해와 평가의 악용이 이루어지고 있다. 수행평가 역시 또 다른 상대평가로 변모하고 있다.

국가 수준의 평가에 대한 연구로는 정구향(2005), 천경록(2008)을 들 수 있다. 읽기 평가에서는 지문의 난도를 보여주는 이독성 지수나 지문 당 평균 문항수, 문장 수 등을 논의할 정도(천경록, 2008)로 세부적인 연구가 이루어지고 있다. 천경록(2008)에서는 한국과 미국의 국가수준 학력평가를 논하면서 기초학력은 교육의 기초가 된다는 점을 지적한다. 기초학력은 그 성격이 시대나 상황 등에 크게 영향 받지 않는 보편적인 교육 내용으로 정교화되어야 하고 기초 학력에 대한 역사적 추이를 분석하는 것도 중요한 평가 목적이 되어야 한다고 밝히고 있다. 이견이 많은 논제이다. 국가 수준의 평가에서 평가 방법의 문제와 질의 문제를 연구할 필요가 있다.

이 책의 구성은 국어교육의 영역 분류에 따라 듣기·말하기, 읽기, 쓰기, 국어지식(문법), 문학, 한국어로 나누어진다. 듣기·말하기 영역에서는 대인 관계 중심의 듣기 평가인 공감적 듣기 평가를 다루었다(소미영 집필). 인간관계를 중시하는 듣기보다는 정보 중심적 듣기를 강조하고, 정의 중심적 사고보다는 논리적 사고와 비판적 사고에 초점을 둔 일반적인 듣기 평가를 점검해 보기 위한 시도이다. 평가의 앞면에 나서지 못한 관계 중심적 듣기 평가의 중요성을 놓치지 않기 위해 다루었다. 생명이 있는 말, 사랑이 있는 말을 회복할 때 언어문화가 회복된다는 철학의 반영이다. 읽기 영역에서는 개별화 평가에 중점을 두어 읽기 평가를 설계해 보았고(안재란 집필), 사고 구술 기법을 활용하여 읽기 과정을 평가하는 사례를 질적 연구 방법으로 해석하였으며(임미성 집필), 수학능력시험에 등장하게 된 시각자료가 평가 난이도에 미치는 영향을 살펴봄으로써 읽기 문항 구성에 대한 기초 연구(김병오 집필)를 살펴보았다. 쓰기 영역에서는 중학교 논술의 평가 기준을 마련하여 고등학교 논술 평가와는 다른 면모를 구안(최은경 집필)하였다. 표현 능력의 측정보다는 사고력을 평가하는 방향으로 논의하였고, 문체, 효과적인 표현 전략, 응집성, 문화적 관습으로 평가 기준을 삼았다. 문화적 관습을 평가 요소로 다룬 것은 다문화 시대에 대한 대비적 차원이 크다. 국어지식 영역에서는 교과서에서 형성평가적 성격을 지닌 되돌아보기와 일반적으로 행해지는 중간고사, 기말고사의 실제를 검토하였다. 그 결과 영역 통합 평가, 탐구 과정이 요구되는 평가, 태도 평가에 대한 제안을 하였다(정승우 집필). 문학영역에서는 '인간 이해'라는 문학교육 평가의 이상적인 목표를 전제로 학습자 정서를 중심으로 문학 평가의 항목을 제시하고자 하였다(문신 집필). 한국어 영역에서는 한

국어 작문의 숙달도 평가 방안을 모색하였다. 학습자의 언어능력을 객관적이고 일괄적으로 평가한다는 측면에서 살펴본 논의이다(이중진 집필). 내용과 범위는 다양하지만 여기 실린 모든 연구는 학습자 중심의 평가를 지향하였다. 인간 중심적 평가관을 지향하려고 했으며 태도, 정서 등 정의적 영역에 대한 평가도 시도하였다는 점이 이 책의 큰 성과이다.

평가의 대부분은 인지적 영역에 제한되어 있다. 김대행 외(2000)은 정의적 속성 평가의 중요성에도 불구하고 일반적으로 정의적 속성의 평가를 회피하려고 한다고 하였다. 이는 정의적 성과가 애매한 것이거나 학교에서 시행하는 수업으로는 획득할 수 없는 것이라고 믿는 탓이라고 보고 있다. 이렇듯 정의적 영역의 평가는 눈에 보이지 않는 부분이기 때문에 평가자마다 다양하고 아는 것과 실행하는 것이 곧바로 대응되는 것이 아니라는 한계를 가지고 있다. 하지만, 정의적 영역 또한 평가에서 배제할 수 없을 정도로 매우 중요한 평가요소이다.

인지적 영역과 정의적 영역에 대한 언어의 문제 중심에는 인간이 있다. 국어교육에서의 평가는 인간을 중심에 둔 평가여야 하기 때문에 인간과 잣대라는 표제를 선택하였다.

# 참고문헌

교육과학기술부(2008), 초등학교 교사용 지도서 국어 6-1.

교육과학기술부(2008), 초등학교 말하기 · 듣기 · 쓰기 6-1.

교육부(2002), 4학년 1학기, 2학기 읽기 교과서.

교육부(2002), 4학년 국어 교사용 지도서.

교육인적자원부(2002), 초등학교 교사용 지도서.

구인환 외(1988) 문학교육론, 삼지원.

김규훈(2007), "공감적 듣기 교육의 평가 방안 모색", 화법연구 11, 한국 화법학회.

김대행 외(2000) 문학교육론, 서울대학교 출판부.

김진규, 안주호(2006), "국어 지식 영역의 내용과 평가 방법에 관한 고찰", 『새국어교육』 제73호.

로버트 프랭크 저(2007), 황해선 역(2009), 부자아빠의 몰락, 창비.

류성기 외(2001), 제7차 교육과정에 따른 국어과 읽기 · 쓰기 수행평가 연구, 교육인적자원부.

박희숙(2007), "청자 반응 전략지도가 듣기 결과에 미치는 영향 연구", 제15회 한국화법학회 전국학술대회 자료집, 한국화법학회.

백경녀(2001), "청소년의 언어사용 실태와 개선방안 연구 - 통신언어 및 일상언어를 중심으로", 가톨릭대학교 석사학위논문.

송현정(2003), "국어 지식 영역의 성취도 평가에 관한 분석 연구", 이중언어학 23, 이중언어학회.

신헌재 외(2005), 초등 국어과 교수 · 학습 방법, 박이정.

우석훈(2008), "기아에 관한 어느 국제 전문가의 비방록", 장 지글러 저, 유영미 역(2008), 왜 세계의 절반은 굶주리는가?, 갈라파고스.

이관규(2003), "국어 지식 교육의 평가 내용과 방법의 현황 및 문제점", 이중언어학 23, 이중언어학회.

임칠성(1999), "듣기 영역 평가의 방향과 실제 연구", 1999년 국어교육연구소 정기학술대회 자료집, 서울대학교 국어교육연구소.

정상섭(2005), "공감적 듣기의 듣기 교육적 수용 연구", 한국초등국어교육 28, 한국초등국어교육학회.

조재윤(2007), "말하기 평가의 요소 설정 연구 - 델파이 기법을 이용하여 -", 새국어교육 75.

조향숙(2008), '초중고 수학 과학교육 개선방안' 제56회 한림원탁토론회, 서영표(2008),

한국 중고교생, "과학은 재미없다"…왜?, 동아사이언스, 2008년 12월 15일자.

천경록(2005), "국어교육 평가 변천사", 국어교육론1, 한국문화사.

소
미
영

# 공감적 듣기 평가의 실제

## 1. 공감적 듣기 평가의 필요

지금까지 듣기·말하기 교육은 인지심리학적 관점에서 내용 확인하기, 추론하기, 평가와 감상 등 기능 요소에 중점을 두어 지도해 왔다.[1] 이러한 교육과정 내용은 7차 교육과정에 이어 7차 개정 교육과정에서도 바뀌지 않았다. 그러다 보니 인간관계 측면에서 듣는 사람에 대한 정확한 이해와 공감, 말하는 사람에 대한 적절한 반응, 대화 상대자를 이해하고 존중하는 태도 등을 소홀히 할 수밖에 없다. 더욱이 국어교육의 내용이 학습자의 실제 삶과 유리된 공식적 상황의 말하기나 일방적 말하기 등을 다루고 있어 학습자의 실제 언어사용 능력을 향상시키기 어려운 점이 있다.

정서적 공유, 상대방을 배려하고 인정하는 태도, 개방적이고 무조건적

---

[1] 이 견해에 대한 반론이 언어 생태학적 관점이다. 언어 생태학적 관점에서 언어교육(이창덕, 2003)은 언어 사용 능력을 기르고, 그 능력을 바람직하게 사용해서 남들과 조화를 이루면서, 자신의 삶을 개선할 뿐 아니라 남들의 삶에도 기여하는 고차원의 삶을 영위할 수 있는 인간을 길러내는 교육이다. 언어 생태학적 관점에서 언어교육은 타인과의 적절한 의사소통을 통해 조화로운 삶을 살아가도록 하는 데 큰 중점을 두고 있다.

인 수용, 인간관계의 유지(정상섭, 2006) 등의 특성을 가지고 있는 공감적 태도에서 출발한 듣기 말하기 교육은 비공식적 말하기 듣기 상황, 즉 일상 언어를 중심으로 이루어지기 때문에 학생들의 실질적인 언어능력 신장에 많은 도움을 줄 수 있다. 이를 반영하여 공감적 화법, 공감적 의사소통, 공감적 듣기 등 공감적 듣기 말하기 교육을 적극적으로 국어교육 안에서 지도하고자 하는 움직임이 일고 있으며 필요성이 커지고 있다.

이 글은 공감적 의사소통 중에서도 공감적 듣기 교육과 평가에 초점을 맞추고자 한다. 일상생활에서 듣기가 차지하는 비중은 45%이고 학교수업상황에서는 60%(서혁, 1999)나 됨에도 불구하고 현대인들은 실제 자신들의 듣기능력이 서툴다[2]고 생각한다. 그에 비해 말하기와 쓰기, 읽기 능력을 개발하는 데는 많은 시간과 노력을 들이면서도 듣기교육의 기회는 상대적으로 낮아[3] 듣기 교육의 필요성이 높다. 더욱이 필요한 정보만을 선별해서 듣는 경향을 가진 현대인들에게는 타인과의 정서를 공유하면서 관계지향적으로 듣는 공감적 듣기에 대한 필요성이 더욱 높기 때문이다.

공감적 듣기 교육에 대한 관심이 정착되고 교육이 충실히 이루어지기 위해서는 교육 내용, 방법, 평가에 이르는 일련의 과정에 대한 지속적인 연구가 이루어져야 한다. 교육 내용, 교육 방법, 평가가 각각 따로 존재하는 것이 아니라 상호 보완적이며 유기적으로 연계가 되어야 하기 때문이다. 특히 평가의 문제는 교육 내용과 방법의 타당성을 검증할 뿐 아니

---

2) 듣기능력을 조사해 본 결과 85% 이상이 보통이거나 그보다 못하다고 평가했고, 5%만이 우수하다고 답했다(Axley, 1996 : 77 ; 백미숙, 2005 : 82에서 재인용).

3) Brownell, J.(2005)는 커뮤니케이션 형태별 습득시기 및 학습 기회를 다음과 같이 설명했다.

| 커뮤니케이션 형태 | 습득시기 | 사용빈도 | 학습기회 |
|---|---|---|---|
| 듣 기 | 1위 | 1위 | 4위 |
| 말하기 | 2위 | 2위 | 3위 |
| 읽 기 | 3위 | 3위 | 2위 |
| 쓰 기 | 4위 | 4위 | 1위 |

라 교육 내용과 방법을 개선시킬 수 있다는 점에서 큰 의의를 가진다.

이에 공감적 듣기 말하기 교육의 필요성을 인식하며 공감적 듣기 지도에 대한 이론적 연구에서 벗어나 공감적 듣기 교육을 실제 현장교육에 적용해 본 다음, 평가 준거와 문항을 개발하여 평가해 보고자 한다. 아울러 공감적 평가 결과를 통해 공감적 듣기 교육의 필요성과 효과를 검증하고 공감적 듣기 교육에 새로운 방향을 방안을 모색해 보고자 한다.

## 2. 선행 연구 고찰

공감에 대한 연구는 심리학에서 시작되어 많은 연구가 진행되어 왔고 국어교육에서 공감적 화법으로 적용되었다(정상섭, 2006). 김규훈(2008)에서는 공감적 화법 중 공감적 듣기와 평가에 대해, 박희숙(2007)에서는 공감적 듣기교육을 일부 활용하여 연구하였다.

먼저 정상섭(2006)은 공감적 화법 교육 내용을 실제 초·중·고등학교 학생들의 일상대화를 표집한 후 결과를 분석하여 6개 영역에서 16개의 공감적 화법 교육 내용을 추출하였다. 정상섭이 제시한 교육 내용 중 공감적 말하기 요소를 제외한 13개만을 제시하면 다음과 같다.

[표 1] 정상섭의 공감적 화법 교육의 교육 내용

| 구 분 | 교육 내용 요소 | 관련된 언어사용 태도 |
|---|---|---|
| 상대방의 이야기를 잘 들어주기, 집중하여 듣기 | • 주의 깊게 듣기<br>• 상대방의 이야기를 끝까지 듣기<br>• 말하는 사람의 표정과 동작을 보며 듣기 | • 대화 상대자의 생각을 인정하고 존중하는 태도<br>• 대화 상대자의 생각을 끝까지 들어주는 태도<br>• 대화 상대자의 생각과 의견이 불일치하여도 들어주는 태도<br>• 대화 상대자의 의견을 집중하여 잘 듣는 태도 |

| 구 분 | 교육 내용 요소 | 관련된 언어사용 태도 |
|---|---|---|
| 수용적 경청하기 | • 상대방의 이야기를 있는 그대로 받아들이기 | • 상대방의 생각을 인정하고 존중하는 태도<br>• 대화 상대자의 생각과 의견이 불일치하여도 들어주는 태도 |
| 적극적인 듣기, 적극적인 대화 참여하기 | • 화자가 말을 잘하도록 도와주기<br>• 맞장구치기를 잘하기<br>• 상대가 이야기하기 좋도록 질문하기<br>• 상대방의 말에 적극적으로 응대하기<br>• 상대방의 의견을 들을 때 그 내용이 무엇인지 화자에게 재확인하며 듣기 | • 적극적으로 대화에 참여하는 태도<br>• 상대를 배려하면서 대화하는 태도<br>• 상황과 관계를 고려한 태도 |
| 감정 공유하기 | • 자신의 감정을 이해하고 표현하기<br>• 화자의 행동을 잘 관찰하여 감정을 잘 파악하기<br>• 타인의 감정을 이해하고 표현하기<br>• 말하는 이의 처지와 감정을 이해하며 듣기 | • 대화 상대자의 생각과 감정을 잘 이해하려는 태도<br>• 언어 사용의 진실한 태도 |
| 공감적 반응하기 | • 상대방의 생각과 감정을 잘 파악하고 자신의 말로 재진술하기<br>• 화자가 이해와 존중감을 느끼도록 말하기 | • 대화 상대자의 생각과 감정을 잘 이해하려는 태도 |

　뒤를 이어 김규훈(2008)은 공감적 듣기 교육에 대하여 논의하였는데 공감적 듣기를 듣기 전, 듣는 중, 들은 후 단계로 나타낸 다음 교육 내용과 교육 방법을 제시하였다. 듣기 전 활동인 '알기' 단계에서는 공감적 듣기의 개념적 지식을 아는 활동을, 듣는 중 활동인 '수행하기' 단계에서는 공감적 듣기를 수행하기 활동을, 들은 후 활동인 '점검하기' 단계에서는 공감적 듣기의 개념적 지식이나 수행기능에 대한 점검 활동을 제시하였다. 김규훈이 제시한 교육 내용과 구체적인 교수·학습 활동의 예는 [표 2]와 같다.

[표 2] 김규훈의 공감적 듣기 과정에 따른 교육 내용 요소

| 공감적 듣기<br>교육 내용 | 듣기·말하기<br>활동 유형 | 공감적 듣기 교육의<br>교수·학습 활동의 범주 | 공감적 듣기 교육의<br>교수·학습 활동의 예 |
|---|---|---|---|
| 공감적 듣기<br>활동 전 단계<br>교육 내용 | 알 기 | 공감적 듣기의 개념적<br>지식 알기 | 전반적인 구두 언어의 특성 이해하기, 공감적 듣기의 개념과 원리 알기, 공감적 자세 알기, 공감적 상황 이해하기, 공감적 어휘 알기, 공감적 표지 알기, 공감적 표현방식(통사나 담화)알기, 공감적 소리듣기의 강조점 알기 등 |
| 공감적 듣기<br>활동 중 단계<br>교육 내용 | 수행하기 | 공감적 듣기를 수행하기 | 처음 만난 친구와 공감적으로 대화하기, 친구의 고민을 공감적으로 들어주기, 화해를 위한 공감적 듣기, 토론 상황에서 공감적으로 듣고 논리적으로 말하기, 선생님에게 공감적으로 듣고 말하기 등 |
| 공감적 듣기<br>활동 후 단계<br>교육 내용 | 점검하기 | 공감적 듣기의 개념적 지식이나 수행기능에 대한 점검하기 | 공감적 듣기의 개념과 원리, 자세, 상황에 대해 평가하기, 반감의 표현과 공감적 표현 분석하기, 공감적 듣기의 유형 분석하기 등 |

　　공감적 듣기 교육 평가는 김규훈(2007)에 의해 본격적으로 논의되었다. 김규훈(2007)은 공감적 듣기 교육의 평가의 기본 방향을 공감적 태도와 같은 정의적 영역, 의사소통에서 공감적 이해력을 평가하는 인지적 영역, 상호 교섭적 맥락 영역으로 나누어 제시한 다음 이 세 가지 준거에 의한 평가 요소를 제안하고 있다. 정의적 요인에서는 '듣는 태도의 습관적 장애 요인', '화자에게 거부감을 주지 않는 몸가짐', '화자를 존중하는 마음가짐이 반영된 자세', '대화 참여의 진정성', '메모하려는 자세', '질문하려는 자세'를 들었다. 맥락적 요인으로는 '공감적 상황 조성하기', '상황을 고려한 청자의 자세나 태도', '상황에 맞는 적절한 반응 행동과 맞장구치기', '메모한 내용 상황에 맞게 말하기', '상황을 고려한 질문하기', 를 들었다. 인지적 요인으로는 '자신과 상대방의 상태에 대한 파악', '대화하는 상황에 대한 파악', '적절한 언어적, 반·비언어적 반응표지', '메

모하며 말하기의 원리와 표현', '맞장구치기의 원리와 표현', '열린 질문하기의 원리와 표현'을 들었다. 또한 평가의 방법은 '질적 접근 방법'을 '평가의 도구'로는 '역할 놀이를 통한 관찰법'을 예로 들고 있다. 김규훈(2007)이 제시한 공감적 듣기 평가의 준거의 예는 다음 [표 3]과 같다.

[표 3] 김규훈의 공감적 듣기 평가 준거의 예

| 평가 준거 | 정의적 요인 | • 듣는 태도의 습관적 장애 요인<br>• 화자에게 거부감을 주지 않는 몸가짐<br>• 화자를 존중하는 마음가짐이 반영된 자세<br>• 대화 참여의 진정성<br>• 필요할 때 메모하려는 자세<br>• 화자의 말에 질문하려는 자세 |
|---|---|---|
| | 맥락적 요인 | • 공감적인 상황 조성하기<br>• 상황을 고려한 청자의 자세나 태도<br>• 상황에 맞는 적절한 반응 행동<br>• 상황을 고려한 맞장구치기 행동<br>• 메모한 내용을 상황에 맞게 말하기<br>• 화자가 처한 상황을 고려한 질문하기 |
| | 인지적 요인 | • 자신과 상대의 상태에 대한 파악<br>• 대화하는 상황에 대한 파악<br>• 적절한 언어적, 반·비언어적 반응 표지<br>• 메모하여 말하기의 원리와 표현<br>• 맞장구치기의 원리와 표현<br>• 열린 질문4)하기의 원리와 표현 |

그러나 위의 평가 준거는 몇 가지 아쉬운 점이 있다. 첫째, 공감적 듣기에서는 경청과 집중해서 듣기가 아주 중요한데 집중해서 듣기의 중요한 요소인 '마음을 비우고 듣기'와 '판단하거나 평가하지 않고 듣기'가 빠져

---

4) 권순희(2003)는 청자를 고려한 대화방법을 구조적 표현방법과 비구조적 표현방법으로 제시하였다. 구조적 표현방법은 문법적 요소로서 열린 질문, 청자를 고려한 어휘 선택법, 공감적 응대법, '동의 …그러나'로 말하기 법, 나 전달법, 우리 전달법, 되묻기, 간접 표현이 있다. 비구조적 표현방법은 입장 바꾸기 방법, 판단 유보하여 말하기, 청자의 지식 공유하며 말하기로 제시하였다. 닫힌 질문은 '예 / 아니오'를 요구하거나 간단한 단어나 문장을 원하는 통제 개념의 질문이며, 열린 질문은 정보를 요구하는 차원의 질문으로 청자의 응답을 비통제적으로 유도하는 질문이다.

있다.5) 박성희(2008)는 공감의 요소에서 경청, 즉 듣기를 강조하였는데 경청의 중요한 요소는 주의 깊게 듣기이며 주의 깊게 듣기는 마음을 비우고 듣기와 듣는 도중에 평가하고 해석하는 일을 멈추어야 한다고 밝혔다. 마음을 비우고 들으려면 마음이 '지금 여기'에 머물러야 한다. 대화를 나누면서 어제 일어났던 데이트를 생각하거나 저녁에 있을 파티를 떠올리고 있다면 상대방의 말이 들어 올 여지가 없을 것이다. 말을 들으면서는 내용에 대한 평가와 해석을 멈추어야 한다. 예를 들면 '저 말은 거짓말일 거야.', '으흠, 자존감이 상처를 입어 지금도 저런 행동을 하는 군.' 등의 생각을 멈추어야 한다. 이를 '내적 준거 틀의 작동 중지'라고 한다.

둘째, 평가 준거를 인지, 정의, 맥락으로 나누었지만 실제 교수·학습 장면에서는 인지적 요인, 정의적 요인, 맥락적 요인을 각각 따로 지도하는 것이 아니기 때문에 수업 과정 중 평가의 준거로는 적합하지 않다.

셋째, 인지, 정의, 맥락적 요인이 서로 중첩되어 맥락의 요소가 정의적 요소인지 맥락의 요소인지 분명하지 않다. 예를 들어 '상황을 고려한 청자의 자세나 태도'는 맥락적 요인이나 정의적 요인 평가라고 볼 수도 있다.

넷째, 수행의 과정과 결과를 알기 어렵다. 인지적 요인의 '열린 질문하기의 원리'를 알았다면 실제 열린 질문을 수행한 과정이나 결과평가는 어느 영역에서 해야 하는지에 대한 근거가 미약하다.

박희숙(2007)은 듣기보다 말하기 지도를 위한 방법으로 공감적 듣기를 지도한 후 듣기 내용 파악, 추론, 감상 등 듣기 이해력을 중심으로 평가 결과를 기술하였다. 연구 결과 듣기 이해력이 향상된 것으로 나타났으나

---

5) 정상섭(2006)은 공감적 화법의 교육 내용에서 수용적으로 경청하기를 예로 들며 그에 대한 교육 내용 요소를 '상대방의 이야기를 있는 그대로 받아들이기'라고 말하고 있다. 이 요소는 '마음을 비우고 듣기', '판단하거나 평가하지 않고 듣기'와 일맥상통한다. 그리고 관련된 언어사용 태도의 예시로 '상대방의 생각을 인정하는 태도', '상대방과 생각이 불일치하여도 들어주는 태도'라고 우회적으로 제시하였으나 명확하게 '마음비우기'와 '평가나 판단하지 않고 듣기'라는 개념이 와 닿지 않는 점이 있다.

이 연구는 듣기 이해력에 한정된 연구이므로 공감적 듣기 능력에서 중요한 듣기의 태도와 같은 정의적 영역이나 맥락적 요인에 대한 평가 결과를 알 수 없다.

공감적 듣기는 적극적 듣기의 과정이 매우 중요하다. 듣는 동안 적극적으로 공감하며 듣고 상대방의 말에 대한 여러 가지 반응을 공감적 수용 표지[6]라 하는데 공감적 수용 표지는 비교적 외적인 관찰평가가 용이하기 때문에 아동들이 쉽게 이해할 수 있는 장점이 있다. 공감적 수용 표지에는 적절한 반응, 맞장구치기, 메모하며 말하기, 질문하기 등이 있다. 적절한 반응의 예로는 화자의 말 반복하기와 같은 표현(재진술하기), 부드러운 어조, 성량 등 반언어적 표현, 공감하는 몸짓, 눈짓 등 비언어적 표현이고 질문하기에는 '열린 질문'하기, 감정이 상하지 않도록 이의 제기하기가 있다.

[표 4] 공감적 수용의 표지[7]

| 공감적 수용의 표지 | 내용 요소의 예 |
|---|---|
| 적절한 반응 | • 화자의 말 반복하기와 같은 확인 표현(재진술하기) <br>• 부드러운 어조, 성량 등 반언어적 표현[8] <br>• 공감하는 몸짓,[9] 눈짓 등 비언어적 표현 |
| 맞장구치기[10] | • 적극적인 찬성과 지지의 표현 |
| 메모하여 말하기 | • 메모하여 말하는 표현 |
| 질문하기 | • '열린 질문'의 표현 <br>• 감정 상하지 않도록 이의 제기 표현 |

6) 공감적 수용 표지는 7차 교육과정에서는 태도영역에서 찾아볼 수 있으며 7차 개정안 교육과정에서는 듣기 말하기 영역의 활동 내용에 골고루 들어가 있는 것을 볼 수 있다. 이창덕 외(2000)에서는 공감적 듣기의 요소를 집중하기 기술, 격려하기 기술, 반영하기 기술로 나누고 집중하기 기술로는 공감적 눈 맞추기, 고개 끄덕이기, "그래?", "맞아.", "정말?", "음."과 같은 간단한 맞장구치기가 있고 반영하기 기술로는 "좀 더 이야기 해 봐.", "계속 말해 봐."와 같은 말로 계속 대화는 이끌어 간다거나 상대방이 한 말 중에 중요한 어휘를 반복해주고 미진한 부분에 질문하는 방법과 열린 질문하기를 예로 들고 있다. 반영하기 기술로는 재진술하기 비언어적 단서를 예로 들고 있다. 위의 세 요소는 공감적 수용 표지로서 공감적 반응에 해당하는 요소들이다.
7) 김규훈(2007 : 128)에서 재인용.

이상으로 살펴본 선행연구는 공감적 화법의 교육 내용과 방법에 대한 적극적인 논의를 하였고 공감적 듣기 말하기 교육의 새로운 방향을 제시하였다는 점에서 큰 의의를 지닌다. 그러나 교육 내용과 방법만을 제시하거나 평가준거만을 제시하여 교육 내용과 평가가 분리되어 실제 가르친 내용을 평가하고 분석하기에는 어려움이 있다. 따라서 본 연구자는 정상섭(2006)이 공감적 화법교육 내용 16가지 중 말하기 요인을 제외한 13가지와 김규훈(2007)의 듣기 전, 중, 후 단계별 내용을 적용하여 지도 내용과 평가 요소를 추출하되 교육 내용과 평가 내용과 준거가 연관되도록 평가를 설계하였다.

## 3. 공감적 듣기 평가의 실제

### 1) 공감적 듣기 평가의 기준과 특징

본 연구에서는 공감적 듣기 교육 내용을 '알기', '수행하기', '점검하

---

8) 반언어적 표현이란 언어에 부수되는 표현으로 어조, 속도, 고저, 음색, 장단, 강약 등을 통해 전달하고자 하는 의미를 더욱 분명하게 하는 것을 말하고, 비언어적 표현이란 언어 외적 표현으로 직접적으로 언어와 관련된 것은 아니지만 얼굴 표정, 몸짓, 눈맞춤, 옷차림 등을 통해 의미를 나타내는 것을 말한다.

9) 긍정적 행동 : 정면으로 바라보기(시선 접촉), 웃음을 짓기, 고개를 끄덕이기, 눈을 크게 뜨고 바라보기, 앞으로 약간 숙이기, 긍정적인 표정 짓기.
부정적인 행동 : 노려보기, 입을 크게 벌려 하품하기, 딴전피우기, 신경질적 습관이나 불안해하기, 머리를 흔들기, 화자에게서 멀리 떨어지기, 부정적 표정 짓기(정상섭, 2006 : 165).

10) 장경희 · 김순자(2008)는 맞장구의 유형을 청취형과 인식형으로 나누고 인식형은 다시 확인수반 인식형, 반복 인식형, 동의표명 인식형, 정서표출 인식형으로 나누었다. 또, 맞장구의 수행 빈도를 초등 1학년에서 고등 3학년 그리고 20대와 30대로 총 14개 층으로 나누어 조사하였는데 그 결과 초등 5학년과 20대의 맞장구 빈도가 약간 높았으나 초등 1학년 단계부터 양적인 면에서는 이미 일정 수준의 맞장구를 수행하고 있으며 14개 층 사이에 큰 차이는 없는 것으로 나타났다. 본 연구에서는 맞장구의 유형을 분리하여 적용하지는 않았다.

기'로 나누고 각 단계의 교육 내용에 알맞은 평가 준거를 구안하여 평가하고자 한다. 수행하기 단계는 다시 '수용'과 '반응'으로 나누어 평가하고자 한다. '수용'과 '반응'은 각각 '태도'와 '실제'로 나누어 수용의 '태도'와 수용의 '실제', 반응의 '태도'와 반응의 '실제'로 나누어 평가하고자 한다.

김규훈(2007)은 공감적 듣기 중 활동 단계인 '수용하기'의 활동을 공감적 소리 듣기, 공감적 이해하기, 공감적 깨닫기, 공감적 반응하기로 나누어 제시하고 있다. 그러나 공감적 듣기 활동은 소리듣기, 이해하기, 깨닫기 과정이 분절적으로 나누어지기보다는 동시에 일어날 뿐 아니라 공감적 듣기의 특성상 공감(박성희, 2008 : 38) '함께 느낌으로 이해함' 혹은 '감정을 개입시킨 이해'의 개념이어야 한다. 또한 공감적 듣기는 언어적 이해뿐 만이 아니라 느낌과 마음까지 이해해야 하며, 상대방의 의사를 판단하거나 비판하지 않고 마음을 비운 채 받아들이는 것(박성희, 2008 : 40)을 큰 특징으로 한다. 공감적 듣기는 '이해'[11]와 '표현'으로 나눌 때의 용어인 '이해'의 차원이 아니라 '수용'의 측면이 강하다. 따라서 소리듣기, 이해하기, 깨닫기 과정은 '수용'의 과정으로 묶고, 공감적 반응은 '반응'으로 나누어 '수용'과 '반응'으로 나누어 지도요소와 평가 기준을 마련하였다. 공감적 듣기는 언어적 메시지를 이해하는 것뿐만이 아니라 느낌이나 마음을 이해하는 것까지 포함하는 듣기이며 화자로부터 언어적, 비언어적 메시지를 '수용'하는 것이 일차적인 과정이 되며 그 다음 적절

---

11) 국어교육의 영역은 넓게 이해와 표현으로 나뉜다. 듣기는 읽기와 함께 이해의 영역에 속한다. 일반적으로 국어 교육학에서 이해(comprehension)란 어떤 언어 기호나 그 결합체가 갖는 의미를 파악했다는 뜻이며 이해(comprehension)를 통해 세상의 이치를 이해(understanding)하기를 한다. 이해는 언어를 통한 메시지의 수용뿐 아니라 음악이나 미술 작품을 통한 메시지 수용도 이해의 한 양상(이삼형 외(2007 : 186))이란 개념이다. 그러나 이 글에서는 언어와 비언어적 메시지의 '수용'을 위해 '이해'의 양상이 나타난다고 보고 '수용'의 하위 범주로 '이해'를 놓고 논의하고자 한다.

한 공감적 '반응'을 통해 화자의 말하기를 북돋아주고 소통을 더욱 원활하게 하는 것이기 때문이다.

듣기 전 단계인 '알기' 단계에서는 공감적 듣기에 개념적 지식을 지도한 다음 평가하고자 한다. '알기' 단계의 평가의 예로는 '공감적 듣기의 개념', '공감적 듣기의 효과나 필요성', '공감적 반응의 종류(공감적 수용표지)', '열린 질문의 개념' 등이다.

듣는 중 단계인 '수행하기' 단계에서는 수행을 각각 '수용'과 '반응'으로 나누고 '수용'과 '반응'은 각각 '태도'와 '실제'로 나누어 평가하고자 한다. '수용' 영역에서는 공감적 듣기의 수용태도와 수용의 실제 결과를 평가하되 수용의 실제에서는 내용의 이해정도, 태도의 실제 결과, 상황인식능력을 골고루 포함하여 평가하고자 한다. '반응' 영역에서는 공감적 반응을 하려는 태도와 실제 공감적 태도를 얼마나 잘 수행하였는지를 공감적 반응, 맞장구치기, 적극적인 질문자세, 열린 질문 등의 요소를 통해 평가하였다.

일반적인 듣기가 내용이해, 추론, 감상과 같은 인지적 요인이 강조된다면, 공감적 듣기는 공감적 언어사용태도와 언어습관의 정착과 같은 태도의 영역이 강조되어 지도되어야 한다. 공감적 듣기는 함께 느끼고 이해하는 듣기이며, 함께 느끼고 이해하기 위해서는 함께 느끼려는 마음가짐을 갖는 것이 중요하기 때문이다.[12] 때문에 '수용'과 '반응' 각 영역의 평가를 할 때 먼저 공감적 듣기의 수용 반응 태도를 먼저 점검을 해 본

[12] 현대인의 언어생활과 학생들의 일상어 사용 실태를 살펴보면 듣는 사람에 대한 정확한 공감, 말하는 사람에 대한 적절한 반응, 대화상대자를 이해하고 존중하는 태도와 같은 공감의 기본 요소를 거의 고려하지 않는다. 정상섭(2006)은 상대방을 배려하지 못하는 태도, 상대방의 말을 귀 기울여 듣지 못하는 자세, 자신의 의견만을 말하려고 하는 모습, 소극적 상호반응, 비공감의 자세, 욕설과 비속어의 사용 등 많은 문제점이 있음을 밝히고 이러한 대화의 문제를 공감적 말하기 듣기 교육을 통해서 해결해야 함을 주장하였다.

다음 실제 공감적 듣기를 한 수행의 결과를 평가하도록 하였다. 듣기 직전에 '태도'를 점검하는 평가를 한 다음 '실제' 영역에서도 태도의 실천 결과를 평가하도록 하여 '태도' 영역의 평가를 강조하였다.

수용영역의 태도 평가의 예로는 '상대방을 존중하며 들으려는 태도를 가지고 있는가?', '공감적 태도와 몸짓을 하려는 마음이 있는가?', '마음을 비우고 들으려는 자세가 되어 있는가?', '상대방의 말에 판단하지 않고 들으려는 자세가 되어 있는가?' 등을 들 수 있다. 공감적 태도에 바탕을 둔 공감적 듣기가 실제로 이루어졌는지는 공감적 듣기 수행의 결과로 나타나게 된다. 실제에 대한 평가는 '내용을 얼마나 정확히 이해했는가?', '말하는 사람의 느낌을 얼마나 잘 느꼈는가?', '말하는 상황을 잘 이해했는가?'와 같이 내용과 느낌, 맥락 이해의 평가와 듣는 과정에서 수용하는 자세를 실천하고 들었는가를 평가하도록 하였는데 '마음을 비우고 들었는가?', '상대방의 말에 평가나 판단을 하지 않고 들었는가?', '상대방의 말을 존중하며 들었는가?', '상대방의 말에 끼어들지 않고 들었는가?' 등을 예로 들 수 있다.

공감적 듣기의 과정은 주로 수용을 하는 것이지만 공감적 반응을 통해 듣는 사람이 적극적인 듣기 활동을 수행하게 되면 화자의 말하기를 촉진시킬 수 있다. 공감적 반응은 주로 공감적 수용표지의 형태로 나타나는데 공감적 수용표지는 적절한 반응(화자의 말 반복하기, 부드러운 어조, 성량 고려하기, 공감하는 몸짓 보이기 등), '맞장구치기', '열린 질문하기', 감정상하지 않도록 이의 제기하기 등이 있다.[13] 따라서 반응 평가는 '공감적 반응을 하려는 태도를 가지고 있는가?'와 같은 태도 평가와 실제 공감적 반응을 잘 수행하였는지를 평가하여야 한다.

---

13) 공감적 수용 표지에 메모하여 말하기가 있으나 공감적 듣기만의 요소라기보다 일반적 듣기의 기본 원리이므로 다루지 않았다.

들은 후 '점검하기' 단계에서는 공감적 듣기의 개념적 지식이나 수행 기능과 태도에 대한 점검을 평가하고자 한다. '점검하기' 단계의 평가 요소의 예로는 '공감적 개념과 원리 알기', '공감적 듣기 태도의 향상점검하기', '공감적 듣기 수행의 정착과 긍정적 효과' 등을 들 수 있다. 이를 표로 정리하면 다음과 같다.

[표 5] 공감적 듣기 평가 준거

| 알기<br>(듣기 전) | 지식 | 공감적 듣기의 개념적 지식<br>-공감적 듣기의 개념과 원리 알기<br>-공감적 자세, 공감적 수용표지 알기<br>-공감적 표현방식, 공감적 상황알기 | |
|---|---|---|---|
| 수행하기<br>(듣는 중) | 수용 | 태도 | • 상대방을 존중하는 태도를 가지고 있는가?<br>• 상대방의 말고 마음을 받아들일 준비가 되어있는가?<br>• 상대방의 말에 끼어들지 않으려는 자세가 있는가?<br>• 마음을 비우고 들으려는 자세가 되어 있는가?<br>• 상대방의 말에 판단하지 않고 들으려는 자세가 되어 있는가? | 듣기 직전<br>마음가짐 |
| | | 실제 | • 상대방이 말한 내용을 이해하였는가?<br>• 말하는 상대방의 마음과 느낌을 이해하였는가?<br>• 상대방이 말하는 상황은 어떠한지 이해하였는가?<br>• 존중하는 태도를 가지고 들었는가?<br>• 상대방의 말에 끼어들지 않고 끝까지 들었는가?(질문할 경우에는 끝까지 들은 후 질문하였는가?)<br>• 상대방이 말을 할 때 마음을 비우고 들었는가?(딴 생각 않기)<br>• 상대방의 말에 판단하지 않고 들었는가? | 듣는 중<br>'수용',<br>'태도'<br>수행결과 |
| | 반응 | 태도 | • 상대방의 말에 적절한 반응을 하려는 마음가짐을 가지고 있는가?<br>　- 화자의 말 반복하기<br>　- 공감하는 몸짓 보이기[14)<br>　- 부드러운 어조, 성량 고려하기 등<br>• 맞장구치기를 하려는 마음가짐이 있는가?<br>• 궁금한 내용이나 이해가 가지 않는 내용에 대해 적극적인 질문을 하려는 태도를 가지고 있는가?<br>• 열린 질문을 하려고 하는가?<br>• 감정이 상하지 않도록 이의를 제기하려는 마음가짐이 있는가? | 듣기 직전<br>마음가짐 |

14) 정상섭(2006 : 165)이 밝힌 긍정적 행동으로는 정면으로 바라보기(시선 접촉), 웃음 짓

| 수행하기<br>(듣는 중) | 반응 | 실제 | • 상대방의 말에 적절한 반응을 하였는가?<br>　– 화자의 말 반복하기<br>　– 공감하는 몸짓, 눈짓하기<br>　– 부드러운 어조, 성량 고려하기<br>• 맞장구치기를 하였는가?<br>• 궁금한 내용이나 이해가 가지 않는 내용에 대해 적극적인 질문을 하였는가?<br>• 질문을 할 때 열린 질문을 하였는가?<br>• 감정이 상하지 않도록 이의를 제기하였는가? | 듣는 중<br>'반응'<br>'태도'<br>수행결과 |
| 점검하기<br>(들은 후) | 태도,<br>정착 | | • 공감적 듣기의 개념과 원리<br>• 공감적 듣기 태도 향상<br>• 공감적 듣기 수행의 정착과 긍정적 효과 | |

위와 같이 제시한 평가의 기준은 다음과 같은 특징이 있다.

첫째, 공감적 태도를 강조하고자 하는 의도가 반영된 평가기준이다.

둘째, 태도를 가지는 것만이 아니라 태도의 수행결과까지 평가하고자 하는 평가이다.

셋째, 교수·학습과정상 매차 수시로 실시할 수 있는 과정 중심의 평가기준이다.

넷째, 학습자에 대한 환류와 자기점검 평가이다.

다섯째, 공감적 듣기를 일상생활에서 실천하게 하는 평가이다.

연구자가 제시한 공감적 듣기 평가 준거에서는 공감적 듣기의 태도를 강조하였다. 듣기 직전에 공감적 태도를 수시로 스스로 점검하다보면 공감적 듣기를 실제로 수행할 때 태도를 강화시켜 줄 수 있다. 여기에서 태

---

기, 고개 끄덕이기, 눈을 크게 뜨고 바라보기, 앞으로 약간 숙이기, 긍정적인 표정 짓기가 있다. 부정적인 행동으로는 노려보기, 입을 크게 벌려 하품하기, 딴전피우기, 신경질적 습관 나타내기나 불안해하기, 머리 흔들기, 화자에게서 멀리 떨어지기, 부정적 표정 짓기가 있다.

도평가는 평가 결과를 산출하기 위한 평가라기보다는 일종의 태도를 다짐하는 평가의 성격을 지향한다. '공감적 태도를 가지고 들을 준비가 되어 있는가?'라는 여러 가지 질문에 스스로 공감적 듣기 자세가 되어 있지 않다고 표시하지 않을 수 있기 때문이다. 그러나 듣기 활동을 수행하기 직전에 태도를 점검함으로써 공감적으로 듣기 위한 준비가 되며 공감적 듣기를 활성화 시킬 수 있는 평가를 지향하는 것이다.

둘째, 태도를 가지는 것만이 아니라 태도의 수행결과까지 평가하고자 하는 평가이다. 김규훈(2007)이 제시한 정의적 영역의 평가 요소로는 화자에게 거부감을 주지 않는 몸가짐, 화자를 존중하는 마음가짐이 반영된 자세, 대화참여의 진정성, 화자에게 말을 질문하려는 자세이다. 이러한 평가요소는 들으려는 태도를 가지고 있는지를 평가할 수 있지만 실제 태도를 수행했는지에 대한 평가를 하기에는 미흡하다. 따라서 자세를 가지고 있는지에 대한 평가는 '태도' 영역에서 실시하고 실제 공감적 듣기 태도를 수행했는지에 대한 평가는 '실제'에서 다루도록 하였다. 자신의 실제 수행 결과를 즉시 스스로 점검함으로써 발전된 점을 알아갈 수 있다.

셋째, 공감적 듣기를 수행하는 교수·학습 과정에서 매차 수시로 '태도'와 '실제' 수행한 결과를 점검할 수 있는 평가이다. 인지적 요인은 '적절한 언어적 반·비언어적 반응표지', '메모하여 말하기의 원리와 표현', '맞장구치기의 원리와 표현', '열린 질문하기의 원리와 표현', '자신과 상대에 대한 파악' 등인데 인지적 요인은 맥락적 요인과도 중복되며 실제 듣기 장면에서는 인지적, 정의적, 맥락적 요인이 함께 이루어지기 때문에 교수·학습 과정에서 실제 평가하기란 쉽지 않다. 이렇게 태도와 수행으로 나누어 평가하면 교수·학습 과정과 평가가 분리되지 않고 교수·학습 과정에 따라 수시로 누적 평가할 수 있다.

넷째, 평가 결과를 학생들에게 다시 환기시켜 주는 차원의 환류의 기능과 자신이 부족한 점을 스스로 찾아 보완할 수 있는 자기점검 평가로 활용할 수 있다. 공감적 듣기를 할 때 잘한 점과 부족한 점을 평가한 결과를 확인해봄으로써 다음 교수・학습 과정에 영향을 줄 수 있다. 또한 공감적 듣기를 통해 공감적 반응을 잘했을 때 말하는 사람이 어떻게 달라지는지에 대한 기쁨을 맛보게 되어 공감적 듣기를 촉진시키는 평가의 기능을 갖게 된다.

다섯째, 공감적 듣기를 일상생활에서 실천하게 하는 평가이다. 이 평가를 통해 스스로 공감적 듣기의 필요성과 실천 의지를 확인하게 되어 일상생활에서도 지속적으로 공감적 듣기를 실천하고자 하는 의지를 다지도록 하는 평가이다. 공식적인 대화뿐 아니라 일상 언어사용 능력이 향상되어 진정한 국어사용 능력의 신장을 가져올 수 있다.

### 2) 평가 계획과 방법

공감적 듣기 평가를 위해 연구자는 전주 ○○초등학교 4학년 학생 35명을 대상으로 2008년 12월 1일~12월 23일까지 약 4주에 걸쳐 공감적 듣기교육 지도, 평가한 후 그 결과를 분석하였다. 단계별 공감적 듣기 지도와 평가 방법을 살펴보면 다음과 같다.

### (1) 단계별 지도 및 평가 계획

먼저 '알기' 단계인 1차시에는 공감적 듣기의 개념과 원리, 공감적 반응, 공감적 수용 표지 등에 대해 직접 교수법으로 지도한 다음 평가를 실시하였다. '수행하기' 단계인 2~4차시에는 공감적 듣기 상황을 연출하고 2인 1조가 되어 한 사람은 화자가 되고 한 사람은 청자가 되어 역할을 바꾸어 가며 공감적 듣기를 '수행'한 다음 수행과정과 수행 결과를 매 차시에 걸쳐 평가하였다. 2차시에는 '시험 보았던 일' 듣기, 3차시에는

'즐거웠던 일 듣기', 4차시에는 '억울했던 일' 듣기로 상황을 연출하였다. 4차시에는 듣기 직전에 태도를 점검한 집단과 점검하지 않은 집단으로 나누어 비교해 봄으로써 듣기 직전 태도 평가의 효과를 검증하고자 하였다. 마지막으로 5~6차시에는 '점검하기' 단계 평가를 실시하였다. 5차시에는 1주일간 일상생활에서 실천한 공감적 듣기 실천 결과 누가기록결과를 발표하도록 하고 평가하였다. 6차시에는 4주에 걸쳐 공감적 듣기 교육이 진행되는 동안 공식적 수업의 결과와 비공식적으로 일상생활에 반영된 듣기 교육의 결과를 '태도'와 '공감적 듣기 수행기능의 발전' 면에서 평가하였다. 수업을 진행하는 동안에 아동의 변화가 있는 경우에는 발전의 과정을 확인시켜 주면서 학습을 독려하였다.[15)

공감적 듣기 교수·학습 활동과 내용으로 김규훈(2007)은 처음 만난 친구와 공감적으로 대화하기, 친구의 고민을 공감적으로 들어주기, 화해를 위한 공감적 듣기, 토론 상황에서 공감적으로 듣고 논리적으로 말하기, 선생님에게 공감적으로 듣기 말하기 등을 제시하고 있다. 그러나 연구자는 말하기 듣기 상황이 혼재되어 있는 대화상황이나 토론은 가급적 배제하고 말하는 사람이 속상한 일 듣기, 즐거웠던 일 듣기, 억울했던 일 듣기를 제시하였다. 한 사람은 말을 하고 다른 한 사람을 듣는 입장이 되어 공감적 듣기만을 집중적으로 수행하도록 한 다음 평가하였다. 실제로 연구자가 1차시와 2차시 사이에 대화상황의 공감적 듣기 수업을 실시해 보았으나 공감적 말하기 상황과 혼돈하거나 듣기의 경험이 충분히 이루어지지 않았다. 이는 공감적 듣기의 개념이 교육과정에 제시되어 있지 않고 처음 접하는 상황에서 초등학교 4학년의 아동 발달 단계상[16) 말하

---

15) 몇몇 학생들은 공감적 듣기 학습 이후 일기장에 공감적 듣기교육의 필요성과 실천한 점 등을 표현하였다. 일기 내용으로 추론해 볼 때, 학생들은 말하기 태도 면에서도 발전이 두드러졌다.

16) 피아제는 공감능력의 발달을 아동의 자기중심적인 사고가 탈중심적인 사고로 전환하

기 상황과 듣기 상황을 논리적으로 구별해 낼 수 있는 능력이 부족하기 때문으로 보인다. 공감적 듣기 상황이 담긴 영상자료도 활용해 보았으나 이 역시 듣기 말하기 상황이 역동적으로 작용하는 경우가 많고 학생들의 혼란이 많아 배제하였다.

언어생활에서는 주로 수용과 이해의 활동이 표현하기 활동보다 훨씬 더 많은 비중을 차지한다. 공감적 듣기, 말하기를 지도하고 평가할 때도 말하기보다 듣기를 먼저 지도, 평가한 후에 말하기를 지도하고 그 다음 역동적인 대화상황을 도입하는 것이 학습의 효과를 높일 수 있으리라 본다.17) 따라서 연구자는 공감적 듣기를 통해 관계지향적인 의사소통의 기쁨을 느낀 학습자가 공감적 말하기를 더 잘 수행할 수 있다고 보고 공감적 듣기만 이루어지는 활동을 통해 평가를 하고자 하였다.

### (2) 단계별 평가 방법

'알기' 단계에서는 기술평가를 통해 공감적 듣기의 개념과 요소를 평가하였으며 대안으로 선다형 평가를 할 수 있도록 평가지를 제시했다.

'수행하기' 단계의 태도 평가는 수용과 반응에 대한 마음가짐 갖기인 태도평가를 자기점검표 작성을 통해, 실제평가는 자기점검표 작성과 기술평가로 실시하였다. 태도에 대한 실천 결과는 자기점검표로 작성해보게 하여 태도를 다짐한 후 실제 수행을 한 결과를 스스로 확인하도록 하였다. 기술평가는 내용이해와 느낌이해, 상황이해의 정도를 평가하도록

---

면서 발달한다고 보고, 공감은 탈중심적인 사고가 가능한 7세 이후에나 형성된다고 하였다. 박성희(2004)에서 재인용.

17) 황영순(2001)에 따르면, 아기가 모국어를 습득할 때 생후 6개월 이상이 되면 학습 상황에서 노출된 언어의 말과 닮은 소리를 낸다고 한다. 여기서 노출은 주로 언어를 듣는 활동으로 볼 수 있으므로 초기 학습 단계에서는 충분한 듣기 활동의 토대 위에 효과적인 말하기 학습이 필요하다. 그러므로 본 연구에서도 공감적 듣기를 먼저 지도하고 평가하였다.

하고, 맞장구치기, 고개 끄덕이기와 같은 척도 점검으로는 구체적으로 확인할 수 없는 '열린 질문'을 어떻게 하였는지를 평가하도록 하였다. 또한 공감적 반응을 했을 때 상대방의 변화를 기술하게 하여 공감적 듣기의 기쁨을 확인하고 학습에 동기유발을 촉진하는 평가가 되도록 하였다.

'점검하기' 단계에서는 실천 누가기록 평가와 기술평가, 자기점검표 작성 평가를 병행하여 실시하였는데 주로 공감적 듣기의 개념적 지식을 확인하는 인지적 요인 평가보다는 공감적 듣기를 수행한 후의 공감적 듣기의 중요성과 태도변화, 그리고 일상생활에서 실천하려는 의지 등을 반영하는 평가를 실시하였다. 실천 누가기록 평가의 경우는 듣는 중 활동이 끝난 후 일주일동안 매일 일상생활에서 공감적 듣기를 실천한 결과를 적도록 하였고 스스로 자기평가를 한 후 모둠 내에서 돌려 보기를 통해 동료평가를 한 다음 교사가 평가하였다.

각 단계별 지도 및 평가계획을 표로 정리하면 다음과 같다.

[표 6] 공감적 듣기 차시별 지도 및 평가 계획

| 단 계 | 차 시 | 공감적 듣기 지도 내용 | 지도 방법 | 공감적 듣기 평가 내용 | 날 짜 |
|---|---|---|---|---|---|
| '알 기' | 1차시 | 공감적 듣기의 개념알기 | 직접교수법에 의한 공감적 듣기의 개념과 요소 지도 | • 공감적 듣기의 개념 기술평가<br>• 공감적 듣기의 개념 선다형 평가 | 12월 3일 |
| '수행하기' | 2차시 | 공감적 듣기 수행하기 | 2인 1조로 '시험 보았던 일' 듣기 | • 듣기 직전 '태도' 점검 평가<br>• 내용, 느낌, 상황 이해 기술평가<br>• 들은 결과 태도 기술평가<br>• 들은 결과 태도점검 평가 등 | 12월 11일 |
| | 3차시 | 공감적 듣기 수행하기 | 2일 1조로 '즐거웠던 일' 듣기 | • 2차시와 같음<br>• 1차시보다 발전한 점 기술평가(추가제시) | 12월 12일 |

| 단 계 | 차 시 | 공감적 듣기<br>지도 내용 | 지도 방법 | 공감적 듣기 평가 내용 | 날 짜 |
|---|---|---|---|---|---|
| '수행하기' | 4차시 | 공감적 듣기 수<br>행하기 | 2인 1조로 '억울했<br>던 일' 듣기 | • 3차시와 같음<br>• 듣기 직전 '태도' 평<br>가를 한 집단과 하지<br>않은 집단으로 나누<br>어 평가 | 12월 16일 |
| '점검하기' | 5차시 | 일상생활에서<br>공감적 듣기 실<br>천 결과 확인하<br>기 | 일주일(12월 16일~<br>12월 22일)동안 일<br>상생활에서 실천한<br>공감적 듣기 누가<br>기록 발표 및 격려 | • 공감적 듣기 누가기<br>록장 매일 점검한 결<br>과 동료, 교사, 자기<br>평가 | 12월 22일 |
| | 6차시 | 공감적 듣기 활<br>동 후 태도 및<br>실제 점검 | 평가지에 쓴 내용<br>점검하고 발표하기 | • 공감적 듣기 활동 후<br>'점검하기' 단계 태도<br>정착 평가<br>• 공감적 듣기 활동 후<br>발전한 점 기술 평가 | 12월 23일 |

### (3) 평가 문항

① 공감적 듣기 전 '알기' 단계 평가 문항

공감적 듣기 전 평가학습지의 문항으로는 공감적 듣기의 개념, 공감적
듣기의 좋은 점, 공감적 반응의 종류, 열린 질문의 개념을 기술평가와 선
다형 평가로 제시하였다. 실제 평가한 평가 문항은 다음과 같다. 평가 문
항은 연구자가 제시한 예이므로 강조하고 싶은 공감적 듣기의 태도가 있
을 경우 수정하여 투입할 수 있을 것이다.

[공감적 듣기 전 '알기' 단계 평가학습지 예 1]

1. 공감적 듣기란 어떤 듣기를 말하나요?

2. 공감적 듣기를 할 때 좋은 점은 무엇일까요?


3. 공감적 듣기를 할 때 나타내는 반응은 어떤 것들이 있을까요?



4. 열린 질문을 한다면 어떤 질문을 해야 할까요?
   영희 : 나 어제 속상한 일이 있었어.
   태호 : (                                              )

[공감적 듣기 전 평가학습지 예 2]

1. 다음 중 공감적 듣기란 어떤 듣기인지 고르시오.          (     )
   ① 내용을 잘 이해하는 듣기
   ② 내용은 잘 이해하지 않아도 상대방의 마음을 이해하는 듣기
   ③ 내용 이해는 물론 상대방의 마음을 잘 이해하는 듣기
   ④ 상대방의 의견에 대한 내 생각을 비교해가며 듣는 듣기

2. 공감적 듣기를 하는 자세를 모두 O표 하시오.
   ① 듣기 전에 상대의 목소리와 표정을 살피며 듣는다.       (     )
   ② 상대방이 한 말을 반복해 준다.                      (     )
   ③ 고개를 끄덕이거나 손바닥을 쳐준다.                   (     )
   ④ 상대방이 한 말에 대해 비판하면서 듣는다.              (     )
   ⑤ 방금 전에 일어났던 일을 머릿속에 떠올리며 듣는다.       (     )
   ⑥ 궁금하거나 이해가 안 가는 내용에 대해 열린 질문을 한다.  (     )

3. 다음 (      )에 들어갈 질문 중 열린 질문은?              (     )

   ┌─────────────────────────────────────────┐
   │ 미영 : 나 어제 속상한 일이 있었어.              │
   │ 미성 : (                    )                │
   └─────────────────────────────────────────┘

   ① 속상했어?
   ② 왜 속상했는데?

② 공감적 듣는 중 '수행하기' 단계 평가 문항

공감적 듣는 중 '수행하기 단계' 평가는 '태도' 평가와 '실제' 평가를 한 번에 실시하였다. 문항 1번은 듣기 직전 '태도'를 점검하는 자기 평가지이고 나머지는 '실제' 평가를 위한 문항이다. '태도'의 자기점검 평가는 '수용' 영역의 태도와 '반응' 요소의 태도를 함께 제시하였다. '실제' 평가에서는 들은 내용에 대한 인지적, 맥락적, 정의적 이해를 묻는 질문을 기술평가로 제시하였으며 실제 듣기 직전에 실시한 태도가 결과로 얼마나 잘 반영되었는지를 확인할 수 있는 태도의 결과 평가지를 듣기 직전 평가지와 같은 양식으로 제시하였다. 자기점검 평가지는 각 문항당 1점 2점 3점으로 점수화 하고 합계를 내도록 하였다. 또한 공감적 듣기의 필요성과 기쁨, 발전정도를 평가하기 위해 청자의 공감적 반응에 대한 화자의 반응과 열린 질문을 실시 결과를 기술하도록 하였다. 3~4차시에는 지난번보다 발전한 점을 적는 문항을 추가하였다. 실제 평가 문항은 아래와 같다.

[공감적 듣는 중 '수행하기 단계' 평가지]

1. 나는 얼마나 공감적 듣기 태도를 가지고 있을까요? 듣기 전에 스스로 점검해봅시다.

|  | 나는 얼마나 공감적 듣기 태도를 가지고 있을까요? | 1점 | 2점 | 3점 |
|---|---|---|---|---|
| 수용 | 상대방의 말을 존중하여 들으려는 자세를 가지고 있다. |  |  |  |
| 수용 | 상대방의 목소리와 표정을 기분을 살필 준비가 되어 있다. |  |  |  |
| 수용 | 상대방의 말에 끼어들지 않고 들으려는 자세가 되어 있다. |  |  |  |
| 수용 | 마음을 비우고 딴생각과 딴짓을 하지 않고 들을 준비가 되었다. |  |  |  |
| 수용 | 상대방의 말에 판단하지 않고 들으려는 자세가 되어 있다. |  |  |  |

| 나는 얼마나 공감적 듣기 태도를 가지고 있을까요? | | 1점 | 2점 | 3점 |
|---|---|---|---|---|
| 반응 | 상대방의 말에 적절한 반응을 하려는 마음가짐을 가지고 들을 준비가 되어 있다. | | | |
| 반응 | 맞장구치기를 해주면서 들을 준비가 되어 있다. | | | |
| 반응 | 궁금한 내용이나 이해가 가지 않는 내용에 대해 적극적인 질문을 하려는 태도를 가졌다.[18] | | | |
| 반응 | 열린 질문을 하려는 태도를 가지고 있다. | | | |
| 반응 | 감정이 상하지 않도록 이의를 제기하려는 태도를 가지고 있다. | | | |
| 계 | | | | |

2. 상대방의 말을 얼마나 받아들였나요?

| 수용 | 상대방의 말은 어떤 내용이었나요? |
|---|---|
| 수용 | 상대방이 말할 때 어떤 느낌으로 말했나요? |
| 수용 | 상대방이 말하는 상황은 어떤 상황인가요? |

---

18) 박성희(2006 : 46)는 사람 내면 속의 주관적인 세계는 그야말로 주관 속으로 뛰어들어야만 이해가 가능한 법인데, 자신의 준거틀을 앞세우고 강요함으로써 상대방을 이해할 수 있는 여지가 사라져 버린다고 하면서 정확한 공감적 이해를 하려면 그만큼 상대방이 사용하는 낱말의 의미, 그 낱말에 담겨있는 사적인 분위기 등을 정확히 파악하여야 한다고 하였다. 그래야 상대방이 전개하는 논리를 따라 잡는 일이 가능한데 이를 위해서는 때로는 말하는 이에게 과감히 물어봐야 한다고 주장했다. 그러나 실제 지도할 때는 적극적인 질문을 강조하되 중간에 끼어들어 자신의 말하기에 방해가 되는 질문과는 다름을 지도해야 한다.

3. 내가 공감적 반응을 해주니까 상대방의 반응은 어떠했나요?

4. 열린 질문을 했다면 어떤 질문을 했나요?

5. 나는 어떻게 상대방의 말을 들었나요?

| | 나는 얼마나 공감적 듣기 태도로 들었나요? | 1점 | 2점 | 3점 |
|---|---|---|---|---|
| 수용 | 상대방의 말을 존중하여 들었다. | | | |
| 수용 | 상대방의 목소리와 표정, 기분을 파악하며 들었다. | | | |
| 수용 | 상대방의 말에 끼어들지 않고 끝까지 들었다. | | | |
| 수용 | 마음을 비우고 딴생각과 딴짓을 하지 않고 들었다. | | | |
| 수용 | 상대방의 말에 판단하지 않고 들었다. | | | |
| 수용 | 상대방의 말을 잘 이해하였다. | | | |
| 수용 | 상대방의 기분과 마음을 느꼈다. | | | |
| 수용 | 상대방이 말하는 상황이 어떤 상황인지 이해하였다. | | | |
| 반응 (적절한 반응) | 말하는 사람의 말을 반복해서 말해주었다. | | | |
| | 공감하는 몸짓(표정, 고개 끄덕이기, 눈을 바라보기, 앞으로 숙이기 등)을 보이며 들었다. | | | |
| | 부드러운 말투와 목소리로 대꾸하였다. | | | |
| 반응 | 맞장구치기를 해주면서 들었다. | | | |
| 반응 | 궁금한 내용이나 이해가 가지 않는 내용이 있을 경우에는 적극적으로 물어보았다. | | | |
| 반응 | 열린 질문을 하였다. | | | |
| 반응 | 듣는 내용이 내가 생각하는 내용과 다를 경우에는 감정이 상하지 않도록 반대 의견을 말하였다. | | | |
| 계 | | | | |

6. 지난번 들을 때보다 발전한 점이 있다면 어떤 점인가요?

③ 공감적 듣기 활동 후 '점검하기' 단계 평가 문항

공감적 듣기 활동 후 '점검하기' 단계 평가는 공감적 듣기를 일상생활에서 실천한 누가기록 평가지, 공감적 듣기 활동을 통해 발전한 점을 적는 기술평가 문항지, 그리고 공감적 듣기에 대한 태도를 점검하는 자기점검표를 제시하였다. 평가 문항지는 다음과 같다.

[공감적 듣기 활동 후 '점검하기' 단계 실천 평가지]

★ 1주일 동안 평소 생활에서 실천한 공감적 듣기 활동 내용을 적어봅시다.

| 날 짜 | 대 상 | 들은 내용, 들을 때의 느낌, 들을 때의 상황 | 공감적 듣기를 한 나의 태도나 반응, 상대방의 반응, 그리고 나의 느낌 |
|---|---|---|---|
| 12. 16(화) | | | |
| 12. 17(수) | | | |
| 12. 18(목) | | | |
| 12. 19(금) | | | |
| 12. 20(토) | | | |
| 12. 21(일) | | | |
| 12. 22(월) | | | |

1. 공감적 듣기를 해보면서 느끼거나 생각한 점은?

2. 공감적 듣기를 하면서 내가 발전된 모습이 있다면 어떤 점인가요?

［공감적 듣기 활동 후 '점검하기' 단계 태도 정착 평가지］

★ 다음 공감적 듣기태도 중 얼마나 평소 대화에서 실천하려고 노력하거나 발전하여 실천하고 있는지 표시해 보시오.

| | 나는 평상시에 얼마나 공감적 듣기 태도로 듣고 있나요? | 1 | 2 | 3 |
|---|---|---|---|---|
| 수용 | 상대방의 말을 존중하여 듣는다. | | | |
| 수용 | 상대방의 목소리와 표정, 기분을 파악하며 듣는다. | | | |
| 수용 | 상대방의 말에 끼어들지 않고 끝까지 듣는다. | | | |
| 수용 | 마음을 비우고 딴생각과 딴짓을 하지 않고 듣는다. | | | |
| 수용 | 상대방의 말에 판단하지 않고 듣는다. | | | |
| 수용 | 상대방의 말을 잘 이해하며 듣는다. | | | |
| 수용 | 상대방의 기분과 마음을 느끼며 듣는다. | | | |
| 수용 | 상대방이 말하는 상황이 어떤 상황인지 이해하며 듣는다. | | | |
| 반응 (적절한 반응) | 말하는 사람의 말을 반복해서 말해준다. | | | |
| | 공감하는 몸짓(표정, 고개 끄덕이기, 눈을 바라보기, 앞으로 숙이기 등)을 보이며 듣는다. | | | |
| | 부드러운 말투와 목소리로 대꾸한다. | | | |
| 반응 | 맞장구치기를 해주면서 듣는다. | | | |
| 반응 | 궁금한 내용이나 이해가 가지 않는 내용이 있을 경우에는 적극적으로 물어본다. | | | |
| 반응 | 열린 질문을 하였다. | | | |
| 반응 | 듣는 내용이 내가 생각하는 내용과 다를 경우에는 감정이 상하지 않도록 반대 의견을 말한다. | | | |
| 계 | | | | |

## 3) 평가 결과 분석 및 결과

위의 평가지로 공감적 듣기 수업을 진행한 후 평가를 한 결과를 '알기' 단계, '수행하기' 단계, '점검하기' 단계로 나누어 살펴보겠다.

### (1) '알기' 단계 평가 결과

'알기' 단계의 평가 결과 학생들은 기술형 평가보다는 선다형 평가에서 공감적 듣기의 요소를 더 잘 찾아냈다. 먼저 기술형 평가를 실시한 결과 공감적 듣기란 무엇을 묻는지에 대한 대답에 63% 학생들이 함께 느끼며 듣기, 혹은 마음까지 듣기로 썼으며 집중해서 듣기 등 일반적인 듣기의 요소나 공감적 듣기의 한 요소를 쓴 아동이 31.4%이고, 0.6%의 아동은 무응답으로 반응하였다.

공감적 듣기를 잘하면 좋은 점으로 약 37%의 학생들이 상대방이 이야기 한 내용과 의도를 잘 이해할 수 있다고 응답하였으며 약 40%의 학생들은 친구관계나 인간관계가 좋아질 것이라는 응답하였다. 다음으로는 단순히 상대방의 말을 잘 들을 수 있다는 의견과 상대방의 마음을 이해할 수 있고, 상대방의 기분이 좋아질 것이란 응답이 각각 약 11~12%의 분포로 비슷하게 나왔으며 상황을 이해할 수 있다는 의견도 있었다. 이를 보아 비록 공감적 듣기의 개념이 느낌과 마음까지 이해하는 듣기라고 파악하고 있으나 공감적 듣기의 특성인 관계지향적 듣기의 체험이 없는 상태에서는 여전히 내용의 정확한 이해에 대한 기대감이 높은 것을 알 수 있었다.

공감적 듣기의 요소를 묻는 질문에는 상위권 학생들의 경우에는 아동이 맞장구치기, 눈 맞추며 듣기, 메모하며 듣기, 고개 끄덕이기, 열린 질문 해주기, 말한 내용 다시 말하기 등의 요소를 구체적으로 쓸 뿐 아니라 더 많은 요소를 찾아 기술하였으며 대부분의 학생들은 2~3가지 요소를 기술하여 공감적 듣기의 기본 요소들을 이해하고 있는 것으로 나타났다. 열린 질문에 대한 응답으로는 대부분이 '왜?, 어떻게?' 등의 낱말을 사용하여 열린 질문을 하려고 한 것을 알 수 있었다. 기술 평가가 어려울 경우에는 선다형 평가를 이용하여 재확인 하거나 처음부터 선다형 평가를 실시할 수 있다.

### (2) '수행하기' 단계 평가 결과

다음 '수행하기' 단계의 평가는 듣기 직전 태도의 자기 점검 평가와 수행 결과를 평가하는 실제 평가로 나누어 실시하였다. 2차시에는 시험을 보고 난 후 있었던 일에 대해 한 사람이 말하고 한 사람은 듣는 상황을 설정하였다. 먼저 모든 학생이 듣기 직전에 자신의 공감적 듣기 태도를 자기점검표에 표시하면서 듣기 태도를 점검하도록 하였다. 그 다음 실제 듣기 체험을 한 후 얼마나 잘 수행했는지 태도와 공감적 반응을 자기점검표 작성을 통해 평가하도록 하였고 내용, 느낌, 상황맥락에 대한 이해 정도와 공감적 반응을 했을 때 상대방의 반응을 기술하게 하였다. 평가 결과를 학생들과 함께 공유하면서 공감적 듣기 활동의 긍정적 효과를 나누도록 하였다.

첫 평가의 경우 듣기 직전 태도평가의 경우 교사의 의도를 생각하여 높은 점수를 주지 않도록 지도한 다음 평가하였다. 듣기 직전 태도평가는 30점 만점에 평균 약 21점으로 비교적 처음이라 낮게 나타났다. 실제 평가에서는 수용과 반응으로 나누어 태도의 실제, 이해의 실제, 반응의 실제 등을 점검표로 평가한 결과 45점 만점에 약 29점으로 나타났다. 대부분 맞장구치기나 고개 끄덕이기, 눈을 바라보기 같은 활동은 잘했으나 적극적으로 질문하기, 열린 질문하기, 재진술하기, 판단하지 않기, 마음비우기 등의 점수는 높지 않았다. 기술평가에서는 비교적 내용과 느낌을 정확히 이해하였으나 상황맥락은 이해하지 못하는 것을 알 수 있었다. 열린 질문에 대한 실제 적용능력은 아직 부족하여 '다음에는 시험 잘 볼 거니?', '너 시험 뭐 틀렸니' 같은 적극적 질문은 했으나 '그래서 어떻게 되었는데?', '그때 느낌이 어땠어?', '그래서 넌 어땠는데?'와 같은 열린 질문을 한 학생은 10명밖에 되지 않았다.

특히 학생들은 90% 이상이 공감적 반응에 대한 상대방의 반응을 통해 듣기의 즐거움을 느낄 수 있음을 알 수 있었다. 대체로 공감적 반응을 하며 듣자 말하는 상대방 학생들은 감정, 말투, 태도 등에서 긍정적인 변화를 보였고 더 많은 이야기를 하고 대답을 하는 등 적극적인 표현을 한 것을 알 수 있다. 다음은 학생들이 기술한 답변의 사례이다.

[표 7] 2차시 공감적 반응에 대한 상대방의 반응

| 반응의 유형 | 학생들의 반응 |
|---|---|
| 감정이나 말투, 태도의 변화 | • 상대방이 기뻐하거나 신이나 했다.(백△△, 김△△, 박△△, 박□□)<br>• 말투와 표정이 좋아졌다.(송△△, 송□□, 이△△ 등)<br>• 슬픈 아이가 더욱 우울한 표정으로 이야기 했다.(김○○)<br>• 더 진지해졌다.(김○○)<br>• 기분이 좋아서 안아주었다.(육△△)<br>• 사이가 더 좋아진 것 같다.(이○○) |
| 적극적인 표현과 반응 | • 기분이 좋아서 다른 더 많은 이야기를 하였다.(김□□, 오△△, 이 □□, 양△△, 유△△, 정△△ 등)<br>• 속마음을 더 잘 이야기했다.(조△△)<br>• 더 관심 있게 말하고 대답을 해 주었다.(이☆☆) |

3차시에는 즐거웠던 일을 듣기 상황으로 설정하여 활동을 실시하였는데 1차시와 같은 내용을 평가한 다음 자신이 한 열린 질문의 예와 지난번 듣기 활동보다 발전한 공감적 듣기 요소를 구체적으로 기술하도록 하였다. 듣기 직전 태도평가는 약 23점으로 2차시에 비해 조금 향상된 것을 알 수 있다. 실제 자기점검 평가는 약 36.7점으로 공감적 수용과 반응의 실제 결과에 많은 향상을 보였다. 기술평가로 실시한 수용의 실제면에서도 내용, 느낌, 상황맥락을 조금 더 빠뜨리지 않고 구체적으로 기술했다. 공감적 반응 중 상대방의 말을 더 이끌어내는 데 효과적인 열린 질문하기를 살펴보면 17명의 학생들이 '그때 기분이 어땠니?', '네가 선물

을 받은 것에 대한 부모님의 반응은 어땠니?', '다음에 또 하고 싶니?', '왜 속상했니? 친구들이 왜 놀아주지 않았는데?', '캠프파이어에 대하여 너는 어떻게 생각하니?' 등 더 구체적이고 다양한 열린 질문을 하였으며 열린 질문을 맞장구와 혼돈하기도 하였다. 공감적 반응 후 상대방의 반응에 대해서는 95% 이상의 아동들이 긍정적인 반응을 했으며 2차시에 비해 긍정적 반응이 더 강화되며 적극적인 표현과 반응이 더 많아졌음을 다음 예와 같이 알 수 있었다.

[표 8] 3차시 공감적 반응에 대한 상대방의 반응

| 반응의 유형 | 학생들의 반응 |
|---|---|
| 감정이나 말투, 태도의 변화 | • 더 진지하게 이야기 했다.(국△△)<br>• 더 즐거워했다.(박○○, 한△△)<br>• 말이 부드러웠다.(이○○)<br>• 포옹했다.(육△△, 전△△)<br>• 상대방이 몸짓을 하면서 더 크게 말했다.(김△△)<br>• 재미있게 계속 말했다.(오△△)<br>• 말이 부드러웠다.(최△△)<br>• 처음에는 기쁘다고만 했는데 고개를 끄덕이더니 너무 기뻐서 울컥했다.(정△△) |
| 적극적인 표현과 반응 | • 더 이야기를 많이 했고 좋은 표정으로 말을 했다.(김○○)<br>• 이야기가 더 재미있어지니까 재미있는 이야기를 더 많이 해 줬다.(이△△)<br>• 웃으며 더 많이 말했다.(이□□, 이△△)<br>• 숨겨진 이야기도 꺼냈다.(백△△)<br>• 더욱 말을 꺼내고 좋아했다.(송△△, 윤△△)<br>• 더 자세히 이야기 해줬다.(오□□, 이☆☆, 박△△, 송□□)<br>• 웃으면서 자꾸 질문을 하였다.(지△△, 박△△) |

지난 차시에 비해 발전된 모습에 대한 평가의 결과도 매우 긍정적이었다. 2차시보다 더 공감적 듣기 태도가 향상되었다고 스스로 느꼈으며 평가의 결과를 전체 아동과 함께 나누면서 긍정적 피드백이 되도록 하였다. 반응영역에서는 맞장구치기, 열린 질문하기, 공감하는 몸짓하기 등을 잘하였음을 알 수 있고 2차시에서는 볼 수 없었던 상대방의 말을 재진술하기 반

응이 나타났다. 수용면에서는 상대방을 존중하며 듣기태도의 향상이 두드러지고 상황을 이해하며 듣기, 끼어들지 않고 듣기 내용이해와 태도의 실제면 모두 발전을 하고 있다고 느꼈음을 알 수 있다. 특히 공감적 듣기 요소의 중요한 요소인 마음을 비우고 듣기를 실천한 점에서 의의가 크다.

[표 9] 2차시보다 발전된 모습의 예

| 반응의 유형 | 학생들의 반응 |
|---|---|
| 맞장구치기,<br>공감하는 몸짓과 태도,<br>열린 질문,<br>적극적인 태도 | • 지난번보다 맞장구치기나 공감하는 몸짓, 열린 질문 등을 더 많이 했다.(이△△, 유△△, 이ㅁㅁ, 류△△, 송△△)<br>• 맞장구를 쳐주고 공감하는 몸짓을 더 많이 했다.(유△△, 최△△, 지△△)<br>• 부드러운 말투와 목소리로 대꾸했다.(김☆☆)<br>• 지난 번 보다 끼어들기를 하지 않았다.(양△△)<br>• 맞장구를 잘 쳐줬고, 좀 더 잘 들어줬다. 딴짓을 하지 않았다.(국△△)<br>• 공감적 반응을 더 적극적으로 해줬다.(조△△)<br>• 더 적극적으로 들었다.(윤△△) |
| 재진술하기 | • 다시 반복해서 말해주기는 거의 하지 않았는데 다시 말해주기를 했다.(김○○) |
| 이해력의 향상 | • 이야기를 재미있게 듣다보니 상대방의 기분과 마음을 더 쉽게 이해할 수 있었다.(이△△)<br>• 상대방이 말하는 상황을 잘 이해했다.(양ㅁㅁ)<br>• 상대방의 기분과 마음을 이해하였다.(김△△) |
| 존중하며 듣기,<br>마음비우고 듣기 | • 마음을 비우고 들었다.(정△△)<br>• 좀 더 존중하며 들었다. 상대방의 말을 판단하지 않고 들었다.(박△△, 육△△)<br>• 지난번보다 상대방을 존중하여 들었고 기분을 파악하며 들었다.(양○○) |

4차시에는 속상하거나 억울했던 상황을 설정하여 듣도록 하였는데 학급을 두 집단으로 나누어 집단 1은 듣기 직전 태도점검평가를 한 다음 듣기 활동을 하게 하고 집단 2는 듣기 직전 태도점검평가를 하지 않고 바로 듣기 활동을 하여 듣기 직전 태도점검을 하고 수행을 했을 때와의 차이점을 비교해 보았다. 듣기 직전 태도평가 점수는 꾸준히 향상되었음을 알 수 있었다.

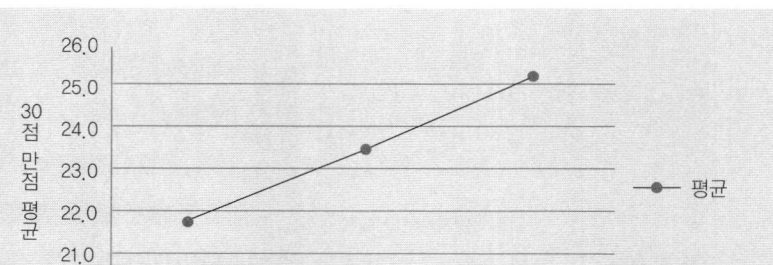

[그림 1] 듣는 중 '수행하기' 단계 듣기 직전 '태도' 평가 변화

실제 평가는 듣기 직전 평가를 하지 않고 실제 듣기 활동을 한 학생들이 듣기 활동을 하지 않은 아동에 비해 실제 결과가 약 2점이 높았으며 구두로 질문하였을 때 학생들은 태도를 인식하고 듣기 활동을 수행하는 것보다 효과가 적다고 반응하였다. 이를 표로 나타내면 다음과 같다.

[그림 2] 듣는 중 '수행하기' 단계 '태도' 실제 평가 변화

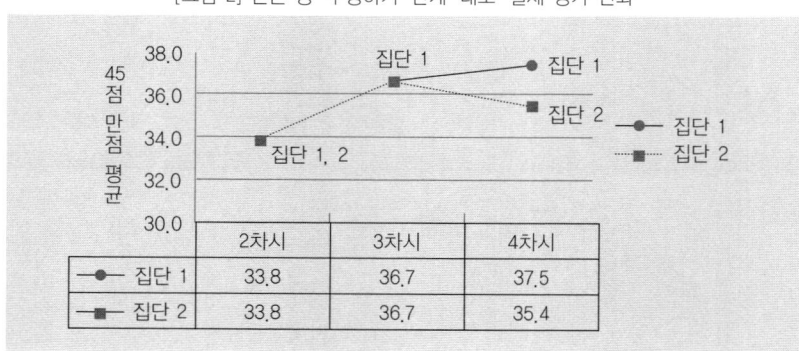

4차시에는 내용과 느낌 상황 이해 기술평가 내용이 더 정확하고 구체적이었다. 열린 질문이나 공감적 반응에 대한 상대방의 반응은 2차시와

비슷하였다. 공감적 반응에 대한 상대방의 반응에서 '더 솔직한 얘기를 꺼내고 그 사람이 편해진다.'는 응답이 나와 공감적 듣기가 관계지향적 말하기임을 학생 스스로 깨닫고 있음을 알 수 있다.

또한 3차시보다 발전한 점으로 자신의 공감적 반응에 대한 태도 점검이 많이 이루어졌다. 상대방의 눈을 바라보며 듣기, 집중해서 듣는 태도에 대한 반응이 많았으며 상대방의 기분을 상하지 않게 이의를 제기하는 적극적인 태도가 생긴 것을 알 수 있다. 이번 차시에서는 공감적 태도나 반응에 대한 요소를 한 가지씩 실행하기보다 상대방을 존중하는 태도, 맞장구치기, 마음 비우기, 열린 질문 등의 요소를 두세 가지씩 함께 실천한 것을 알 수 있다. 이는 공감적 듣기의 태도가 자연스럽게 정착되어 감에 따라 공감적 듣기의 여러 가지 요소를 고려하며 실천하고 있음을 알 수 있다.

[표 10] 3차시보다 발전한 점

| 반응의 유형 | 학생들의 반응 |
|---|---|
| 맞장구치기, 공감하는 몸짓과 태도, 열린 질문, 적극적인 태도 | • 더 많이 표정과 기분을 살폈다. 눈을 바라봐 줬다.(이ㅁㅁ)<br>• 눈을 바라보며 들었다.(박ㅇㅇ)<br>• 좀 더 집중하고 말을 가로채지 않았다.(국△△)<br>• 더 잘 듣고 맞장구를 더 많이 쳐 줬다.(김ㅁㅁ종성, 박ㅁㅁ, 최△△)<br>• 열린 질문, 맞장구치기, 공감하는 몸짓을 더 많이 했다.(지△△, 양ㅁㅁ)<br>• 맞장구치는 것은 똑같지만 고개를 많이 끄덕였고, 이해가 안 가는 것은 적극적으로 질문했다.(한△△)<br>• 열린 질문을 더 많이 했다.(백△△, 김ㅇㅇ, 정ㅁㅁ)<br>• 열린 질문을 더 많이 하고 반대 의견을 잘 말했다(정△△) |
| 기분상하지 않게 이의 제기하기 | • 억울하지 않게 조심스럽게 반대 의견을 말해 주었다.(김△△, 유△△)<br>• 듣는 내용이 내가 생각하는 내용과 다를 경우에는 감정이 상하지 않도록 반대 의견을 말했다.(윤△△) |
| 존중하며 듣기, 마음비우고 듣기 | • 상대방을 존중해주고 열린 질문을 했다.(송△△)<br>• 상대방의 말을 존중해주었다.(류△△)<br>• 상대방의 말을 존중해서 듣고 상대방이 하는 말의 내용을 잘 이해하였다.(이☆☆)<br>• 상대방의 말을 존중하며 더 잘 이해하고 공감하는 몸짓을 해 주었다.(유△△)<br>• 마음을 비우고 딴짓을 하지 않고 들었다.(이△△)<br>• 상대방이 말할 때 예전에는 딴생각을 했는데 지금은 딴생각을 안 하고 들었다.(조△△) |

　‘수행하기’ 단계에서는 듣기 직전 태도평가를 종합하여 보면 2차시에서 3차시로 진행될수록 태도의 변화가 뚜렷해지며 공감적 듣기 수행결과 실제 평가 점수도 향상되어 가나 초기에 비해 뒤 차시로 갈수록 향상 폭은 적어짐을 알 수 있다. 이는 태도의 형성단계에서는 뚜렷한 발전을 보이지만 공감적 듣기의 실제 수행을 정착시키는 데는 시간이 걸리기 때문으로 보인다.

### (3) ‘점검하기’ 단계 평가 결과

　공감적 듣기 후 ‘점검하기’ 단계의 5차시에는 1주일 동안 일상생활에서 공감적 듣기를 실천한 결과를 누적하여 기록하도록 하고, 그 결과를 전체 아동들과 함께 나누도록 지시하였다. 7일 모두 꾸준히 실천한 학생은 3명, 6일 동안 실천한 학생은 15명, 5일 동안 실천한 학생은 10명, 4일 동안 실천한 학생은 5명, 3일 동안 실천한 학생이 2명이었다.

[그림 3] 5차시 자기평가 결과

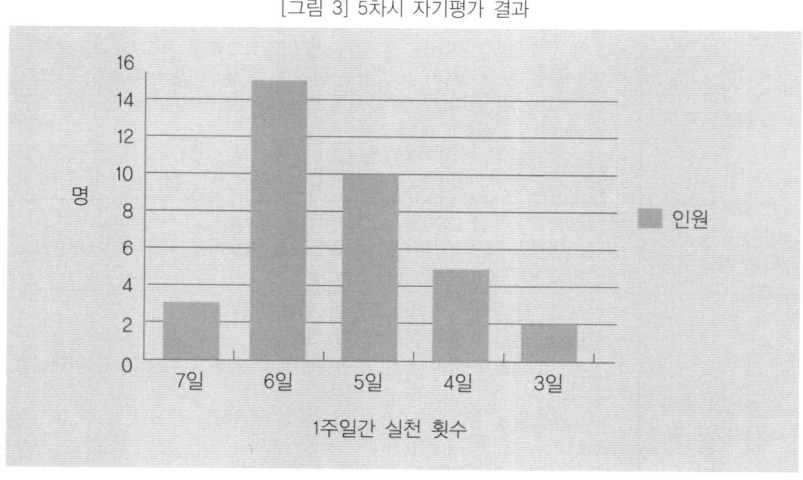

친구, 가족, 학원선생님 등 다양한 일상생활의 장면에서 공감적 듣기를 한 결과를 기술하였고, 대부분 공감적 듣기를 통해 상대방의 기분이 좋아지고 더 많은 말을 하게 되는 등 관계가 좋아지는 경험을 하게 되었으며 듣는 기쁨을 알게 되었음을 밝혔다. 때로는 공감적 듣기를 못했을 경우 상대방의 반응을 통해 자신을 돌아보는 계기가 됨을 밝혔다.

　6차시에는 공감적 듣기 교수·학습 상황에서 실시한 태도의 실제를 평상시에 얼마나 실천하고 있는지를 '수행' 단계의 실제영역에서 실시하였던 자기점검표를 이용하여 평가하도록 하였다. 학생들의 평균은 36.5점으로 마지막 4차시의 실제 점수보다는 적게 나왔다. 이는 태도가 정착되어 가는 과정에서 나타나는 현상으로 보이며 학습 초기에 비하여는 많은 발전이 있었음을 알 수 있다. 아래의 표는 2~3차시에 걸친 '수행' 단계의 공감적 듣기 실제 평가와 6차시 태도 정착 평가를 비교하여 놓은 그래프이다.

[그림 4] 공감적 듣기 태도 변화에 대한 평가

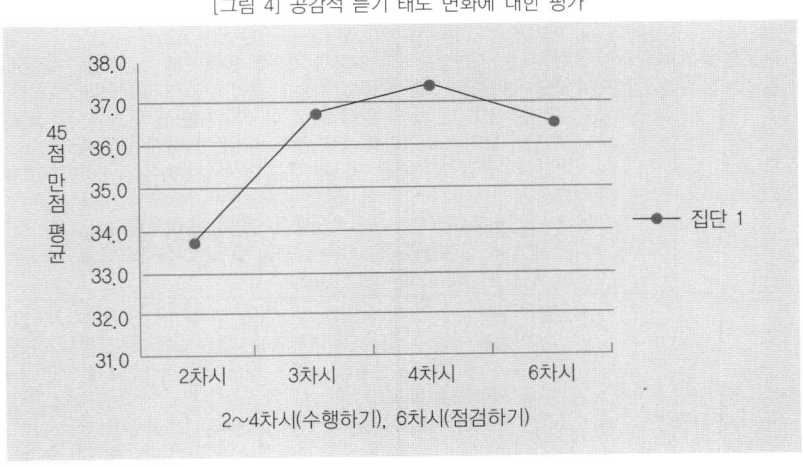

마지막으로 공감적 듣기 학습을 해보면서 느끼거나 생각한 점과 공감적 듣기를 하면서 발전한 모습을 기술평가 하도록 하였다. 학생들은 공감적 듣기를 통해 상대방을 존중하며 들어야하는 필요성과 공감적 듣기를 했을 때 상대방이 기뻐하는 모습을 통해 느끼는 기쁨을 맛보고 공감적 듣기가 관계를 개선시켜주는 듣기임을 인식하였다. 또한 공감적 듣기를 일상생활에서 실천하고자 하는 의지를 나타내었으며 일반적인 듣기의 요소인 내용 이해하기가 더 잘 되며 공감적 듣기의 특성인 느낌 이해하며 듣기까지 잘 된다고 밝힌 학생도 있다. 다음은 공감적 듣기 활동에 발전을 보인 대표적인 학생들의 예이다.

[표 11] 공감적 듣기를 해보면서 느끼거나 생각한 점

| 응답의 유형 | 학생들의 반응 |
|---|---|
| 공감적 듣기 태도의 필요성과 기쁨 인식 | • 공감적 듣기는 나의 성격을 고쳐주는 것 같다. 내가 평소에 말을 끊거나 가로채는데 지금은 공감적 듣기를 함으로써 말을 끊거나 가로채지 않으려고 한다.(국△△)<br>• 내가 공감적 듣기를 하면 상대방이 더 좋아하고 이야기를 더 꺼내는데 이럴 때마다 오히려 내 기분이 더 좋고 친구가 웃음을 보일 때마다 내가 공감적 듣기를 한 보람을 느낀다. 그리고 매일 들을 때마다 공감적 듣기를 해야겠다고 생각한다.(김△△)<br>• 처음에는 칭찬받으려고 일부러 기회를 만들어서 공감적 듣기를 하였으나 이제는 그냥 말해도 저절로 공감적 듣기가 되었다. 그리고 말하는 상대방은 말을 많이 하며 더 이야기를 많이 하게 된 것을 보아 이 듣기는 이야기를 툭툭 끊어 버리는 나에게 매우 필요한 것이다. 이 공감적 듣기를 가르쳐 주신 선생님께 매우 감사하다.(이ㅁㅁ)<br>• 내용을 쉽게 이해한다기보다 내용을 편안하게 이해할 수 있다는 것을 알았다. 실생활에서는 자주 이용될 것 같고 성격도 바로 잡아주는 좋은 듣기라고 생각한다.(이△△) |
| 관계지향적 듣기임을 인식 | • 공감적 듣기는 나에게 중요한 것이라고 생각한다. 맞장구치기, 질문하기 등을 해보니 마음으로 대화하는 것을 느꼈다. 그리고 친구를 사귈 때 음식이나 선물을 사주는 것보다 공감적으로 들으면 되겠다고 생각했다.(유△△)<br>• 공감적 듣기를 하면 상대방이 어떤 심정이고 어떤 말을 하고 싶은지도 더 자세히 느꼈고 공감적 듣기가 사람의 기분을 파악할 수 있다는 것을 알게 되었다.(이△△)<br>• 내가 이렇게 남의 마음을 읽을 수 있다는 걸 알고 놀라기도 했지만 너무 기쁘기도 했다. 그런 능력은 별거 아니라고 생각했지만 지금은 하늘을 나는 것처럼 훌륭하다고 생각한다.(김◇◇) |

| 응답의 유형 | 학생들의 반응 |
|---|---|
| 공감적 듣기<br>실천의지 다짐 | • 공감적 듣기를 하기 전에는 질문도 잘 하지 않았는데 이저 마음에 공감적 듣기를 해야겠다고 다짐을 안 해도 스스로 공감적 듣기를 하게 된다.(이☆☆) |
| 공감적 태도의<br>향상과 습관화 | • 다른 사람이 말할 때 저절로 열린 질문을 하게 되고 맞장구를 치게 된다.(김ㅁㅁ)<br>• 상대방의 말을 주의 깊게 듣게 되었고 상대방의 마음도 잘 헤아려졌다. 또 국어실력이 향상되었다.(윤△△)<br>• 친구들, 가족, 친척들이랑 이야기를 하면 딴짓을 많이 하고 고개를 끄덕거리지도 않았는데 요즘에는 딴짓도 안하고 어쩌다 한 번씩 공감적 듣기를 해 준다.(박ㅁㅁ)<br>• 상대방의 말을 존중해 주고, 상대방이 말할 때 바라보고, 공감적 듣기를 하는 것이 습관 되었다.(유△△) |

[표 12] 공감적 듣기를 하면서 발전한 점

| 응답의 유형 | 학생들의 반응 |
|---|---|
| 공감적 태도의<br>향상과 습관화 | • 예전에는 상대방의 말만 듣고 딴생각을 하였는데 지금은 맞장구도 쳐주고 열린 질문을 해 준다.(조△△) |
| 듣기 능력 향상 | • 공감적 듣기를 하기 전에는 성의 없게 듣고 집중을 하지 않으며 들었는데 공감적 듣기를 한 후에는 더욱 공감적 듣기를 하려고 노력하게 되고 말하는 것보다 듣는 것이 더 재미있어진다.(이△△)<br>• 예전에는 기분 상하지 않게 반대 의견을 용기내서 하지 못했는데 공감적 듣기를 하면서 반대 의견을 기분 상하지 않게 하게 되고, 나도 모르게 고개를 끄덕이고 맞장구를 치게 된다. 또 나도 느끼면서 들으니까 내용이 이해하기 쉽게 되는 것이 발전한 것 같다 (김△△)<br>• 다른 사람이 말할 때 항상 바라보며 듣고 평소에 말하기보다 듣기를 두 배로 하는 것 같다. 그리고 상대방이 말하는 내용이 더 잘 이해되었다.(정△△) |
| 인간관계 향상 | • 공감적 듣기를 해 주면 상대방이 나와 이야기를 더 하려고 한다. 이 이점을 살려 신용맨 이ㅁㅁ에 이어 공감맨 이ㅁㅁ이 되고 싶다.(이ㅁㅁ)<br>• 친구들과 얘기가 잘 통했다. 그리고 더 친구들의 말을 들을 때 마음을 더 잘 읽어줘야겠다.(육△△) |

학습을 진행하는 기간 동안 잠재적 교육이 이루어질 수 있도록 다른 교과 시간이나 일상대화에서도 공감적 듣기의 개념과 태도에 대해서 지도하기도 하였는데 그 결과 1차시 수업을 마친 후 한 학생은 일기장에 공감적 듣기는 사랑의 마음을 담아 듣는 아주 중요한 듣기의 태도이며

자신만의 태도로 정착시키도록 노력해야겠다는 다짐을 담아서 썼다. 다른 학생은 1주일쯤 지나서 집에서 아빠가 할머니와 전화 통화하는 내용을 듣고 간간히 "네, 네." 하며 맞장구를 쳐주고 할머니께서 말씀하신 내용을 반복해서 말하는 것을 관찰하고 공감적 듣기의 필요성과 실천의지를 밝혔다. 공감적 듣기 지도와 평가는 일시적으로 집중 지도하기보다는 시간의 간격을 두고 생활 속에 침투할 수 있도록 지도하는 것이 좋다. 교육과정에 공감적 듣기의 내용을 한 단원에 집중적으로 배치하기보다는 1학기 동안 여러 단원에 분산하여 배치하는 것도 좋은 대안이 될 것이다.

## 4. 공감적 듣기 평가의 결과

공감적 듣기 교육의 필요성을 인식하고 학교 현장에서 공감적 교육의 내용, 방법, 평가에 걸친 일련의 교육과정을 공감적 듣기 평가를 중심으로 실현해 보고 그 결과를 분석하여 공감적 듣기 교육의 방향을 모색해 보았다. 공감적 듣기 교육의 내용과 평가 준거를 구안하고 평가문항을 제작하여 실제 초등학교 4학년 학생을 대상으로 지도, 평가한 다음 그 결과를 분석하였다.

공감적 듣기 지도는 '알기', '수행하기', '점검하기' 단계로 나누어 지도 하였으며 '알기' 단계에서는 공감적 개념에 관한 인지적 평가를 실시하였다. '수행하기' 단계에서는 2인 1조가 되어 한 사람은 말하고 한 사람은 듣는 입장이 되어 듣기 활동을 하도록 하고 수업 과정 전반에 걸쳐 평가를 실시하였다. 평가의 준거로는 '수용'과 '반응'으로 공감적 듣기요인을 나누고 '수용'은 공감적 듣기를 수용하려는 '태도' 평가와 공감적 듣기를 실제 잘 수행하였는지에 대한 결과인 '실제'에 대한 평가를 실시하였다. '반응'은 공감적 반응을 하려는 '태도' 평가와 공감적 반응을 실제 잘 수행하였는지에 대한 결과인 '실제'에 대한 평가를 실시하였다. '점검하기' 단계에서는 공감적 듣기의 개념과 태도의 정착, 실천 의지 등을 평가하였다. 일주일 동안 실천한 누가기록표와 공감적 듣기를 통해 발전한 점, 공감적 듣기에 대한 생각을 기술평가 하였다.

먼저 1차시에 '알기' 단계의 평가 결과 학생들은 공감적 듣기는 내용을 이해하면서도 마음까지 이해하는 듣기임을 인식하였음을 알 수 있었다. 또한 학생들은 공감적 듣기가 인간관계를 증진시키고 상대방을 이해할 수 있는 듣기임을 인식하게 됨을 알 수 있었다.

2~4차시인 '수행하기' 단계에서 먼저 공감적 듣기 활동 직전에 실시한 태도 평가에서는 자기점검표의 공감적 듣기태도를 가지고 들으려는 다짐 정도가 높아졌고 높아진 상태에서 실제 '상대방을 존중하면서 들었는가?'와 같은 태도의 실천 점수도 차시가 거듭되면서 높아짐을 알 수 있었다. 기술평가로 실시한 이해영역 평가에서는 내용, 느낌, 상황 이해의 면에서도 차시가 거듭될수록 기술이 명확해지고 마음까지 느낄 수 있다고 기술하여 공감적 듣기의 중요한 요소인 내용을 이해하기와 마음까지 이해하기에 많은 발전이 있음을 알 수 있다. 또한 맞장구치기, 재진술하기, 열린 질문과 같은 공감적 반응에 대한 빈도가 높아지고 듣는 사람의 공감적 태도로 인해 상대방이 더 적극적이며 편안하게 말하게 되어 공감적 듣기의 기쁨을 학생들 스스로 맛보게 됨을 알 수 있었다. 이러한 수행단계의 평가는 수업 과정 중에 수시로 이루어지고 지도시간이 지속적으로 이루어졌다. 때문에 학생들은 스스로의 태도와 실제 결과를 확인 하고 이를 공감적 듣기 활동에 반영하였다. 또한 평가를 통해 상대방이 말하는 태도를 보고 느낀 기쁨과 스스로 발전한 점을 기술하였고 다음 차시에 혹은 일상생활에서 공감적 듣기의 필요성을 인식하고 실천하려는

계기가 되는 환류평가가 이루어졌다. 또한 공감적 듣기가 잘 되지 않은 아동들은 자신의 문제점을 스스로 인식하게 되어 자기점검 평가로서도 의의가 크다.

5~6차시 '점검하기' 단계의 평가 결과 학생들은 일주일간의 누가 기록 평가를 통해 일상생활에서 자신이 공감적 듣기를 잘한 상황과 혹은 못한 상황을 스스로 인식하게 되고 공감적 듣기를 실천했을 경우에 상대방의 말을 정확히 이해하는 인지적 듣기 능력의 향상은 물론 마음까지 이해하는 기쁨을 맛보았음을 알 수 있었다. 또한 공감적 듣기를 한 후 생각하거나 발전한 점을 묻는 기술 평가를 통하여 공감적 듣기는 듣기의 기쁨을 확장시켜 줄 뿐 아니라 듣기 능력이 향상되어 인간관계를 향상시켜주는 듣기임을 인식하게 되었다. 아울러 공감적 듣기 태도의 향상은 물론 공감적으로 듣는 태도를 가지고 실천하려는 의지가 향상되고 일상생활에서 공감적 듣기 태도와 자세가 정착되어 가고 있음을 알 수 있었다.

이상 공감적 듣기 평가의 결과를 요약하면 다음과 같다.

첫째, 공감적 듣기 평가를 통하여 듣기의 기쁨을 맛보고 공감적 태도가 향상되었음을 알 수 있다.

둘째, 공감적 태도의 다짐과 실제를 지속적으로 평가함으로써 다짐의 결과가 실제로 반영됨을 알 수 있다.

셋째, 수업 과정 중에 수시로 평가하였기 때문에 학습활동과 분리되지 않고 즉각적인 학습 효과를 가져올 수 있다.

넷째, 다음 활동과 차시에 동기유발은 물론 환류와 자기점검의 역할을 해주었다.

다섯째, 공감적 듣기의 필요성과 효과를 깨닫고 실천하고자 하는 의지를 갖게 하여 일상 언어에서 국어 사용능력을 신장시켜 주는 평가이다.

본 연구는 처음으로 공감적 듣기 활동을 실제 수업해 본 다음 평가까지 시도한 점에서 의의가 있다고 보겠다. 그러나 다음과 같은 제한점과 시사점을 가진다.

첫째, 공감적 듣기의 교육 내용이 교육과정과 교과서에 제시되지 않아서 교육과정과 연계하지 못했다는 점이다. 개정 7차 교육과정 내에서는 7차 교육과정에 비해 공감적 듣기교육 내용이 많이 포함되어 있으므로 개정 7차 교육과정에서는 교육과정내용과 연계하여 지도할 수 있겠으나 여러 학년과 영역에 걸쳐 분산되어 제시되어 있으므로 어떻게 체계적으로 지도할지에 대한 과제가 남는다.

둘째, 이 연구는 듣기 말하기의 역동적인 상황보다는 일방적인 듣기 활동에 한하여 지도한 다음 평가하였다는 한계를 가진다. 듣기 평가를 듣기 말하기가 함께 이루어지는 대화나 토론의 상황으로 지도하여 평가하기에 초등학교 4학년 단계의 아동 발달 단계에 무리가 있을 뿐 아니라 듣기의 기쁨을 충분히 누린 다음 말하기 지도가 이루어진 후 듣기 말하기 상황을 함께 제시하여 지도하는 것이 바람직하다고 보았기 때문이다.

셋째, 녹음자료, 영상자료 등 다양한 자료를 이용하여 평가하지 못한 점이다. 학생들의 녹음 자료나 영상자료를 전사하거나 분석할 수도 있었으나 학습의 초기 단계이며 연구 기간과 노력의 부족으로 인하여 주로 동료와 교사에 의한 관찰평가와 자기점검표 작성, 기술평가에 한정하였다. 그러나 실질적으로 현장에서 적용할 때는 평가의 효율성을 고려할 때 연구자가 제시한 평가 방법의 활용도가 높을 것으로 기대된다.

앞으로 국어사용능력이 학생들의 진정한 언어사용 능력의 질적 발전을 이루기 위해서는 공감적 듣기 말하기와 같이 마음을 이해하는 화법교육의 필요성이 절실하다. 본 연구가 공감적 듣기 교육의 내용과 방법, 필요성을 확인하고 공감적 듣기교육에 긍정적인 영향을 끼치길 기대한다.

# 참고문헌

교육과학기술부, 초등학교 교육과정해설(Ⅲ)(2008), 교육인적자원부 고시 제2007-79호.
권순희(2003), "청자를 고려한 대화 방법", 화법교육연구 5호, 한국화법학회.
김규훈(2007), "공감적 듣기 교육의 평가 방안 모색", 화법연구 11, 한국화법학회.
김규훈(2008), "공감적 듣기교육 연구, 동국대학교 석사학위 논문.
박성희(2004), 공감학 어제와 오늘, 학지사.
_____(2008), 공감, 이너북스.
박희숙(2007), 청자반응 전략지도가 듣기 결과에 미치는 영향연구 : 초등학교 5학년
⟨말·듣·쓰⟩ 수업을 중심으로, 경인교대 석사학위 논문.
백미숙(2006), "효과적 리더십으로서의 효과적 경청", 숙명리더십연구 제4집.
서울대 국어교육연구소(1999), 국어교육학 사전, 대교.
서 혁(1999), "듣기 능력 평가의 개선방안", 선청어문 27집, 서울대학교 국어교육과.
이삼형 외(2007), 국어교육학과 사고, 도서출판 역락.
이창덕 외(2000), 삶과 화법, 도서출판 박이정.
이창덕(2003) "음성언어 생태와 듣기·말하기 교육", 한국초등국어교육학회 22권.
임칠성 외(2002), 국어선생님, 듣기 수업 어떻게 하십니까?, 도서출판 역락.
장경희·김순자(2008), "연령과 성별 요인에 따른 맞장구 수행 실태 조사", 텍스트 언
어학 25집, 한국텍스트언어학회.
정상섭(2006), "공감적 의사소통의 본질 고찰", 새국어교육 제72호, 한국국어교육학회.
_____(2006), 공감적 화법교육, 한국교원대학교 박사학위논문.
_____(2005), "공감적 듣기의 듣기 교육적 수용 연구", 한국초등국어교육 제28집.
최현섭 외(2007), "상생화용, 새로운 의사소통 탐구", 커뮤니케이션북스.
황영순(2001), "아동의 모국어 습득 양상에 대한 고찰", 사회과학 연구 제5집, 평택대
학교 사회과학연구소.
Brownell, J.(2005), *Listening : Attitudes, Principles and Skills*, 3rd ed. Pearson.

부 록

## ① 3차시 '수행하기' 단계 평가지 예 (이△△ 학생)

1. 나는 얼마나 공감적 듣기 태도를 가지고 있을까요? 듣기 전에 스스로 점검해봅시다.

| | 나는 얼마나 공감적 듣기 태도를 가지고 있을까요? | 1(하) | 2(중) | 3(상) |
|---|---|---|---|---|
| 수용 | 상대방의 말을 존중하여 들으려는 자세를 가지고 있다. | | ✓ | |
| 수용 | 상대방의 목소리, 표정, 기분을 살필 준비가 되어 있다. | | ✓ | |
| 수용 | 상대방의 말에 끼어들지 않고 들으려는 자세가 되어 있다. | | ✓ | |
| 수용 | 마음을 비우고 딴생각을 하지 않고 들을 준비가 되었다. | | ✓ | |
| 수용 | 상대방의 말에 판단하지 않고 들으려는 자세가 되어있다. | | | ✓ |
| 반응 | 상대방의 말에 적절한 반응을 하려는 마음가짐을 가지고 들을 준비가 되어 있다. | | ✓ | |
| 반응 | 맞장구치기를 해주면서 들을 준비가 되어있다. | | ✓ | / |
| 반응 | 궁금한 내용이나 이해가 가지 않는 내용 대해 적극적인 질문을 하려는 태도를 가졌다. | | | ✓ |
| 반응 | 열린질문을 하려는 태도를 가지고 있다. | | ✓ | |
| 반응 | 감정이 상하지 않도록 이의를 제기하려는 태도를 가지고 있다. | | ✓ | |

계: 22점

2. 상대방의 말을 얼마나 받아들였나요?

| | |
|---|---|
| 수용 | 상대방의 말은 어떤 내용이었나요?<br>친척들과 물놀이 한 일<br>ㄴ(옥상에서)<br>ㄴ(바가지로) |
| 수용 | 상대방이 말할 때 어떤 느낌으로 말했나요?<br>그 때의 느낌이 가시지 않는 듯 즐겁고 재미있는 목소리와 말투 |
| 수용 | 상대방이 말하는 상황은 어떤 상황인가요?<br>그 때가 무척행복했고 좋은추억이 될 것 ✓ 상황 |

같다는 는초의 마음이 당겨저있는

공감적 듣기 평가의 실제   67

3. 내가 공감적 반응을 해주니까 상대방의 반응은 어떠했는가? 이야기가 더 재미있어졌다 재미있으니까 는 이야기를 더 해주었다

4. 열린 질문을 했다면 어떤 질문을 했나요? 물을 질질 흘리시 한나지 않았는가, 추운날에 반팔입었는가 등이 질문을 해주었다 감기에걸리고생.

5. 나는 어떻게 상대방의 말을 들었나요?

| | | 나는 얼마나 공감적 듣기 태도로 들었나요? | 1(하) | 2(중) | 3(상) |
|---|---|---|---|---|---|
| 1 | 수용 | 상대방의 말을 존중하여 들었다. | | | ◯ |
| 2 | 수용 | 상대방의 목소리와 표정, 기분을 파악하며 들었다. | | ◯ | |
| | 수용 | 상대방의 말에 끼어들지 않고 끝까지 들었다. | | ◯ | |
| | 수용 | 마음을 비우고 딴생각을 하지 않고 들었다. | | ◯ | |
| | 수용 | 상대방의 말에 판단하지 않고 들었다. | | ◯ | |
| | 수용 | 상대방의 말을 잘 이해하였다. | | | ◯ |
| | 수용 | 상대방의 기분과 마음을 느꼈다. | | | ◯ |
| | 수용 | 상대방이 말하는 상황이 어떤 상황인지 이해하였다. | | ◯ | |
| 반응<br>(적절한<br>반응) | 말하는 사람의 말을 반복해서 말해주었다. | | ◯ | |
| | | 공감하는 몸짓(표정, 고개 끄덕이기, 눈을 바라보기, 앞으로 숙이기 등)을 보이며 들었다. | | ◯ | |
| | | 부드러운 말투와 목소리로 대꾸하였다. | | | ◯ |
| 반응 | | 맞장구치기를 해주면서 들었다. | | | ◯ |
| 반응 | | 궁금한 내용이나 이해가 가지 않는 내용이 있을 경우에는 적극적으로 물어보았다. | | ◯ | |
| 반응 | | 열린 질문을 하였다. | | ◯ | |
| 반응 | | 듣는 내용이 내가 생각하는 내용과 다를 경우에는 감정이 상하지 않도록 반대의견을 말하였다. | | ◯ | |

계: 34점

6. 지난 번 들을 때보다 발전한 점이 있다면 어떤 점인가요? 지난번보다 딴짓하는 행동이 줄었고 맞장구쳐주는 모습이 더 늘어났다, 또 이야 기를 재미있게 듣다보니 상대방의 기분고 마음을 더 쉽게 이해할 수 있게되었다

② 5차시 공감적 듣기 누가기록 점검표(정△△, 송△△ 학생)

## 공감적 듣기 후 '점검하기'단계 평가지

4학년 1반 (35) 번 이름: (          )

★ 1주일동안 평소 생활에서 실천한 공감적 듣기활동 내용을 적어봅시다.

| 날짜 | 대상 | 들은 내용, 들을 때의 느낌, 들을 때의 상황 | 공감적 듣기를 한 나의 태도나 반응, 상대방의 반응, 그리고 나의 느낌 |
|---|---|---|---|
| 12. 16(화) | 찬주 언니 | 언니친구중 한명과 관계가 멀어지고있어서 슬프고 속상했다 | 맞장구를 쳐주고 고개를 끄덕이니 언니는 자기가 너무 속상했다고하니 나도 속상다 |
| 12. 17(수) | 우리 엄마 | 웃긴 이야기를 아들에게 해주겠다고하고 엄마는 웃으시며 기뻐했다 | 웃으면서 맞장구를 쳐드리니 엄마는 더 웃으셨고 나는 엄마가 매일 그랬으면 좋겠다고 생각했다 |
| 12. 18(목) | 간호사 언니 | 내가 주사를 맞기싫어할때 조금 만 따끔거리다고하셨다 주사놓을 무서웠다 | 고개를 끄덕이고 나쁜 데를 보니까 상한다고 하셔서 부듯했다. 다음부터는 더 씩씩하게 맞아야겠다 |
| 12. 19(금) | 김영조 토론자 | 자기몸은 자기가 지켜야한다며 강력히 주장하고 그렇게 실천할 것 같았다 | 바라보며 들었더니 상대 방도 날 보며 말했다 맞으로 공감적 듣기를 잘하고싶다 |
| 12. 20(토) | 찬주 언니 | 영화가 너무 스릴있고 놀라서 볼때 가슴을 졸이며 재미있었다 | 고개를 끄덕이며 맞장구도 쳤다. 그러니까 언니가 내 의견도 물어봤다 너무 좋은 반응이 있었다 |
| 12. 21(일) | 사촌 언니 | 내 교회를 따라갔는데 정말 지루해서 잠이 왔다는 상황이었다 | 바라보며 들었고 한 손가락 반응하기을 했더니 사촌 언니 반응도 고개를 끄덕여서 공감할 수 있었다 |
| 12. 22(월) | 공부방 선생님 | 용돈기입장과 가계부의 차이점을 들었는데 잘 구별해야겠다 | 고개를 끄덕이며 무슨 차이점이 있는지 질문을 했더니 잘 알려주셔서 너무 좋았다 |

# 개별화 읽기 수업 설계를 위한 평가방법

## 1. 수업설계와 평가

같은 학교의 같은 학년이라도 학생들의 능력은 다 다르며 관심이나 흥미 역시 다양할 수밖에 없고, 이러한 개인차가 교수·학습의 설계에 반영될 때 효과적인 학습이 이루어질 수 있다고 가정하고 교수·학습을 설계하기 위한 진단평가 모형을 구안하고자 한다.

교수·학습의 상황에서 교사는 명시적이든 비명시적이든 다음과 같은 문제들에 대해 고민하게 될 것이다. 무엇을 가르칠 것인가? 어떻게 가르칠 것인가? 누구를 가르칠 것인가? 이는 곧 교육의 내용, 교육의 방법, 교육의 대상에 대한 고민이다. 최근 교육의 내용과 방법에 따른 논의들은 풍부하고 다양하게 진행되어 교육현장에서 많은 교육적 효과를 거두기도 한 반면 교육 대상에 대한 논의들은 부족한 실정이다.

가르쳐야 할 대상들이 모두 '똑같은' 능력과 학업성적, 배경 등을 갖고 있는가, 만약 다르다면 그들에게 똑같은 방법으로 수업을 진행해도 무방한가, 대상 학생들의 흥미와 적성은 무엇인가? 이러한 학습자에 대한 분석은 일찍이 교육연구의 초기부터 계속되어 왔다. 그러나 학교급 단위의 거시적 연구나 한 학교 단위의 실태 파악에 그치는 경향이 있어 실제 교수·학습 상황에 크게 도움을 주지는 못했다.

교육의 과정은 일련의 학습과제들을 학생들에게 제공하는데 이 과제들은 쉬운 과제로부터 어려운 과제로 구조화되어 있다. 따라서 학생들이 각 단계의 학습과제에 성공하는 비율은 학교 급이 올라갈수록 감소할 것이다. 교사들은 이 학생들의 학습과제 이행의 결과를 성공과 실패로 나누고 점수나 평정을 부여하여 판단하게 된다. 이러한 평가는 학생들을 성공군과 실패군으로 유목화하게 되고 특별한 처치가 없는 한 성공군은 계속 성공하기 쉬운 반면 실패군은 실패의 경험이 누적될 것이다. 계속적인 실패의 경험은 학생들로 하여금 부정적인 자아개념을 갖게 하고 결국 인성 발달에 상처를 입게 되어 학교에서 문제학생이 될 가능성이 많아진다.

이와는 달리 교육평가에 대한 관점을 달리하여 '교수 프로그램의 교육 효과에 관한 의사결정을 하기 위해서 학습자의 행동변화 및 학습 과정에 관한 정보를 수집하고 이용하며 교육적 의사결정을 내리는 데 도움을 주는 과정'이라고 보고 평가의 기능을 '선발과 분류'보다는 '교육의 처치'[1]에 두기도 한다.

이러한 평가관의 변화와 함께 국어과에서도 언어 사용 기능을 신장시켜 학습자의 사고력을 높이는 데 교육의 목표를 두면서, 이를 이루기 위해 학습자 중심의 활동을 크게 강조하고 학습자에 대한 진단적 평가에 대한 관심이 고조되고 있다. 이것은 종래의 평가가 교수·학습의 과정보다는 학습자의 학업 성취도 결과를 평가하는 데 한정되었으며, 그 방법

---

1) '교육적 처방, 보완 지도, 피드백 지도' 등의 용어를 쓰는 것도 무방하다.

도 언어 기능 능력에 대한 직접적 평가보다는 관련 지식을 검사하는 간접적 평가가 중심을 이루어 국어과 교수·학습의 발전과 개별 학습자의 언어 능력을 신장시키는 데 활용되지 못했다는 반성에 근거한다.

이에 따라 이 글에서는 첫째, 국어과 개인별 수업의 가능성에 대해 생각해 볼 것이다. 둘째, 개인별 수업을 하기 위해서는 진단적 개념의 평가가 필요하다고 보고 평가요소를 추출할 것이다. 셋째, 추출된 평가요소를 중심으로 평가 모형을 구안할 것이다. 다만 국어과 영역 간의 특징이 하나의 평가 모형으로 평가될 수 없다는 점을 고려하여 읽기 영역으로 범위를 한정하여 평가의 모형을 구안하고자 하며 평가의 범위 또한 개별화 수업을 위한 진단으로 한정할 것이다. 넷째, 본 연구에서 '개별화 수업'은 수업자 각자가 개별화된 학습목표를 설정하고 독자적으로 학습을 진행하는 엄격한 의미보다는 학생 각자에 대한 진단을 통해 학생들을 소그룹화 시키되 교수자가 학습자를 개별화시켜 진단한다는 의미에서 사용하였다.

이렇게 구안된 평가 모형을 통해 교수방법 투입을 위한 단서의 정보를 얻고 어떠한 교수방법, 학습방법이 적절한지를 결정하고 이에 따라 적절한 교수변인과 교수자료를 투입할 수 있게 될 것이다. 또한 이를 통해 국어과에서의 다양한 형태의 수준별 학습이 가능할 것으로 기대되며 더 나아가 개인차 변인에 대한 이해를 토대로 학생과 교사가 적극 소통하는 친밀하고 우호적인 교수·학습의 장이 이루어질 수 있게 될 것으로 기대한다.

## 2. 이론적 근거

### 1) '개별화'의 의미[2]

개별화 교수법은 자기 주도적 학습의 목표를 실현하기 위한 수단으로 수업의 초점을 각 개인학습자들에게 두고 가능한 한 모든 학생이 의도한 교육목표에 도달하도록 하기 위해 각 학습자의 능력·적성·동기 등을 고려하여 최적의 학습 환경과 적절하고 타당한 수업방법·절차·자료의 선택·평가 등 수업의 모든 요소를 변별적으로 실천하는 교수방법이다.

대표적인 개별화 교수 프로그램의 하나인 적성처치 상호작용 모형(ATI : Aptitude Treatment Interaction)은 Cronbach(1977) 제시한 것으로 학습자의 적성과 교수방법 간에는 상호작용이 있다고 전제하고 학습의 효과를 낼 수 있는 수업방식이 학습자의 성격에 따라 다르다고 보았다. 따라서 학습자의 적성에 대한 정보를 수집하여 수업방식과 조화를 이루게 할 때 최적의 개별화 수업이 가능해진다는 것이다.

개별화 교수체제(PSI : Personalized System of Instruction)는 심리학자인 Keller(1974)에 의해 체계화된 것으로 모든 학습자에게 각기 스스로 공부할 수 있는 분철된 학습과제와 그것에 따른 학습안내서를 배부하고 학습자가 자기의 속도에 맞추어 자율적으로 학습과제를 공부해가도록 하는 것이다.

개별지도 교수법(IGE : Indivisually Guided Education)은 1965년 위스콘신 대학의 인지학습 연구개발센터에서 개발된 개별화 교수법으로 전통적인 학년제를 철폐하고 각 교과 영역별로 무학년제를 실시하며, 수업은 팀티

---

2) 개별화 교수법의 원어는 Differentiated Instruction이므로 직역하면 차별화 교수법 또는 수준별 교수법이라고 번역하는 것이 타당하나 '차별화'라는 용어의 부정적 이미지가 지나치게 의미를 한정할 수가 있고 또한 일반적인 수준별 교수법이 학습능력이라는 단일한 기준에 의해 운영되는 점을 고려하여 이 글에서는 개별화라는 용어를 사용하였다.

칭제 방식으로 진행하는 개별화 교수체제이다. 먼저 개개 학습자의 사전 성취수준, 학습유형, 동기수준 등을 진단해서 개개 학습자들이 성취해야 할 적절한 목표를 정해주고 이 목표에 부합하는 학습 프로그램을 준비해 주면 학습자는 개별적 혹은 다른 학습자들과 집단으로 학습한다. 학습이 끝나면 그 학습목표에 대한 완전성취 여부를 평가받고, 완전 성취가 인정되면 다음 단원으로 넘어간다.

비교적 이른 시기에 개별학습에 대해 연구한 김호권(1970)은 개별학습의 특징으로 학습자 개인은 서로 다른 학습 진도를 보이고 공부하는 기술에 있어서도 서로 다르며 서로 똑같은 방법으로 문제를 해결하지 않고 서로 다른 흥미경향과 학습경향을 지닌다고 하였다. 또한 학습자 개인은 특정시점에서 똑같은 학습준비도나 학습능력을 가지고 있지 않다고 설명하였다.

개별학습은 학습자의 특성과 능력 수준에 맞는 개별교수가 가능하고 교사와 학습자 간의 끊임없는 상호작용을 통하여 완전학습을 추구할 수 있으며 인지적, 정의적, 신체기능적 영역의 모든 학습목표를 효과적으로 달성할 수 있으며 학습자의 독립심을 신장시킬 수 있다는 장점을 지닌다. 그러나 시간과 노력이 많이 들고 교사와 학습자 간의 관계는 긴밀하지만 동료 학습자와의 사회적 관계는 약화될 수 있다는 문제점을 가지고 있다.

이 개별학습은 곧바로 우리나라에도 도입되어 소개되었으나 적절한 자료와 방법의 부족, 학생이 집단학습에 의해서 더 잘 배울 수 있다는 전통적 사고방식, 그리고 개별학습에 따른 교육비용의 증가로 인해 교육현장에서 활성화되지는 못하였다. 그러나 학생들 각자의 능력이나 관심, 흥미, 학습양식, 학습 속도 등에 맞는 교육 내용과 방법을 제공해야 한다는 수준별 교육과정의 등장으로 개인차를 인정하는 개별화 수업전략이 다시금 관심이 대상이 되고 있다.

해방 이후 우리 교육은 양적인 면에서 눈부신 발전을 해왔는데 이는 공교육 체제 하에서 전 국민을 대상으로 동일한 교육 내용, 방법, 시설 등을 제공하며 비교적 적은 비용으로 이루어졌다는 점에서 매우 성공적이라고 할 수 있다. 그러나 질적인 측면에서 살펴보면 성취 결과를 중심으로 선발과 분류에만 초점을 맞춤으로써 학습실조아를 양산하고 학생들의 학교부적응의 문제가 대두될 뿐만 아니라 상위 5% 이내의 학생들의 국제적 성취 수준은 대체로 뒤처져 있는 등 많은 한계를 드러내고 있다.3)

수준별 이동수업 내실화 방안을 연구한 김홍원(2004)은 수준별 교육의 필요성에 대해 다음과 같은 몇 가지를 제시하고 있다.

첫째, 개인의 능력과 수준에 적합한 교육을 제공하여 학생 개개인의 잠재 능력을 최대로 계발해야 한다.

둘째, 교육에 있어 수월성과 평등성이 조화롭게 추구되어야 한다.

셋째, 상위 5% 학생의 학업성취수준의 국제경쟁력이 취약하다.

넷째, 7차 교육과정의 기본 철학은 수준별 교육과정이지만 수준별 교육과정이 제대로 구현되지 못하고 있다.

다섯째, 평준화 교육의 단점을 보완할 필요가 있다.4)

여섯째, 수준별 교육의 미비는 사교육을 부추기는 이유가 되고 있다.5)

---

3) 김홍원 외(2004), 수준별 이동 수업 내실화 방안 연구, 한국교육개발원.

| 학생 | 년도 | 문제해결력 | 읽기 | 수학 | 과학 |
|---|---|---|---|---|---|
| 전체 학생 | 2000 | – | 6위 | 2위 | 1위 |
| | 2003 | 1위 | 2위 | 3위 | 4위 |
| 상위 5% | 2000 | – | 20위 | 6위 | 5위 |
| | 2003 | 3위 | 7위 | 3위 | 2위 |

4) 학교 위기의 실상을 분석한 이종재 외(2001)에서는 평준화 지역의 일반계 고등학생들의 문제를 분석한 결과 수업기피(8.8%), 학습의욕상실(16.4%), 수업이해곤란(18.5%), 소극적 참여(23.7%) 등이 나타났다고 분석하였다.

5) 사교육 실태 및 사교육비 규모를 분석한 최상근 외(2003)에서는 학부모들에게 조사한

이와 더불어 최근 대두된 교육문제가 학교이탈자의 문제이다. 상위 학습 능력을 가진 학생들의 경우도 획일적인 수업 방식 때문에 학교 수업에 흥미를 느끼지 못하는 경우가 있는 것처럼 하위 학습 능력을 가진 학생들 역시 사교육에 의존하기도 하지만 학습에 대한 흥미를 잃고 더 나아가서 학교에 대한 흥미를 잃게 되어 학교에서 이탈하는 경우가 많다.

수준별 수업은 다양한 교육적 요구와 능력을 가진 학생들을 위해 내용과 방법에서 다양한 형태의 수업 조직으로 차별화된 수업을 제공하는 교육과정 개별화를 의미한다(Oakes, Gamoran & Page, 1992). 이 개별화 교육의 기본 입장은 학습자에게 일종의 '맞춤 학습'을 제공하자는 의도로서, 개별화 수업은 '학생들의 개인차를 고려하여 수업의 제 국면에서 그 처치 방법을 달리 하는 수업'이라고 규정할 수 있다.

## 2) 국어과 개별화 수업의 가능성

제7차 개정 교육과정은 수준별 교육과정을 그 기본방향으로 하고 있다. 이때 수준별 교육과정은 일단 교실내의 이질성을 인정하고 각 학습자의 차이를 인정하고 있다는 점에서 긍정적이다. 또한 '수준'의 의미를 일반적인 학생의 학업 성취도뿐만 아니라 흥미, 적성, 진로 등을 모두 포괄하는 의미로 사용하고 있어 다양한 교수·학습이 가능하다는 장점이 있다. 특히 수준별 교육과정은 단계형과 심화보충형으로 나누어져 각 교과의 특성에 맞게 운영하도록 되어 있다.

단계형 수준별 교육과정은 ① 비교적 학습 내용의 위계가 분명하고 학습 집단 구성원의 능력의 개인차가 심하게 작용하는 교과에서 ② 난이도나 논리적 위계를 기준으로 조직한 교육과정으로 ③ 학생의 학습 속도에

---

결과 사교육을 시키는 이유 중 수준별 지도의 미비가 3.54%에 달하고 있다.

알맞게 단계별로 세분화하여 운영하며 적용교과는 국민 공통 기본 교육 과정의 수학(1~10학년), 영어(7~10학년)이다.

심화·보충형 수준별 교육과정은 교과의 내용이 다양한 종류의 과목이나 영역으로 구성되어 있고 학습 집단 구성원의 능력의 개인차가 그다지 심각하게 작용하지 않는 교과에 적용된다. 적용교과는 국어, 사회, 과학, 영어 등이며 국어의 경우 1학년부터 10학년까지 기본과정과 심화과정의 학습내용으로 구성되어 있다. 이 심화·보충 과정은 교과별 연간 수업 시수 내에서 운영하는 것을 원칙으로 하되, 정규 수업 시간만으로 심화·보충 학습을 하기 어려운 경우에는 재량 활동 시간을 활용할 수 있도록 하였다.

단계별 수준별 교육과정의 경우 영어나 수학교과에서는 이미 수준별 수업이 정착화되어 있는 반면 국어과의 경우는 수준별 수업이 거의 이루어지지 못하고 있다. 이는 앞서 살펴본 것처럼 학습 집단 구성원의 능력의 개인차가 그다지 심각하게 작용하지 않는 교과적 성격과 수준의 의미를 '능력'으로만 한정해서 생각하는 편협한 사고에 기인하는 것이다. 따라서 이 글에서는 교육과정 상의 수준별 교육과정의 기본 개념은 받아들이되 좀 더 학습자 중심의 수업이 될 수 있도록 하고 이를 위한 학습자 분석을 강조하기 위해 개별화 교육이라는 개념을 사용하고자 한다. 개별화 교육은 학습의 단위가 개인이 될 수도 있지만 현실적으로 소그룹 정도를 상정하며 그룹 속에 있다 할지라도 진단은 각 개인별로 정밀하게 이루어져야 한다는 의미를 전제하고 있다.

국어과의 개별화 교수법은 수학이나 영어 교과와는 다른 몇 가지 특징을 가지고 있다.

첫째, 국어과는 기본적으로 교과과정 상의 심화·보충형 수준별 교수법이 적합하다는 것이다.

둘째, 교과의 성격상 학습 능력을 뚜렷하게 구별하지 못하는 경우가 많기 때문에, 학습 능력의 차이보다는 학습자의 흥미, 관심, 학습 속도 등이 반영되어야 한다.

셋째, 결과보다는 학습 활동이 평가되어야 한다는 것이다.

넷째, 학습자에 대한 정의적 영역의 분석이 필요하다.

다섯째, 국어교과의 각 영역에 따라 학습자의 능력이나 흥미, 적성 등의 개인차가 나타날 수 있으므로 국어 교과의 영역 간 특성을 고려한 수업설계가 이루어져야 한다.

국어과 개별화 교수법이 가진 위와 같은 특징들은 국어 교육에서 개별화 교수의 현실적 한계와 그 가능성을 동시에 보여준다. 국어과에서 개별화 학습을 하기 위해서는 몇 가지 생각해 보아야 하는 문제가 있다. 먼저 적용의 범위이다. 수준별 수업을 전체 교수·학습 과정에서 어느 정도, 어떠한 단원에 투입하느냐 하는 것이다. 모든 단원에 수준별 학습을 실시할 필요도 없고, 반드시 수준별 수업이 모든 경우에 효과적이라고 볼 수는 없다. 단원의 성격과 관련하여 학생들의 학습 능력에 현격한 차이를 보일 수 있거나 학생들의 다양한 흥미가 반영될 수 있는 영역에서 부분적으로 적용하는 것이 좋을 것이다.

다음으로 학생들에게 개별수업이 큰 부담이 되지 않아야 한다는 것이다. 학습능력의 차이에 의해 개별수업을 실시하는 경우 엄격한 의미에서의 개별학습의 형태는 수업현실을 고려할 때 매우 힘들다. 따라서 개별학습은 소그룹 형태로 이루어지게 되는데 이때 구성되는 소그룹들은 각각 그들의 수준에 맞는 활동을 해야 한다. 예를 들어 심화반에게 보충반의 활동을 가외로 하게 하거나 보충반 학생들에게 심화반 학습 내용을 요구해서는 안 된다. 또한 개별학습은 학습목표의 범위 안에서 실시되어야 한다. 제시된 학습목표 안에서 각각의 소그룹에 각각의 자료를 주고 이들을 다 해결했을 경우 좀 더 심화된 자료를 제시해야지 다른 학습목표를 제시해서는 안 된다.

또한 좀 더 효율적인 개별수업을 위해서는 교과서 재구성은 필수적이다. 교과서는 학습목표를 달성하기 위해 일률적으로 제시된 자료이기 때문에 학생들의 흥미나 능력에 반드시 적합하다고는 볼 수 없다. 따라서 수준별 수업을 제대로 하기 위해서는 학습목표에서 벗어나지 않는 학습 내용을 선별해서 학생들의 수준에 맞게 제시해야 한다.

무엇보다 개별수업에서 문제가 되는 것은 소그룹을 어떻게 구성할 것인가 하는 것이다. 예를 들어 학습능력에 따라 보충반과 심화반을 구성할 경우 일정하고 타당한 기준이 필요하다. 학습능력에 의한 소그룹별 학습은 학습자들의 의지와 교수자의 설계가 그 성패를 좌우한다고 볼 때 타당하고 합리적인 진단의 기준을 설정하는 것이 개별학습의 관건이라고 할 수 있다. 따라서 개별수업을 제대로 적용하기 위해서는 교사가 학습자에 대한 정보를 충분히 가지고 있어야 하고, 국어능력을 평가할 수 있는 평가전문성이 갖추어져 있어야 한다.

그러나 "학생이 학교에 적응하는 것이 아니라 학교가 학생에게 적응하는 교육을 해야 한다"[6]는 취지에 공감한다 하더라도 개별화 수업이 가능하기 위해서는 많은 문제들이 현실적으로 존재한다. 국어과 수준별 수업에 대한 뚜렷한 이론이 아직 없고, 정책기관에서도 뚜렷한 방안을 제시하지 못하고 있기 때문이다.

국민공통기본과정은 국가 수준에서 설정한 성취기준을 모든 학생들이 달성하는 것을 목표로 하고 있기 때문에 학생 개개인의 학습 부진의 문제는 한 개인의 문제라기보다는 교사와 학교, 교육과정의 문제라고 볼

---

6) 이화진 외(1998), 개인차를 고려한 교수 학습 및 평가 방안 연구, 한국교육과정평가원.

수 있다. 이러한 관점에서 볼 때 평가는 학생 개개인의 학습 결과 그 자체보다는 그와 같은 결과가 나오게 된 수업 체제에 대한 평가이며 학습 결과에 대한 책무성도 학생 개개인이 아니라 수업체제에 있게 되는 것이다. 이처럼 학습결과에 대한 책무성이 교사와 학교에 있게 되면 기존의 획일적이고 단선적인 수업방식으로는 효율적인 교수·학습이 이루어질 수 없고, 교사는 학생 각자의 능력과 적성, 흥미에 맞는 교수·학습을 설계해야 하고 이를 위해 학생들의 사전지식과 출발점 행동, 그리고 학습에 효과를 주는 여러 개인차 변인들에 대한 정확한 진단이 필요하게 된다.

### 3) 학습 능력의 개인차와 진단평가

학교 교육의 현장에서 실시되는 교육 평가는 교사가 교육과정 활동을 전개할 때 학생들의 학업 성취의 정도와 그 달성 과정을 어느 시점에서 확인하느냐에 따라 형성평가(formative evaluation), 총합평가(summative evaluation) 그리고 진단평가(diagnostic evaluation) 등으로 대별할 수 있다.[7]

진단평가는 교수활동이 시작되는 초기 상태에 교수전략을 위한 기초 자료를 얻고 어떠한 교수방법, 학습방법이 적절한 것인가를 결정하기 위하여 학생의 기초능력 전반을 진단하는 평가이다. 이것은 곧 수업 대상이 될 표적집단 학생이 시발행동 특성에서 동질적이지 못하고 이질적이라는 것, 측정학적 용어를 빌려 표현하면 학업 성취를 결정하는 데 중요한 영향을 미치는 여러 가지 시발행동에서 변산(variation)이 크다는 것을

---

7) 형성평가는 '교수와 학습이 진행되고 있는 상태에서 학생에게 피드백의 효과를 주고, 교과과정을 개선하며, 수업방법을 개선하기 위해 실시하는 평가라고 할 수 있으며 이 평가의 핵심적인 목적은 설정된 교육목표를 성취시키기 위해 피드백과 교정학습을 하고자 하는 것이므로 수업목표에 기초한 목표지향평가를 하게 된다.
총합평가는 학습단원, 학기, 학년의 종말에 학생성적의 판정 및 자격부여를 위해 실시하는 평가로 일련의 학습과제, 학기, 학년의 끝에서 대체로 실시한다. 학교에서 실시하는 정기고사가 이 범주에 들어간다.

말하고 있다.[8] 오랫동안 진단평가는 학습장애의 원인을 분석, 진단하기 위해 실시하는 평가라고 해석되어 왔다. 그러나 최근에는 진단 평가가 어떤 단원의 학습을 위해 수업 전에 학습자가 반드시 알고 있어야 할 기초지식이나 기술을 갖고 있는지를 점검하는 출발점 행동평가 또는 투입 행동평가를 의미하게 되었다.

최은숙(2001)은 진단 평가의 의미를 다음과 같이 설명하고 있다.

첫째, 교수ㆍ학습 활동의 시작 전에 실시하며, 학생의 기초 능력 전반에 대한 평가이다.

둘째, 교수 전략에 대한 기초 자료의 획득과 적절한 교수 방법과 학습 방법을 결정하기 위한 평가이다.

셋째, L. J. Cronbach(1977)의 적성－처치 상호작용(aptitude-treatment interaction) 수업 방법에 응용되어 개별화 수업에 기여하였다.

넷째, 진단평가의 기능은 가공적 0 이하에 있는 학생, 0 상태에 있는 학생, 0 이상에 있는 학생을 확인 진단하는 것이다.

다섯째, 진단평가는 출발점 행동이 적절하게 준비되어 있고 수업 전략이 출발점 행동에 적응되어 있다면 누구나 기대하는 성취 수준에 도달할 가능성이 있다고 전제한다.

진단평가는 형성평가나 총합평가처럼 학생의 행동 특성에 관한 정보 수집을 기초로 모종의 의사결정, 기술, 분류를 목적으로 한다. 그러나 수업에 시작되는 시초에 학생을 이해하고 그에 적응된 수업방법을 투입하며 학생이 학습을 진행하는 도중에 계속적으로 보이는 결함을 진단하고[9] 시발행동 진단에 따른 학생의 정치와 교수 방법의 적응이라는 측면에서

---

8) 황정규(2008년 11월 현재), 진단평가, www.classroom.kice.re.kr.
9) 평가가 이루어지는 시기가 형성평가와 유사하지만 진단평가는 교수ㆍ학습 목표 외적인 장애 요인을 평가하는 것이고, 형성평가는 교수ㆍ학습 목표와 관련되어 학생들의 형성의 정도를 평가하는 것이다.

다른 평가와 구별된다.

첫째, 수업이 시작되기 이전에 실시하는 진단평가는 학생이 수업을 시작하기 전에 어떤 시발단계에 놓여 있는가를 결정한다. 이 목적을 위한 진단은 대개 세 가지 형태로 나누어 볼 수 있다. 그 하나는 계획된 학습과제의 목표를 성취하는 데 선행 조건이 된다고 추측되는 시발 활동 및 기능을 학생이 소유하고 있는가 없는가를 측정하여 결정하는 것이며 주어진 학습과제 혹은 과정의 목표를 학생이 이미 통달했는지, 그럼으로써 보다 높은 수준의 학습 프로그램을 제공해야 할지 어떨지를 결정하려는 것이고 학생이 지니고 있는 어떤 특성, 예컨대 흥미 성격, 직업, 적성, 기능, 선행학습 상태 등에 비추어 학생들을 분류하고 그에 따라 적절한 교수·학습전략이나 교수 방법의 대안을 제공하려는 것으로서 최근 우리나라에서 학생집단을 여러 가지 형태의 동일집단으로 분류하고 그에 따라 적절한 교수 방법을 투입하고 있는 현상에서 잘 나타나고 있다.

둘째, 교수가 진행 중일 때의 투입하는 진단평가는 학생이 학습에서 나타내는 계속적인 결함의 원인 및 그 밑에 놓여있는 원인 정보를 수입하여 적절한 의사결정을 하려는 것이다. 형성평가의 경우도 학습 도중의 학습결함을 진단하는 기능을 갖고 있지만 이는 학습목표와 관련하여 교수방법 및 교재 자체의 개선을 통해 학습을 개선하고 증진시키려는 것이 주 목적인 데 반해 진단평가는 이 같은 개선만으로는 교정되지 않는 신체 생리적 결함, 정서적 장애, 문화적 환경의 결함을 찾으려는 데 있다.[10]

셋째, 시발행동의 진단에 따라 교수전략의 효과가 극대화될 수 있도록 학생을 정치하는 기능이 진단평가의 중요한 목적이 된다. 정치라는 개념

---

10) 형성평가가 표적집단에게 다른 결함이 없다는 것을 가정하고 이 가정 위에서 교수전략 및 교재를 개선하면 학생이 학습에서 성공할 수 있으리라는 것을 가정한다면 진단평가는 이러한 개선에 의해 교정되지 않는 교수 외적 결함을 진단하려는 데 그 목적이 있다.

은 진단의 정보에 따라 분류하고 적절한 의사결정에 따라 고정적이거나 변동적인 집단화[11]를 꾀하는 것을 의미한다.

개인의 능력을 신장시키기 위한 개별화 수업은 정치의 단계를 거쳐야 하며 이 정치를 위해서는 고도로 체계화된 진단평가가 필요하다. 이 경우 정치는 획일적인 단일 기준에 의한 동질집단을 의미하는 것이 아니고 성질이 다른 여러 집단으로 나누는 경우를 의미하며 국어과의 경우 인지적 기준과 정의적 기준이 조화를 이루는 동질 집단화가 이상적일 것이다.

학교에서의 교수·학습과정은 교사와 학생의 의사소통과정이며 이를 위해서는 교사의 학생에 대한 파악이 필요하다. 교수의 효율화와 학습의 능률을 향상시키는 데 중요한 정보 제공의 역할을 하는 진단평가의 중요성이 강조되는 만큼 학습자의 초기 상태를 진단하는 데 사용되는 진단평가 수행도 중요한 연구 과제가 된다.


## 3. 읽기 영역 수업 설계를 위한 진단 평가 요인 분석

시발점 단계에 있는 학생의 행동 특성은 그 개인의 학습사가 집약된 총화이며, 어느 의미에서는 이것이 곧 학습에서의 성공의 정도를 미리 예언하는 변인의 역할을 한다.[12] 학생들은 수업 시작 전에도 이미 개인차를 드러내며 따라서 이에 대한 고려 없이는 효율적인 교수·학습을 설

---

11) 집단화의 방법에는 학교 간 집단화, 학교 내 집단화, 학급 내 집단화 등이 있으며 우리나라의 경우 학교 간 집단화와 학교 내 집단화는 교육과정 차원에서 고정화되어 있다. 따라서 현재 논의의 대상이 되고 있는 것은 학급내 집단화를 의미하는 것으로 학급 내에서 우수, 보통, 열등 등으로 나누거나, 성질이 다른 여러 집단으로 분류하는 것이다. 이를 Thelen은 '수업가능집단'이라고 불렀다.

12) 황정규(2008년 11월 현재), 시발점 행동과 교육 평가, www.classroom.kice.re.kr.

계하기 어렵다.

개인차가 나타나는 영역은 크게 인지적 영역, 정의적 영역, 환경적 영역 등 매우 광범위하다. 학습자에게 드러나는 개인차는 가시적일 수 있지만 그 개인차가 형성되는 과정 자체에 대한 연구는 거의 학습자에 대한 총체적인 연구를 통해서만 가능하다. 따라서 교육적 논의에서의 개인차는 여러 다양한 개인차 변인 중에서 교실 학습에서 중요하게 고려되어야 할 개인차 변인으로 한정할 수밖에 없다. 현실적으로 환경적 변인에 의한 개인차는 교수·학습에 중요한 변인으로 생각할 수 있지만 교육현장 내에서 통제하기에는 어려움이 있다. 이러한 점을 고려하여 교수·학습현장에서 중요하게 고려해야 될 개인차 변인으로 크게 학습능력 변인, 흥미·관심의 개인차 변인, 인지·학습 양식의 개인차 변인 등을 생각해 볼 수 있다.[13]

학습능력변인은 학습자의 다양한 학습능력과 선행지식, 학업 성취 등을 포괄하는 개념이다. 학습능력의 차이에 따른 개별화 교육은 학습자가 자신의 성취 또는 능력 수준에 적합한 내용을 학습하고, 과제를 수행할 때 가장 효과적인 학습을 할 수 있다는 의미에서 매우 중요한 개인차 변인이다. 그러나 최근 능력별 교수·학습에 대한 회의적인 견해들이 연구를 통해 드러나면서 능력별 교육의 효과 및 능력별 교육의 비민주성은 많은 비판에 직면해 있다.[14] 따라서 개별화 수업을 위한 전략을 마련하기 위한 수업 설계에서 학습자의 능력에 따른 차별화 교육이 교육 불평등을 야기하지 않도록 유의할 필요가 있다.

---

13) 이화진(2008년 11월 현재), 개인차교육, www.classroom.kice.re.kr.
14) Horwitz(1979)는 미국에서 이루어졌던 120개의 개별화 수업 중 학력에 대해 연구하고 있는 102개를 대상으로 연구한 결과 46%에 이르는 학교에서 일제수업과 개별수업 간에 의미 있는 차이가 없다고 보고하였다. 반면 학력 이외의 다른 요인에서는 일제수업보다 개별화 수업교가 훨씬 좋은 결과를 나타냈다고 보고하였다.

흥미·관심의 개인차 변인은 학교 학습에 영향을 미치는 정의적 변인으로 학습 동기, 태도, 불안, 각성 수준, 자아 개념 등을 포함한다. 학습자들은 자신들이 배우고 싶어 하는 것을 더 잘 배우는 경향이 있다. 파스칼과 노타르(1977)는 학습자의 학습 동기를 개별 학습자의 필요와 관심의 함수로서 규정하고 있다. 즉, 학습자의 학습하고자 하는 의지 내지 의욕은 학습 과제 또는 활동이 자신의 필요에 부합할 때, 자신의 개인적 관심과 일치할 때, 흥미를 느낄 때 강하게 촉발된다는 것이다. 따라서 개별화 수업 설계에서는 이런 정의적 요소의 개인차에 주목하여 학습자가 자신의 학습을 선택할 수 있는 기회를 다양하게 제공해 줄 수 있어야 한다.

인지·학습 양식의 개인차 변인은 학습자의 학습 방식의 선호를 나타낸다. 일반적으로 인지 또는 학습 양식은 특정한 학습 과제를 해결하는 데 필요한 정보 획득 방법과 정보 처리 방법에 관한 적성을 의미하는 것으로 볼 수 있다. 한편 Dunn & Dunn과 Price는 학습양식을 학습자의 학습자세 또는 선호하는 학습 환경이라고 규정하고 학습자들이 선호하는 학습양식들을 다섯 가지로 나누어 설명하였다.[15] 또한 우리나라 학생들을 대상으로 한 박완희(1984)의 연구에서도 학습자가 선호하는 양식과 선호하지 않는 학습양식에 의한 학습효과의 차이는 학습과제가 무엇이든 간에 유의미하게 나타났다. 즉 학습 양식에 대한 선호가 다름으로써 학습자의 능력에 관계없이 학습효과가 달라질 수 있다는 것이다.

학습양식에 대한 개념 규정이 다양한 것처럼 학습양식의 구성요소 및

---

15) Dunn & Dunn과 Price(1979)의 학습양식은 다음과 같다.
　·환경적 자극 : 소리, 밝기, 온도, 디자인
　·정서적 자극 : 동기화, 지속성, 책임감, 구조화
　·사회적 자극 : 혼자, 짝, 팀, 성인 등과 함께 이루어지는 자극
　·신체적 자극 : 지각선호, 시간대, 이동성
　·심리적 자극 : 분석적 자극과 총체적 자극 및 충동성과 사려성

유형도 매우 다양하다. 최근 개별화 교육과 관련하여 고려되는 학습양식 유형은 학습 태도와 학습자의 견해 및 반응을 연관시켜 학습양식을 생각하고 이를 독립형, 의존형, 협동형, 경쟁형, 참가형, 회피형 등으로 나누는 Grasha & Riechmann(1974)의 이론 등이 있다.[16]

그러나 이와 같은 개인차 변인들이 특정한 교과적 성격에서 기인하는 것이 아니고 교수·학습의 보편적인 성격을 보여준다는 점과 국어교과의 경우 다른 교과에 비해 정의적 영역의 개인차 변인이 학습에 큰 영향을 준다는 점을 고려한다면 읽기의 특성이 반영된 평가요인의 추출이 요구된다고 할 수 있다.

### 1) 읽기능력

읽기에 대해 매우 실용적인 관점을 보이고 있는 국제 학업성취도 평가 프로그램(PISA)에서는 읽기 능력을 '개인 자신의 목적을 달성하고, 자신의 지식과 잠재력을 개발하고 그리고 사회에 참여하기 위해 문자 텍스트를 이해하고, 사용하며 평가할 수 있는 능력'이라고 본다. 따라서 제품설명서나 영수증 등 실생활에서 접할 수 있는 다양한 자료를 읽을 수 있는 능력을 평가하고자 한다. 그러나 실용적인 텍스트보다는 학문적인 텍스트를 선호하는 우리나라의 경우는 대학수학능력 언어영역을 통해 드러나듯이 사실적 이해 능력이나 추리적 사고능력, 창의적 사고능력을 평가하고자 한다.

이 글에서는 읽기가 단순히 자료를 해석한다는 측면에서 벗어나 독자와 텍스트의 적극적인 의사소통이라고 보되 PISA의 경우 자료가 실생활과의 밀접성에서 선택되어 우리의 교과서 자료와는 거리가 있다는 점,

---

16) 수업상황에서 학습자가 어떻게 배우고 적응하는지를 구분해 주며 학습자가 가장 잘 학습할 수 있는 조건을 제시해주고 있는 장점이 있다.

그리고 수학능력 언어영역의 읽기 영역은 읽기의 하위 행동 영역으로 제시된 범주[17]가 읽기 고유의 특성인 텍스트와 독자요인을 잘 드러내지 못한다는 한계를 보이고 있다는 점에 주목하였다.

따라서 본 연구에서는 평가의 자료인 교과서를 분석하여 설명/논증의 텍스트와 문학적 텍스트로 크게 나누었다. 그리고 각 자료들은 다시 읽기의 세 범주인 텍스트, 독자 그리고 독자와 텍스트의 상호 작용으로 나누어 각각 평가의 항목을 나열함으로써 읽기 고유의 특성을 바탕으로 한 진단 평가가 이루어지도록 하였다.

### (1) 텍스트 중심 평가

#### ① 대의 파악하기

글을 전체적으로 넓게 읽는 것을 뜻하는 것으로 학습자가 아이디어들의 위계를 설정하여 가장 일반적이면서 상위에 있는 아이디어를 선택하는지를 평가하는 것이다. 핵심 아이디어와 세부 사항 구별하기, 주제 요약하기 등으로 평가할 수 있다.

#### ② 특정 정보 추출하기

자료에서 특정한 정보를 효과적으로 인출해 낼 수 있는지를 의미하는 것으로 훑어읽기, 검색하기, 선택하기 등으로 평가할 수 있다.

#### ③ 추론적 이해하기

논리적으로 정보를 처리함으로써 좀 더 구체적이고 완벽하게 이해하

---

17) 현재 언어영역 이원분류표상의 행동 영역은 '어휘·어법, 사실적 사고, 추론적 사고, 비판적 사고, 창의적 사고' 등이다. 언어활동은 필연적으로 텍스트와 독자의 상호과정임에도 불구하고 일반적인 행동 영역으로 읽기의 하위영역을 분류하여 읽기의 개념이 제대로 반영되지 못하고 있다.

는 것을 뜻하며 두 개 이상의 정보 간에 비유나 비교하기, 다른 정보 간의 관계에 대해 추론하기 등으로 평가할 수 있다.

### (2) 독자 중심 평가

#### ① 내용 평가하기

글에 있는 정보를 외부 지식과 연결하는 것을 뜻하며 글에서 주장하는 바를 자신의 지식, 다른 글, 혹은 질문에서 제시된 내용에 비추어 평가하는 것이다. 외부 지식으로부터 자신의 관점을 정당화 할 수 있는 정보 제공하기, 특정 정보 간의 관계 평가하기, 도덕적·미적 기준에 기초하여 비교하기, 글쓴이의 논쟁을 뒷받침해 줄 수 있는 정보 찾기, 정보의 충분성 평가하기 등으로 평가할 수 있다.

#### ② 형식 평가하기

글과 일정한 거리를 둔 채 글의 질과 적절성을 평가해야 하는 것을 뜻하며 글의 구조, 장르, 어조에 대해서 알고 있는지를 평가한다. 목적에 맞는 글을 선택하기, 글쓴이가 사용한 특징 평가하기, 글쓴이의 스타일, 목적, 태도 등을 찾거나 논평하기 등으로 평가할 수 있다.

### (3) 독자와 텍스트의 상호작용 평가

#### ① 직접적인 추론에 의해 의미구성하기

텍스트의 부분, 혹은 전체에 나타나 있는 정보에 대한 직접적인 추론을 통해 의미를 구성하는 과정이며 학습자가 텍스트 생산자의 상황, 의도, 목적을 추론하고 이해하고 있는지를 평가한다.

② 텍스트의 특성에 의해 종합적으로 평가하기

객관적 혹은 주관적 관점으로 텍스트의 내용 및 형식에 대한 판단을 통해 의미를 구성하는 과정으로 정보의 신뢰성, 내용에 대한 개인적인 판단, 구조에 대한 개인적인 판단 등의 요소를 평가한다.

[표 1] 읽기능력 평가요소

| 평가영역 | 평가측면 | 평가 항목 | 평가자료 | 평가방법 |
|---|---|---|---|---|
| 읽기능력 | 텍스트 | • 대의 파악하기<br>• 특정 정보 추출하기 | 문 학 | 지필평가 |
| | | | 설명/논증 | 지필평가 |
| | 독 자 | • 내용 평가하기<br>• 형식 평가하기 | 문 학 | 지필평가 |
| | | | 설명/논증 | 지필평가 |
| | 텍스트와 독자 | • 직접적인 추론에 의해 의미구성하기<br>• 텍스트의 특성에 의해 종합적으로 평가하기 | 문 학 | 지필평가 |
| | | | 설명/논증 | 지필평가 |

## 2) 읽기 흥미

교수·학습을 전개하기 전에 교사는 학생 개개인의 학습특성을 적시에 확인하고 이에 따른 적정한 교수 설계를 통해 학생들이 지속적으로 의미 있는 학습활동을 전개할 수 있도록 해야 한다. 이때 중요한 문제는 학습과 관련된 학습자의 지적, 심리적 특성을 수업에서 어떻게 고려하느냐의 문제라고 할 수 있다. 특히 언어의 사용에는 인지적 측면 이외에 동기, 태도, 가치화, 읽기효능감 등의 정의적 측면이 항상 수반된다.

읽기흥미는 학습자의 이러한 정의적 측면을 진단하기 위한 것으로 읽을 글에 대하여 흥미가 있다면 없는 경우보다 읽기결과가 좋을 것임을 예상할 수가 있다. 읽기에 대한 흥미가 결여된 상태에서는 좋은 읽기 결과를 기대할 수 없음에도 그동안의 읽기영역의 진단평가는 인지적 측면에 치중해 왔다. 이 때문에 수업설계도 인지적 영역 중심으로 이루어져 실제 교수·학습의 주체인 학습자들에 대한 고려가 이루어지지 않았다.

읽기능력은 있으나 읽기 자체나 읽기자료에 대한 흥미가 없는 경우에도 교수·학습의 목표를 달성하기는 어렵다.

흥미는 포괄적으로 관심을 나타내는 개념으로 읽기에 동기를 부여하고 동기에서 태도가 형성된다고 볼 때 학습 설계에서 중요하게 고려되어야 한다. 또한 읽기효능감 또한 학습의 정의적 측면에서 매우 중요한데 동기나 태도를 형성하는 요인이 되며 효능감이 있을 때 읽기 과제에 대해 관심을 갖게 되기 때문이다.

### (1) 읽기 동기

한철우(2002)는 읽기에 영향을 주는 요인 중 읽기의 성패를 직접 좌우하는 핵심 요인이 독자 요인임을 밝히고 특히 읽기는 개인이 읽으려는 동기를 시발로 하여 독자의 활동으로 지속되며 독자의 내면화 작업을 통하여 최종적인 의미를 갖는다고 하여 읽기 활동에서 독자의 읽기 동기가 중요함을 지적하였다.

읽기 동기는 미시적인 의미에서는 '보상이나 유인가' 개념으로 '읽기를 촉발시키는 계기'(motive)라고 볼 수 있다. 이는 대체로 읽기과정의 시작에 한정하여 보상에 대한 기대 때문에 동기가 유발된다고 보는 견해이다. 반면 거시적 의미에서는 읽기를 독자변인, 텍스트변인, 상황 변인 간의 상호작용에 의해 이루어지는 행위로 보고 이 상호작용이 읽기 동기에 영향을 주는 요소로 본다. 이는 미시적 접근이 읽기동기를 '읽기를 촉발시키는 계기 정도'로 보는 반면 거시적 접근은 읽기 행위를 촉발시키는 것뿐만 아니라 읽기과정을 지속시켜주는 것까지를 포함한다는 점에서 더 확장적인 것이라고 할 수 있다. 학습설계를 위한 진단평가의 경우에서는 평가될 수 있고 학습설계에 반영될 수 있어야 한다는 점이 강조되므로 학습자가 읽기 과제에 대한 분명한 목적 의식을 가지고 있는지 여부와 읽기 과제에 대한 관심이 평가의 대상이 될 수 있다.

### (2) 읽기 태도

국어교육학사전(1999)에는 태도를 '특정한 대상에 대해 일관성 있는 반응을 야기하게 하는 인지적·정의적 상태를 가리킨다'고 정의하고 있다. 또한 사회심리학에서는 '행동에 선행하는 심적 자세'로 Ajezen & Fishbein (1980)에서는 '주어진 대상에 대해 호의적이거나 비호의적으로 일관성 있게 반응하는 학습된 경향성'이라고 정의되고 있다. 이러한 정의들을 살펴보면 태도는 '어떤 특정한 대상에 대한 인지적, 정의적, 행동적 요소로 구성된 지속적인 성격을 갖는 일종의 지향성이라고 볼 수 있다.

이러한 태도의 개념으로부터 읽기 태도는 '읽기 상황에 접근하느냐, 회피하느냐와 관련된 학습자의 감정 체계'(Alexander & Filler, 1976)나 '읽기를 더 하거나 덜 하게 만드는 감정과 정서를 동반한 마음의 상태'(Smith, 1990), 또는 '읽기에 대한 신념이나 의견의 인지적 요소, 읽기에 대한 느낌이나 평가의 정의적 요소, 실질적으로 읽으려는 행동이나 의도를 포함하는 행동적 요소'(Mathewson, 1994) 등으로 정의된다. 이처럼 읽기 태도는 읽기 행동을 결정하는 가장 최초의 요인으로 읽기 평가에서 다루어야 할 주요한 요인이라고 할 수 있다.

또한 읽기 태도는 학습될 수 있지만 한 번 형성되면 쉽게 변하지 않기 때문에 학습자의 읽기 태도가 읽기 영역의 학습 성취에 중요한 개인차를 드러낸다고 볼 수 있다. 읽기 지도에서 관심을 가져야 하는 태도는 능동적이고 적극적인 읽기 태도와 읽은 후의 결과 처리이다.[18] 능동적이고 적극적인 읽기 태도는 학습자가 가지고 있는 읽기 과제에 대한 호의성으

---

18) 김순복 외(1996), 읽기 지도 요소에 관한 연구, 초등국어교육 6, 서울교육대학교 국어교육과 초등국어연구소.

로부터 형성되는 것으로 호의를 가지고 있을수록 적극적인 태도를 지니게 될 것이다. 또한 자신의 개인적 경험으로부터 형성된 읽기의 결과에 대한 신념도 학습자의 태도에 영향을 주기 때문에 읽기 태도를 평가하는 항목이 된다.

### (3) 읽기 효능감

자기 효능감(self-efficacy)이란 자신이 어떤 행동을 능히 해낼 수 있다고 기대할 때 행동 변화가 일어나서, 어떤 행동으로 해낼 수 있게 된다는 개인의 기대감이다(김낭성, 1985). 이 효능기대감은 결과를 생산해 내는 데 요구되는 행동을 자신이 성공적으로 해낼 수 있는가 하는 행동 이전의 행동을 성공적으로 해낼 수 있는 정도에 대한 확신감을 의미한다. 따라서 효능기대감은 시도하고자 하는 활동의 선택을 결정할 뿐만 아니라 확장시키고자 하는 노력의 양과 가까운 미래의 활동 지속력도 결정한다.

자기 효능감이 어떤 성취를 해낼 수 있다는 자신의 능력에 대한 학습자 자신의 자각이라고 한다면 읽기 효능감은 자료를 읽고 이해할 수 있다는 자신의 읽기 능력에 대한 지각이다.

읽기의 과제 자기 효능감은 읽기에서 주어진 과제를 얼마나 잘 해낼 수 있는지를 평가하는 것이고 읽기의 구성요소 자기 효능감은 읽기를 구성하는 요소들의 기술에 대한 자신감을 평가하는 것이다.

[표 2] 읽기 흥미 평가 요소

| 평가영역 | 평가 요인 | 평가 항목 | 진단 방법 |
|---|---|---|---|
| 읽기흥미 | 읽기 동기 | • 읽기 과제에 대한 목적의식<br>• 읽기 과제에 대한 관심 | 자기 체크리스트 |
| | 읽기 태도 | • 읽기 과제에 대한 호의성<br>• 읽기의 결과에 대한 신념 | 자기 체크리스트 |
| | 읽기 효능감 | • 읽기의 과제 자기 효능감<br>• 읽기의 구성요소자기효능감 | 자기 체크리스트 |

### 3) 읽기학습양식

인간은 주변의 환경, 정보, 사물을 이해할 때 자신만의 고유한 능력이나 수용방식으로 반응하는데 이것을 학습 양식이라고 한다. 학습 양식의 개념은 교수·학습에 대한 인지주의자의 이론으로부터 개발되어 인지 양식과 혼동되어 사용되기도 한다. 그러나 인지양식은 인지과정의 조직과 통제를 의미하고 학습 양식은 학습전략과 지식획득의 조직과 통제를 의미한다고 볼 수 있다.

읽기학습양식은 읽기 영역의 학습에 있어 학습자들이 선호하거나 회피하는 요소들을 의미하며 이를 파악하여 학습설계에 반영하고자 하는 것이다. 이를 위해 먼저 학습자들이 어떤 환경적 자극을 선호하는지 살펴볼 필요가 있다. 환경적 선호도는 학습자 개개인이 어떤 읽기 환경을 선호하는지 평가하는 것이다. 일반적으로 학습의 환경은 주어진 것으로 생각하여 학습자의 선호는 반영되지 못하는 경우가 많다. 그러나 학습자 중심의 개별화 수업에서 학습자의 환경적 선호도도 효율성을 위해 고려되어야 하고 이를 위한 평가도 필요하다고 볼 수 있다. 또 읽기 학습 자료의 경우 학습자가 어떤 자료 구성이나 편제를 선호하는지 평가할 필요가 있다. 현재는 자료의 가공이 용이하고 교과서 텍스트라 하더라도 다양한 형태로 제시될 수 있으므로 학습자의 학습 자료 선호도를 평가하여 학습 설계에 반영할 수 있다. 또한 개별화 학습의 경우 학생 개개인 혹은 소집단 형태의 수업이 이루어지므로 이때 수업자와 학습자, 그리고 학습자 상호간의 상호작용의 여부가 학습 성취에 미치는 영향이 크다는 점을 고려하면 학습자의 사회적 상호작용 선호도 평가의 요소로 고려해야 할 필요가 있다.

[표 3] 읽기학습양식 평가요소

| 평가영역 | 평가요인 | 평가 항목 | 진단 방법 |
|---|---|---|---|
| 읽기학습 양식 | 환경적 선호도 | • 소음, 밝기, 온도 등 | 개별 인터뷰, 체크리스트 |
| | 읽기학습자료 선호도 | • 읽기 학습 자료의 구성<br>• 읽기 학습 자료의 시각적 편제 | 개별 인터뷰, 체크리스트 |
| | 사회적 상호작용 선호도 | • 수업자와 학습자의 상호 작용의 정도 | 개별 인터뷰, 체크리스트 |

## 4. 읽기 영역 진단평가 틀

읽기 영역 진단평가는 학습자의 읽기능력이나 관심, 관심, 동기, 태도 등을 평가하여 이를 학습과정에 반영함으로써 학생들이 성취목표를 쉽게 달성하게 하고 교수자는 학습자에 대해 이해할 수 있으며 교수·학습을 설계할 때도 이를 적극적으로 반영함으로써 모든 학습자가 성공의 경험을 할 수 있도록 하기 위한 것이다.

읽기는 학습자의 개인차에 변산이 크고 흥미나 관심, 동기, 태도 등 정의적 요소들이 많이 작용함으로 학습자에 대한 정확한 진단이 이후의 교수·학습의 전 과정에 많은 영향을 주기 마련이다.

이전에도 학습설계를 위해 진단평가가 없었던 것은 아니지만 학습능력 위주의 평가가 주를 이루어고, 평가 자체가 학습의 개선을 위해 사용되기보다는 학습의 시발점을 결정하기 위해 실시되는 경우가 더 많았다. 따라서 좋은 학습설계가 되기 위해서는 학습자에 대한 분석이 필요하고 그 분석은 학습능력만을 평가해서는 안 되며 학습에 영향을 줄 수 있는 요인과 학습자의 개인차가 드러날 수 있도록 해야 한다.

따라서 읽기영역 진단평가는 읽기영역 학습설계를 위해 학습 전에 이루어져야 하지만 학습의 전개 과정에서 교수자가 학습자의 성취를 이루기 위해 끊임없이 활용해야 하고 고려해야 하는 요소들을 포함하고 있다. 지금까지 살펴본 읽기 영역 진단평가 요소를 정리하면 [표 4]와 같다.

[표 4] 읽기 영역 진단평가 요소

| 읽기영역 진단평가 요소 | | | | | |
|---|---|---|---|---|---|
| **읽기능력** | | **읽기흥미** | | **읽기학습양식** | |
| 텍스트 | • 대의 파악하기<br>• 특정 정보추출하기 | 읽기<br>동기 | • 읽기 과제에 대한 목적의식<br>• 읽기 과제에 대한 관심 | 환경적<br>선호도 | • 소음, 밝기, 온도 등 |
| 독자 | • 내용 평가하기<br>• 형식 평가하기 | 읽기<br>태도 | • 읽기 과제에 대한 호의성<br>• 읽기의 결과에 대한 신념 | 읽기자료<br>선호도 | • 읽기 학습 자료의 구성 |
| 텍스트와<br>독자 | • 직접적인 추론에 의해 의미 구성하기<br>• 텍스트의 특성에 의해 종합적으로 평가하기 | 읽기<br>효능감 | • 읽기의 과제 자기 효능감<br>• 읽기의 구성요소자기효능감 | 사회적<br>상호작용<br>선호도 | • 수업자와 학습자의 상호 작용의 정도 |

## 5. 진단을 통한 수업 설계의 가능성

본 연구는 우리의 교육이 교육 체제의 획일화, 교육 내용의 획일화, 평가 방법의 획일화 등으로 인하여 학습자들의 사고가 획일화되어, 미래 사회를 살아가는 데 필요한 창의성, 개성 다양성을 기르지 못하고 있다는 현실 인식에서 시작되었다.

특히 국어교육과정의 경우 학습자의 적성과 능력을 반영할 수 있는 학습자 중심의 교육과정을 운영하도록 되어 있으나 이를 뒷받침 할 수 있는 이론적 토대가 미약하고 학생들의 개인차에 대한 연구가 미비하여 실제 교수·학습의 현장에서는 여전히 획일적인 수업이 이루어지고 있는 실정이다.

　이에 이 글은 동일한 학교의 동일한 학년의 학생이라도 학생들의 능력은 각각 다를 수밖에 없으며 관심이나 흥미 역시 다를 수밖에 없다는 사실을 전제하고 첫째, 학생들의 개별화 학습의 가능성에 대해 살펴보았다. 개별화 학습은 학습자의 특성과 능력 수준에 맞는 개별교수가 가능하고 교사와 학습자 간의 끊임없는 상호작용을 통해 완전학습을 추구할 수 있으며 인지적, 정의적, 신체기능적 영역의 모든 학습목표를 효과적으로 달성할 수 있으며 학습자의 독립심을 신장시킬 수 있다는 장점이 있다. 이미 교육과정에서 수준별 학습을 하도록 규정하고 있고 또한 다양한 개인차들로 인해 획일적인 수업의 문제점이 드러나고 있는 현실 속에 개별화 학습은 전반적으로 어려움이 있기는 하지만 소그룹별 수업 등으로 적용될 수 있다. 둘째, 국어교과의 개별화 학습의 가능성에 대해 살펴보았다. 국어과는 교육과정상 심화 보충형 수준별 수업이 적합하며 교과의 성격상 학습 능력을 뚜렷하게 구별하지 못하는 경우가 많기 때문에 학습 능력의 차이보다는 학습자의 흥미, 관심, 학습 속도 등을 반영해야 한다. 또 이를 위해서는 학습자의 정의적 영역에 대한 분석이 필요하며 국어교과의 각 영역에 따른 개인차가 나타날 수 있기 때문에 영역 간 특성을 고려한 개별화 수업이 필요하다. 셋째, 학습 능력의 개인차를 객관적으로 살펴보기 위해서 진단평가를 도입하였다. 이는 개별화 학습이 학생들의 개인차에 대한 정확한 진단을 필요로 한다는 점에 착안한 것으로 심리학적 개념들을 교과학습의 이론으로 원용하였다. 이 진단평가는 교수·학습 설계 단계에서 학습자의 개인차를 정교하게 변별하여 이후의 교수 학습의 방법을 확정하게 된다. 넷째, 읽기 영역 수업 설계를 위해 학생들의 개인차를 진단할 수 있는 평가요소를 분석하였다. 현재 학습자가 가지고 있는 학습능력뿐만 아니라 학습자의 정의적 요소, 즉 학습동기, 학습태도, 학습효능감 등과 학습자가 선호하는 학습의 양식들을 평가하여 학습설계에 반영할 수 있도록 하였다. 다섯째, 이 평가요소들을 적용할 수 있는 진단평가 모형을 구안하였다.

진단평가는 단위 학습이 시작되기 전에 일반화되고 기본적인 지식을 평가하는 기존의 개념이 아니라 한 학년의 시작이나 한 학기의 시작 또는 단원의 시작에 진단평가를 실시함으로써 교사가 학습자에 대한 더욱 체계적이고 다양한 정보를 가지게 됨으로써 교수설계에 적극 반영될 수 있는 개념으로 사용되었다.

읽기 영역은 학습자의 스키마나 정의적 요소들에 의해 학습 성취에서 많은 개인차를 보이게 된다. 이 글에서는 읽기 영역을 수업함에 앞서 교수자가 학습설계에 반영하여 효과적인 교수·학습이 이루어질 수 있도록 학습자의 개인차를 평가하는 것을 목적으로 연구되었으며 교수·학습의 과정에서 '학습자 누구나 성공하는 경험'을 갖도록 하는 데에 궁극적인 목적이 있다고 할 수 있다.

# 참고문헌

김낭성(1985), 인지적 행동수정, 교육과학사.

김순복 외(1996), 읽기 지도 요소에 관한 연구, 초등국어교육 6, 서울교육대학교 국어
  교육과 초등국어연구소.

김호권(1970), 완전학습의 원리, 배영사.

김홍원 외(2004), 수준별 이동수업 내실화 방안 연구, 한국교육개발원.

박완희(1984), 학습양식을 구성하는 요소들 간의 상호관계와 몇 가지 관련 변인들에
  대한 연구, 교육학연구 22.

이상문(2002), 읽기 평가의 개선 방안 연구, 서강대학교 교육대학원 국어교육전공 학
  위논문.

이성애(2002), 아동의 읽기 태도와 읽기 이해 간의 관계, 연세대학교 대학원.

이종재 외(2001) 학교 위기의 실상 분석 및 공교육 내실화 방향과 과제, 한국교육개발원.

이태종(2004), 학습양식에 입각한 교수학습방법, 창의력개발연구 7.

이화진 외(1998), 개인차를 고려한 교수 학습 및 평가 방안 연구, 한국교육과정평가원.

차선미(2000), 최인지 자문전략 훈련이 읽기 학습 장애아의 독해력과 읽기 효능감에
  미치는 효과, 공주대학교 석사학위논문.

천경록(2005), 국어과 교사의 읽기 역 평가 전문성 기준과 모형, 국어교육 117, 한국
  국어교육연구회.

최상근 외(2003), 사교육 실태 및 사교육비 규모 분석 연구, 한국교육개발원.

한철우 외(2002), 과정중심 독서지도, 교학사.

Dunn & Dunn, Price(1979). Learning style Inventory manual. Lawrence, KS :
  Price System.

Fred Simmons Keller & J. Gilmour Sherman(1974), The Keller plan handbook :
  essays on a personalized system of instruction.

Horwitz, R. A.(1979), Psychological effects of the open classroom. Review of
  Education Research, 49.

Cronbach, L. J. & Snow, R. E.(1977), Aptitude and instruction methods.

Oakes, J., Gamoran, A., & Page(1992), R. Curriculum differentiation :
  Opportunities, outcomes, and meanings. In P. Jackson (Ed.),
  Handbook of Research on Curriculum (pp.570-608). New York :
  MacMillan, 1992.

Stringer, L. A & Glidewell, J. C(1967), Early detection of emotional illness in

school children, Final Repote, St. Louis : St Louis Country Health
Department.

Thelen, H. A.(1967), Classroom grouping for teachability, New York : Wiley.

인간과 잣대

# 사고 구술을 활용한 읽기 과정 평가

## 1. 읽기 과정 평가의 필요성

지식정보화 사회, 평생 학습 사회를 살아가는 현대인에게 필수적으로 요구되는 능력은 다양하다. 그중에서도 읽기 능력은 문식성(literacy)의 개념[1]으로 볼 때 핵심적인 능력이라 할 수 있다. '읽기 능력(reading literacy)'은 '읽기 소양', '읽기 문식성', '독서 능력'으로도 부를 수 있는데, 이는 글을 읽고 단순히 문자적 의미를 파악할 수 있는 능력만을 뜻하지 않는다. 진정한 의미의 읽기 능력은 글에 담긴 문자적 의미를 파악하는 것 이상으로 필자가 선택한 어휘, 문장 표현, 글을 쓴 목적과 의도, 필자가 전달하고자 하는 정보나 가치의 타당성 또는 문제점, 사회문화적 맥락, 소통의 결과와 영향 관계 등을 모두 이해하고, 더 나아가서는 이에 대한 자

---

1) 최근에는 '문식성(literacy)'이라는 용어가 일반화되면서 '읽기' 대신에 '읽기 문식성'(reading literacy)이라는 용어를 쓰는 경향도 늘고 있다. 본래 문식성이 '글을 읽고 쓸 줄 아는 능력'임에 비추어 볼 때 '읽기 문식성'이란 문식성이라는 용어가 다양한 영역으로 일반화되면서 읽기 능력 관련성을 명확히 하기 위해 적극적으로 표현하고자 하는 의도로 풀이된다. 이 글에서는 '읽기 문식성'의 뜻을 가진 용어로 '읽기 능력'이라는 일반적인 용어를 사용하고자 한다.

신의 생각을 표현할 수 있는 것까지를 포함한다(서혁·서수현, 2007 : 219).

읽기 능력의 중요성은 세계 각국의 자국어 교육에 읽기가 높은 비율을 차지하고 있음을 보아도 알 수 있다. 또한 자국어 교육에 필수, 핵심적인 영역으로 읽기를 가르치고 있기 때문에 그 평가의 비중도 크다. 최근 국제적인 읽기 능력 평가라 할 수 있는 PISA(국제 학업성취도 평가 프로그램 : Programme for International Student Assessment), NAER(국가 수준 읽기 평가 : National Assessment of English Reading), PIRLS(국제 읽기 문식성 연구학회 : Progress in International Reading Literacy Study), NAEP(미국의 국가수준 학업성취도 평가 : National Assessment of Educational Progress)의 읽기 평가에서 정의하는 읽기 능력의 정의에서 드러난 현대적 문식성의 개념을 살피더라도 읽기 능력 평가의 중요성을 알 수 있다.[2] 그리고 읽기 능력의 지속적인 향상을 위한 교두보 역할을 하는 의미에서 읽기 능력의 평가는 국어과 평가의 핵심이라 해도 과언이 아니다.

그러나 읽기 능력과 그 평가의 중요성에도 불구하고 현재 우리 국어과 교육의 읽기 평가는 바람직하지 못한 면이 많은 것도 사실이다. 이수진(2008)에 따르면 지금까지의 읽기 평가는 결과평가에 치중되고 학생과 교사에게 송환되지 못하는 단점이 있다. 또한 근래의 참평가(수행평가)의 개념에도 부합되지 못하고, 국가 수준 평가와 학교 및 교사 수준 평가의 상호 보완이 필요하다. 실제 가르치는 과정에서 지속적으로 '지금, 여기'에 있는 학생들의 읽기 과정을 평가하는 것이 중요하고, 이것은 학생들의 국어적 사고력을 기르는 국어교육의 정신에도 부합한다.[3]

---

2) 이중 대표적인 읽기 능력 평가인 PISA의 읽기 능력에 대한 정의는 다음과 같다(서혁·서수현, 2007 : 221).
　• 개인 자신의 목적을 달성하고, 자신의 지식과 잠재력을 개발하고 그리고 사회에 참여하기 위해 문자 텍스트(written texts)를 이해하고, 사용하며 평가할 수 있는 능력(PISA)
3) 이삼형 외(2007)의 사고력 중심 국어 교육관은 언어활동이 사고를 바탕으로 이루어지고

학습자의 국어적 사고력을 기르는 읽기 평가가 되려면 읽는 과정에서 일어나는 학습자의 역동적 의미 재구성 과정을 평가함이 마땅하다. 그런데도 그간의 읽기 평가는 읽기에 대한 관점이 모호하고 지문 위주의 '읽은 후 단답 혹은 서술평가' 편중성이 강하였다. 그리고 '읽기'를 '읽기'로써 평가하지 않았다. '읽기'는 이해 활동인데 그동안 읽기의 평가를 '말하기', '쓰기'라는 표현 활동으로써 평가하여 읽는 과정의 인지 과정을 드러내기 어려웠다는 것이다. 특히 '쓰기'를 읽기 평가에 활용하는 경우에는 읽은 후에 결과로서 쓰는 것이 많아 쓰는 과정의 인지적 간섭현상을 배제하지 못하는 단점도 있다. 마지막으로 읽기 평가의 결과를 선발과 서열 평정에 주로 사용하기 때문에 우수한 몇몇 학습자를 제외한 대부분의 학습자에게 읽기에 대한 부정적인 자아 효능감을 줄 가능성이 높다. 이는 부적절한 평가도구로 학습자의 현재 결손 부분만을 부각시키는 결과를 낳게 되어 지속적으로 발전 가능한 학습자의 읽기 능력을 진단, 격려, 예언해주는 역할을 하지 못했다는 것이다.4)

이에 학생들의 국어적 사고력을 신장시키기 위한 읽기 평가 개선의 일환으로 '읽기 과정 평가'를 제안하고자 한다. 이를 위해 읽기 과정의 평가로 손꼽히는 여러 방법들 중에서 '사고 구술(think-aloud) 기법'을 활용하고자 한다. 그리하여 학생들의 읽기 과정 평가에서 드러난 인지 과정과 면담 사례들을 분석하여 질적으로 기술함으로써 이후 읽기 평가 및 읽기

---

그 사고는 인지 중심적 사고와 정의 중심적 사고로 나뉘어 있으며 담화 및 텍스트의 수용과 산출에 언어적 사고는 이 두 가지 사고가 모두 작용하고 국어활동은 인지 중심적 사고와 정의 중심적 사고가 총체적으로 작용한다고 하는 관점이다.

4) 이는 '생태학적 문식성 평가(Mary Jett-Simpson · Lauren Leslie 저, 원진숙 역, 2004 : 100~103)'에서 말하는 자산 모델(asset model)의 관점에도 위배된다. 자산 모델은 결손 모델(deficit model)과 달리 '실수(mistakes)'를 아동의 마음속을 들여다 볼 수 있는 창문 — 학습자의 생각이나 문제 해결 과정에 대한 통찰력을 얻을 수 있는 기회로서 — 본다. 즉, 결손 모델의 관점에서는 학습자가 무엇을 못 하는지를 부정적으로 보는 반면에 자산 모델에서는 학습자를 자신의 읽기 발달 유형 안에서 성공할 수 있는 학습자로 본다.

교수 학습 개선에 이바지하고자 한다.

## 2. 사고 구술 기법의 원리와 선행 연구

### 1) 사고 구술 기법의 개념과 원리

#### (1) 사고 구술 기법의 개념

사고 구술(思考 口述 : think-aloud)은 읽기나 쓰기, 토론, 논의, 문제 해결, 수학 문제 풀기 등과 같은 인지적 과업을 수행하고 있는 동안에 피험자가 자신의 생각을 말로 겉으로 드러내는 것을 말한다(천경록, 2002 : 41~42). 이는 연구기법 중의 하나인 내성법(introspection technique)에 속하는 것으로 학습자의 내적 사고 과정을 직접 확인하려는 의도를 가지고 있다.

또한 사고 구술은 읽기의 주요한 전략의 하나이다. 국제독서학회(IRA)에서 펴낸 「읽기 지도의 연구 과제」에서 Duke와 Pearson(2002 : 212~224)은 독해 지도를 위해 연구해야 할 핵심 읽기 전략으로 여섯 가지를 제시한 바 있다. 그 여섯 가지는 예측하기, 사고구술하기, 글 구조 파악하기, 글의 의미를 시각화하기(visual representation of text), 요약하기, 질문하기가 그것이다(천경록, 2002 : 514).

사고 구술 기법과 밀접한 관련이 있는 것으로 프로토콜 분석(protocol analysis)이 있는데, 프로토콜(protocol)이란 사건, 경험, 발화 등이 일어나고 있는 중에 또는 일어난 직후에 기록한 것으로 다듬지 않은 원래 그대로의 기록을 말한다. 이 방법은 1970년대 후반과 1980년대에 들어 읽기와 쓰기 연구에 가장 많이 활용된 방법이다. 국어 교육에서 활용되는 프로토콜은 언어 사용자가 언어 사용 과정에서 생각하는 것을 있는 그대로 말로 나타낸 사고 구술 자료로서, 언어를 처리할 때 단기 기억 속에 활성화되어 있는 내용이라 할 수 있다. 학습자가 글을 읽으면서 머릿속에 떠오르는 생각을 소리 내어 밖으로 표현하게 하는 것이다. 이 과정은 학습자가 글을 이해하는 과정을 생생하게 보여주고, 학생이 구사하는 이해 방법을 파악하기 용이하다. 이를 통해 학습자의 초인지(meta cognition) 능력을 평가할 수 있다.[5]

사고 구술 기법은 그 자체가 질적인 연구 기법이기 때문에 양적인 연구기법에 비하여 타당성이나 신뢰성을 확보하기가 상대적으로 어렵다. 따라서 연구와 평가의 설계에 있어 평가자의 전문성과 학습자에게 충분히 훈련할 수 있는 '사고 구술 학습'의 단계가 꼭 필요하다. 특히 저학년 학습자의 경우는 초인지(meta cognition)가 미약하여 사고 구술을 수행하기 어려우므로 일반적으로 사용할 수 있는 방법은 아니다. 그러나 표현 및 이해 과정의 연구 방법으로는 매우 효과적인 방법이며, 표현 및 이해 능력을 평가하는 초인지 평가 방법으로도 활용될 수 있다.

사고 구술 기법과 유사한 방법으로 사고 기술(記述) 기법이 있다. 사고 기술은 심영택(1999)에서 구안한 방법으로 실제 학습자가 텍스트를 읽으면서 읽는 과정에 일어나는 인지과정과 정서적 반응을 말로 하지 않고 즉각적으로 적으면서 읽어 나가는 것이다. 본 연구에서는 학습자의 읽기 태도, 성향에 따라 사고 구술 기법과 사고 기술 기법을 병행하여 적용하고자 한다.

### (2) 읽기 과정 평가와 사고 구술 기법의 원리

읽기 평가에서 사고 구술 기법을 활용하는 것은 읽기 과정 평가로 참평가(수행평가)의 철학에 근거한 것이다. 그런 면에서 평가라기보다는 교수·학습의 과정으로 보는 것이 오히려 타당할 수도 있다. 그러나 이러

---

5) 서울대학교 국어교육연구소(1999), 국어교육학사전, 대교출판, p.771.

한 교수·학습과 평가 방법으로서 경계가 모호한 일면은 앞서 살핀 현재 읽기 평가의 한계에 대한 대안적 평가 방법이며, 평가가 수업 과정에서 자연스럽게 이루어질 수 있다는 장점으로 극복할 수 있는 부분이다.

읽기의 과정 평가로 손꼽히는 방법들로는 사고 구술 기법 이외에도 눈 멈춤과 읽기 속도 관찰, 오독과 자율적 수정, 빈칸 메우기, 읽기 수행의 관찰 등이 있다. 그중에서도 사고구술 기법이 읽기 과정 평가에 좀 더 적합한 방법인 이유는 첫째, 사고 구술과 일련의 관찰은 학습자들의 개별적인 읽기(혹은 쓰기) 과정을 잘 기술할 수 있는 방법이기 때문이다. 학생들의 읽기 과정을 들여다보면서 교사의 교수·학습 방법을 개선하는 것은 물론이고 학생들의 과정적인 사고(in-process thinking)를 살필 수 있다. 읽는 과정에서 학습자의 읽기 전략이 언제 어떻게 사용되는가, 읽어 가면서 텍스트의 의미를 확인하고, 전략을 수정하며, 텍스트에 나와 있지 않은 내용을 추론하고, 배경 지식을 활성화하는 등의 과정을 생생히 드러낼 수 있다는 점에서 그러하다.

둘째, 읽기 학습자가 무엇을 혼동하고, 무엇을 어려워하는지를 볼 수 있고, 학습자들의 실수나 오류의 과정을 잘 관찰할 수 있기 때문이다. 이는 학생들의 오독(miscue) 현상에 관한 인식 중에서 오독을 진단과 교정의 관점으로 보지 않고 읽기 과정에 대한 정보 제시의 관점으로 보는 것과 일치한다. Goodman(1976)은 음독 오류(oral reading miscue)를 '독서과정을 들여다 볼 수 있는 창문'6)이라 하였다. 사고 구술 기법은 학습자들이 읽는 과정에서 자신의 머릿속에서 일어나는 일을 말하게 함으로써 학습자의 인지 과정과 그 과정에서 쓰는 전략과 오류를 가장 잘 드러낼 수 있다는 것이다.

셋째, 함께 학습하는 동료들이 읽기를 하면서 어떤 생각을 하고 있는지

---

6) 이경화(2003), 읽기교육의 원리와 방법, 박이정, p.184.

를 드러나게 한다. Myers와 Lytle(1986)은 이것이 '과정 평가'의 중요한 방법이라고 제안했다.[7] 교사는 학생들이 이러한 절차 속에서 말하는 것을 주의 깊게 들음으로써 학생들의 독해 전략을 유익하게 통찰할 수 있다.

위와 같은 사고 구술이 원활하게 이루어지게 하기 위해서는 무엇보다도 자유로운 분위기 조성이 중요하고, 초기에는 교사의 질문과 안내 등 전략적인 접근이 필요하다. 즉, 읽기 전략[8]을 스스로 활용할 수 있도록 잘 안내해 줄 필요가 있다.

### 2) 선행 연구 고찰

사고 구술에 대한 영향력 있는 책은 인지 과학과 관련된 학문 분야에서 고전으로 인정받고 있는 Erickson과 Simon(1984, 1993)이다. 읽기 교육 연구 분야로만 보자면 Kucan과 Beck(1997)은 서구의 사고구술 관련 연구 논문을 개관하였다(천경록, 2004 : 514).

사고 구술과 관련된 국내의 연구는 읽기 교수 학습과 관련한 사고 구술 활동의 의미를 밝히거나 개관하는 연구(천경록, 1999, 2002 ; 김규선과 김일영, 2000), 몇몇 피험자를 대상으로 사고 구술 활동을 한 후 그 반응을 분석한 연구(심영택, 1999 ; 장진호, 2001) 등이 있다. 천경록(2002)은 읽기 교육 방법으로서 사고 구술 활동의 필요성을 제기한 후, 국내의 연구사 개관, 연구 문제, 적용 지침 개발, 예시적 적용 등을 다루었다.

최근의 연구로 천경록(2004)은 사고 구술 활동이 초등학생의 독해에 미치는 효과를 연구하기 위해 초등학교 2학년과 3학년 학생을 대상으로 사고 구술 활동을 하여 독해력의 신장을 평가하였다. 읽기 수업 시간에 매

---

7) Irwin 저, Teaching reading comprehension process(2nd ed.), 천경록 · 이경화 역, 독서 지도론(2003), 박이정, p.184에서 재인용.
8) 이때 읽기 전략으로는 전, 중, 후 전략, 스키마 활용 전략, 중심내용 파악, 추론과 비판적 사고 전략, 초인지 전략, 어휘 문맥 추론 등을 들 수 있다.

주 1회 20분씩, 9주에 걸쳐 사고구술 활동을 시켰는데 사고구술 활동은 초등학생의 독해능력을 향상시키는 것으로 나타났다. 연구 집단의 사후 회상 검사 결과는 통상적인 읽기 수업을 한 비교 집단에 비해 의미 있는 범위에서 높았다. 지도 효과는 2학년과 3학년 모두에게 있었으나, 3학년 에게 더욱 효과적이었다.

한편, 심영택(1999)은 '사고 기술형 읽기 포트폴리오기법'이라는 용어 를 사용하였다. 이 사고 기술(記述) 기법은 개별 학습자로 하여금 텍스트 를 읽으면서 떠오르는 생각을 텍스트에 즉각적으로 기술하게 하여, 읽기 과정에서 일어나는 개별 학습자의 사고 양상을 지속적으로 그리고 체계 적으로 확인할 수 있도록 한 평가 방법이다.

그러나 이러한 선행 연구들은 소수의 인원에 한정되어 실험하거나 텍 스트의 수준과 평가의 기준을 명확히 하지 않고 그 양상을 살피는 데 그 치고 있는 점이 아쉽다.

읽기 과정 평가와 관련해서는 최근의 평가 경향인 '생태학적 관점의 평가'에서도 주요한 원리를 발견할 수 있다. Mary Jett-Simpson · Lauren Leslie(원진숙 역, 2004 : 10~11)에 따르면, 우리가 학습자의 문식성 능력을 생태학적 평가(ecological assessment)로 해야 하는 이유를 밝히고 있다. 첫째, 읽기, 쓰기 기능이 복합적이고 다차원적인 과정이기 때문에 탈맥락적인 상황 속에서 단일한 측정도구만으로는 제대로 평가하기 어렵다는 점, 둘 째, 학습자마다 문식성 경험이 다 다르기 때문에 학습자들이 실제로 무 엇을 할 수 있는가를 중심으로 다양한 방법으로 평가해야 한다는 점, 셋 째, 학습자의 문식성은 상대적인 관점에서 누가 더 잘하고 못하고가 아 니라 발달적 수행의 관점에서 평가해야 한다는 점 등을 들고 있다. 그리 고 넷째, 평가는 시간을 두고 이루어지는 학생의 문식적 성장과 발달에 주목하고 문식적 학습 과정에 대한 기술을 필요로 한다는 점을 강조한다.

이상과 같은 선행연구들을 참고하여 본고는 읽기의 과정 평가를 위한 몇 가지 기준을 세우고자 하였다. 서혁·서수현(2007 : 233)에서 제시한 '읽기 검사의 하위 영역' 여섯 가지 범주9)가 그것인데, 그 평가 기준틀은 아래와 같다.

[표 1] 읽기 능력 구인의 범주

| 읽기 능력 구인 | | | | | |
|---|---|---|---|---|---|
| 텍스트 중심 | | 텍스트+독자 중심 | | 독자 중심 | |
| ① 세부 내용 확인<br><br>(어휘, 세부 내용) | ② 대의파악<br><br><br>(대의) | ③ 텍스트를 기반으로 한 비명시적 내용 도출<br>(추론) | ④ 텍스트의 특성(구조, 갈래, 내용)에 의거한 종합적 평가<br>(평가) | ⑤ 배경지식을 적용한 텍스트에 대한 독자의 반응<br>(반응) | ⑥ 텍스트, 배경지식을 활용한 창의적 표현<br>(창의) |

위 표는 읽기 능력의 구인을 크게 '텍스트 중심, 텍스트+독자 중심, 독자 중심'의 세 축을 중심으로 하위의 6개의 영역으로 범주화한 것이다. 기존의 읽기 능력 구성 요인이 대체로 '사실적 이해, 추론적 이해, 비판적 이해'라는 다소 추상적인 관점에서 접근하고 있는 것에 비해 훨씬 구체적이다. 그래서 읽기 평가의 구체적인 국면과 맥락, 특성들을 잘 반영할 수 있을 것으로 판단하였다.

그러나 위의 독해력 요인에서 구분한 '세부 내용 확인' 등 각 요소들은 읽기의 결과 평가를 통해 학습자들의 독해 능력을 평가하기 위한 것

---

9) 읽기를 '필자와 독자가 텍스트를 매개로 만난다'는 관점에서 보면 위의 읽기 능력 구인의 범주에 '필자'요인이 빠져있다. Goodman(1976), Rosenblatt(1978)이 말하는 읽기에서 독자와 텍스트(필자) 사이의 역동적인 의미 구성을 강조하는 점에서도 '필자'의 역할은 중요하다. 위 요인에 필자가 말하고자 한 본래의 목적에 따른 텍스트의 구조와 특성, 그에 대한 독자의 반응을 드러내기 위한 '필자' 요인의 축도 필요하다. 그러면 상호작용적 읽기의 세 축인 '필자-텍스트-독자'의 요인을 좀 더 구체적으로 고려할 수 있다.

이다. 따라서 읽기 과정 평가를 지향하는 이 글에서는 이러한 결과 평가의 읽기 능력 구인을 실제 학습자의 읽기 과정 중 사고 분석을 통해 새롭게 조명하고 비판적 대안을 제시하고자 한다. '읽기 과정에서 보이는 학습자 사고 분석에 근거한 독해력 요인'과 같은 새로운 접근과 상세화를 위해 학생들의 사고 구술 분석을 다양하게 시도하고 그 양상을 살피고자 한다.

## 3. 사고 구술 기법을 활용한 읽기 과정 평가

### 1) 읽기 과정 평가의 개요

읽기의 과정 평가를 위해 전북 익산 K초등학교 3학년 학생 세 명과 5학년 학생 세 명을 대상으로 평가하였다. 각각 교내에서 실시한 학교학습 평가의 국어 과목에서 상, 중, 하로 판별된 학습자들이다. 이중 3학년 학습자의 경우는 2008년 10월에 실시된 국가 수준 학력 평가의 읽기 영역의 상, 중, 하의 결과도 고려한 학습자들이다. 연구의 편의와 학생들의 개인정보 등의 유출을 우려하여 이름을 밝히지 않고 평가하였다. 그런 다음 녹음 및 기록물을 분석할 때는 각 학년의 수준에 따라 학생의 별칭을 '3A(3학년 상 수준)', '3B(중)', '3C(하)', '5A(5학년 상 수준)', '5B(중)', '5C(하)'로 분류하였다.

주된 평가 대상 학습자를 초등 3학년 학습자로 한 것은 읽기 발달 단계와 독서 흥미 단계를 고려한 것이다. 초등 3학년 학습자는 쟌느 샬 (Chall, 1979)의 읽기 발달 단계에 따르면 독서기능 확립기[10]에 해당하고,

---

10) 이경화(2003), 「읽기 교육의 원리와 방법」, 박이정, p.161.

천경록(1999b)에 따르면 기초 기능기, 우드(Wood, 1992)에 따르면 이행기이기 때문에 독해력이 아직은 좀 부족한 시기라 할 수 있다. 그러나 음독과 묵독의 과도기로서 초보적인 묵독을 하고, 다른 사람의 도움을 받지 않고 스스로 찾아 읽게 되는 단계이므로 사고 구술법으로 지도하기에 적합한 학년이 3학년이라는 판단에서였다. 그리고 5학년 학습자들은 천경록(1999b)에 의한 읽기 발달 단계 중 기초 독해기로 기초 기능 숙달, 묵독, 학습 독서의 시기, 의미 중심의 글 읽기의 시기로 보았기 때문에 이전 단계인 기초기능기 3학년 학습자들과의 반응을 비교하기에 적절한 학년이라 하겠다. 3학년 학습자들과 바로 다음 학년인 4학년 학생들을 비교하지 않은 것은 같은 기초기능기로 그 차이가 유의미하게 발생하지 않을 것으로 예상했기 때문이다.

읽기 과정 평가 실험은 약 5주간으로 매주 월, 수, 금 세 번에 걸쳐 읽기 전략 학습과 평가, 면담의 시간을 가졌다. 평가에 활용한 텍스트는 7차 교육과정상 초등 3학년 2학기, 5학년 2학기, 4학년 1학기, 6학년 1학기의 읽기 교과서의 텍스트들이다. 평가 시기에 따른 평가 내용과 텍스트의 유형, 수준은 아래의 표와 같다.

[표 2] 평가 시기에 따른 평가 내용과 텍스트

| 평가시기 | 읽기 학습 및 평가 내용 | 텍스트의 유형과 수준 |
|---|---|---|
| 1주차 | 연구자와 마음열기 | • 읽기에 대한 흥미와 불안 정도, 가정 내 문식성 환경 등에 대해 자유로운 이야기 하기 |
| 2주차 | 읽기 전략 및 사고 구술 학습[11])과 진단평가 | • 3-1 설명문 텍스트<br>• 3-2, 5-2 이미 배운 익숙한 설명문 텍스트 |
| 3주차 | 텍스트 특성에 따른 평가 | • 1차 3-2, 5-2 설명문(익숙한 글)<br>• 2차 3-2, 5-2 논설문(익숙한 글) |
| 4주차 | 학년 교차 평가 | • 3학년 : 5학년 1차 평가 텍스트<br>• 5학년 : 3학년 1차 평가 텍스트 |
| 5주차 | 최종평가와 면담·설문[12]) | • 3학년 : 4-1 설명문 텍스트(익숙하지 않은 글)<br>• 5학년 : 6-1 설명문 텍스트(익숙하지 않은 글) |

2주차인 읽기 전략 및 사고 구술 학습 단계에서는 연구자가 직접 3학년 1학기 텍스트를 실물 화상기에 올려놓고, 읽으면서 떠오르는 생각이나 질문내용, 글을 이해하기 위해 다시 읽는 과정 등을 보여주었다. 그리고 금요일에는 학생들이 이미 배운 익숙한 텍스트를 가지고 진단평가를 실시하였다. 이 연구에서 말하는 진단 평가는 일반적인 평가에서 말하는 '본 차시 학습을 하기 전에 실시하는 사전 평가'의 개념이 아니라 학생들의 사고 구술 훈련이 어느 정도 되었는지 판단하고자 실시한 평가이다. 이를테면 '사고 구술 훈련 습득 정도를 파악하는 평가'라 할 수 있다.

교과서의 텍스트를 활용할 때 텍스트의 유형은 설명적 텍스트, 주장하는 텍스트로 한정하였다. 이는 여타 문학 텍스트의 경우 독자의 심미적 정서 환기, 창의적 표현 등이 주안점이 되는 관계로 실제 주제가 선명하고, 내용 이해, 비판, 추론의 여지가 많은 텍스트로서 설명 텍스트와 주장 텍스트가 적합하다고 판단하였기 때문이다. 문학 텍스트를 활용한 독자(학습자)의 읽기 인지 과정 및 정서적인 측면의 연구는 후속 연구로 미루기로 한다.

평가의 기준으로는 첫째, 읽는 과정에서 보이는 인지적 전략을 '독자', '텍스트+독자', '텍스트'의 읽기 검사 하위 영역에 따라 반응 빈도 분석하기, 둘째, 텍스트의 유형과 수준에 따라 읽기 전략의 활용 양상 비교하기, 셋째, 사고 구술 훈련이 학습자의 읽기 능력 향상에 도움이 되는지 확인하기의 세 영역이다.13)

---

11) 녹음에 사용된 프로그램은 GRETECH사의 곰녹음기 v1.2.2.1120 정식 버전이다.
12) 다음 학년에 배울 익숙하지 않은 텍스트를 가지고 읽기 전략을 학습하고 또 다른 익숙하지 않은 텍스트를 활용하여 최종 평가와 면담, 평가의 전 과정에 대한 설문을 실시하였다.
13) 평가의 영역 중에서 특히 두 번째 영역인 읽기 전략을 어떻게 사용하는가의 문제는 이 연구의 핵심 아이디어인 읽기의 과정을 평가하기 위한 부분으로 실제 사례와 결과의 해석에서 학습자의 구술 내용 전사(轉寫) 자료와 기록물을 참고하기 바란다.

평가의 결과를 분석하고 해석하는 데는 민족지학14)적 방법을 원용하고자 한다. 민족지학적 방법은 인류학자들이 특정 문화권 내의 사람들의 행동을 이해하기 위해 있는 그대로를 집중적, 국지적, 장기적으로 기술하여 얻은 산물이다. 문화기술지라고도 불리며 문화인류학적 연구방법인 참여관찰, 해당문화에 대한 정보제공자 면접방법 등을 통해 이루어진다. 사고 구술 기법 자체가 질적인 연구 방법이기 때문에 실험 참여자의 평가 반응을 평가 기준에 따라 녹음 및 전사 기록물을 분류하여 그 양상과 경향성을 살피고자 한 것이다. 물론, 앞서 말한 평가 기준 중에서 6개 영역의 평가 범주에 따른 빈도수는 각 구인별 비교를 위해 양적인 방법에 의한 도식화를 병용할 것이다.

## 2) 실제 평가 사례 분석

### (1) 연구자와 마음열기와 읽기 전략 학습 단계

앞서 사고 구술 기법은 자유로운 분위기 조성이 중요하고, 초기에는 교사의 질문과 안내 등 전략적인 접근이 필요하다고 전제한 바 있다. 이에 따라 1주차에는 학습자와 연구자가 3회 만나는 동안 학습자들의 문식성 환경, 읽기 흥미와 태도에 대해 자유 대화를 나누었으며 각각의 학습자에 따라 정리한 것은 다음과 같다.

---

14) 민족지학(ethnography)이라는 용어는 대개 사회과학자들이 다음 특징을 가진 연구 형태를 지칭한다.
- 특정 사회 현상에 대한 가설을 검사하는 상황보다는 그 현상에 대한 본성을 탐구하려는 것을 강조하는 성격
- 한정된 분석 범주에 의하여 수집된 자료를 한 점으로 부호화되지 않은 구조화되지 않은 자료를 가지고 작업하는 경향
- 매우 적은 사례 수, 특히 한 가지 사례를 세세하게 탐구하는 것
- 인간 행동의 의미와 기능에 대한 해석이 수반되는 자료의 분석 (http://203.237.193. 60/TransFiles/민족지학, 2008. 12. 4 검색).

[표 3] 평가 대상 학습자의 문식성 환경 및 읽기와 구술 관련 성향

| 영 역 | 세부영역 | 3A | 3B | 3C | 5A | 5B | 5C |
|---|---|---|---|---|---|---|---|
| 가정내 문식성 환경15) | 일주일에 읽는 책 권수 | 5권 이상 | 5권 | 1권 | 5권 | 3권 | 거의 읽지 않음 |
| | 집에 있는 책 | 50권 이상 | 30권 정도 | 10권 이하 | 100권 정도 | 50권 정도 | 50권 정도 |
| | 부모님의 읽기 흥미도 | 좋아함 | 좋아함 | 보통 | 무척 좋아함 | 보통 | 거의 읽지 않음 |
| 학습자 읽기 성향 | 읽기 흥미 | 좋아함 | 보통 | 좋아함 | 아주 좋아함 | 좋아함 | 보통 |
| | 읽기 태도 | 긍정적 | 보통 | 보통 | 긍정적 | 긍정적 | 보통 |
| | 여가 시간에 주로 하는 일 | 책 읽기 | 책 읽기 | 게임 | 책 읽기 | 텔레비전 | 게임, 텔레비전 |
| 개인 성향 | 구술과 관련된 개인 성향 | 녹음 상황을 불안해함 | 보통 | 녹음하지 않을 때 구술을 더 잘 함 | 녹음과 관계없이 구술을 잘함 | 말하기를 좋아하여 녹음 상황을 즐김 | 녹음 상황을 싫어함 |

읽기 전략을 학습하는 단계에서는 수정된 직접 교수 모형을 적용하여 실제 교사가 3학년 1학기 교과서의 글 한편을 사고 구술하는 시범을 보였다.16)

---

15) Heath(1983), Purcell-Gate(1997) 등에 따르면 문식성과 관련된 가정과 부모의 문화적 역할은 학생들의 문식성에 큰 영향을 미친다. 이중 Heath(1983)는 소도시 또는 농촌에 해당하는 피에몬테주의 칼로니나스 지방의 세 개 공동체의 언어 환경에 대해 연구하였는데, 하위 집단의 부모들의 경우, 독서와 쓰기는 오락용이든 직업용이든 큰 역할을 하지 못했다. 이 집단의 부모들 중 어느 누구도 독서와 쓰기 행위가 중요한 영향을 끼치는 직업을 갖고 있지 않았다. 또한 하위 집단의 학생들은 추상적인 언어 사용에 대한 경험이 전혀 없었기 때문에 높은 수준으로 나아가는 데 어려움이 있었다(이재승, 2004). 이 연구에서는 부모의 문식성과 학생들의 문식성의 관계성을 규명하기 위한 설계가 아니므로 평가 대상 학습자들의 읽기 과정을 평가하기 위한 하나의 정보로서의 가치를 지닌다.

16) 천경록(2004 : 523)의 '사고 구술 기법이 초등학생의 독해에 미치는 효과'의 검증을 위한 수업 모형을 참조하여 적용한 것임.

[표 4] 읽기 전략과 사고 구술을 위한 직접교수법 수정 모형(E-M-G-P-R 모형)

| 단 계 | 교사의 주요 활동 | 학생의 주요 활동 |
|---|---|---|
| 설명하기<br>(explaining) | 읽기 전략(또는 기능) 제시<br>읽기 전략의 필요성과 중요성 설명 | 설명 듣기, 질문하기<br>학습 주제 파악하기 |
| 시범보이기<br>(modeling) | 읽기 전략이 사용된 예 제시<br>교사의 사고 구술 시범 보이기 | 교사의 시범 관찰하기<br>질문하기, 교사의 구술 모방하기 |
| 안내하기<br>(guiding) | 읽기 단계별 질의 응답<br>각 학생에게 비계 형성하기 | 교사의 보조 따라 하기<br>점진적으로 구술에 참여하기 |
| 연습하기<br>(practice) | 실제 짧은 텍스트로 반복적인 연습<br>다른 텍스트에 적용 | 독립적으로 전략을 활용하기<br>자기주도적인 구술하기 |
| 성찰하기<br>(reflection) | 읽기 전략 사용·구술에 대한 점검<br>읽기 전략 활용에 대한 반성 | 구술 활동 내용 정리하기<br>읽기 전략 활용·구술 활동 반성하기 |

주된 교수·학습 자료로는 1) 학생들이 쉽게 알 수 있는 익숙하고 짧은 글, 2) PC의 녹음 프로그램, 3) 실물 화상기, 4) 수업 모형에 따른 교사의 프로토콜 자료(녹음 후 들려주기)가 쓰였다.


### (2) 진단 평가 사례

1주차에 연구자와 마음열기, 읽기 전략을 학습한 다음에 마지막 금요일에는 이미 배운 텍스트를 활용한 진단평가를 실시하였다. 진단평가로 사용한 텍스트는 다음과 같다.

[표 5] 진단 평가에 쓰인 텍스트의 유형

| 학 년 | 3학년 | 5학년 |
|---|---|---|
| 텍스트의 유형 | 생활문(설명적 내용 포함) | 설명문 |
| 텍스트의 구조 | 문제 해결 구조[17] | 인과 구조 |
| 교 재 단 원 | 3-2 「읽기」 첫째마당 2. 알고 싶어요 | 5-2 「읽기」 첫째마당 2. 차근차근 알아보며 |
| 텍스트의 목표 | 새로 안 내용과 관련이 있는 내용을 더 알아봅시다. | 여러 가지 자료를 통하여 정보를 찾아봅시다. |
| 텍스트 개요 | '민지와 은행나무'라는 제목으로 민지라는 아이가 은행나무와 은행에 대해 알아가는 과정을 생활문 형식으로 쓴 글 | 소아 비만의 원인과 예방법에 대해 유전, 환경, 심리요인을 밝히고 예방법을 안내함 |

진단평가에서 보인 학습자별 양상은 다음의 [표 6]에 표시한 빈도수로 표시하였다. 각각의 표에서 ①~⑥의 번호는 앞서 [표 1]에서 기준으로 세운 ① 세부 내용 확인(어휘, 세부 내용), ② 대의파악(대의), ③ 텍스트를 기반으로 한 비명시적 내용 도출(추론), ④ 텍스트의 특성(구조, 갈래, 내용)에 의거한 종합적 평가(평가), ⑤ 배경지식을 적용한 텍스트에 대한 독자의 반응(반응), ⑥ 텍스트와 배경지식을 활용한 창의적 표현(창의)의 번호를 의미한다. 칸 안에 쓰인 횟수는 '각 평가 구인별 빈도 / 평가 상황에서 보인 사고 구술 총 횟수'를 의미한다.18)

3학년 학생들의 진단평가 결과는 다음과 같다.

[표 6] 3학년 진단평가 결과

| | ① 어휘, 세부내용 | ② 대의 | ③ 추론 | ④ 평가 | ⑤ 반응 | ⑥ 창의 |
|---|---|---|---|---|---|---|
| 3A | ① | ② 2/14 | ③ 1/14 | ④ | ⑤ 11/14 | ⑥ |
| 3B | ① 5/13 | ② | ③ 2/13 | ④ | ⑤ 6/13 | ⑥ |
| 3C | ① 4/4 | ② | ③ | ④ | ⑤ | ⑥ |

(* N/N1=각 평가 구인별 빈도/사고 구술 총 횟수)

3학년 세 학생들을 비교해 볼 때 3A 학생에게 두드러진 특징은 적은 수이긴 하나 '② 대의파악(대의)'과 관련한 구술을 하고 있는 것이다. 대의파악은 중심 내용 요약과 관련된 주요한 기능으로 이는 독해력 중에서도

---

17) 설명적 텍스트의 구조에 대한 분류는 인과 구조, 문제 해결 구조, 비교 대조 구조, 수집 구조의 네 가지 분류를 따른 것이다(Carroll, 1984. 이경화, 2003 : 74에서 재인용). 본고에서 텍스트의 유형과 구조는 학생의 사고 구술 혹은 기술에 대한 이해를 돕기 위한 자료로서의 가치만을 지니며, 텍스트의 유형과 구조에 따른 읽기 전략에 대하여는 다루지 않았다.

18) 학생들이 읽으면서 구술할 때 교사는 학생의 읽기 과정을 관찰하면서 녹음을 하였다. 이때, 학생의 눈멈춤, 소리 내어 읽기, 다시 읽기, 밑줄 긋기 등은 평가 영역 구인에 영향을 준 경우에만 전사 자료에 기록하고 '아!', '음……', '헉!' 등과 휴지(休止)부분은 분석대상에서 제외하였다. 사고 기술(記述)을 한 경우에도 읽기 능력 구인과 직접 관련된 것만을 분석하였다.

수준이 높은 경우에 할 수 있는 사고 기능의 초보적인 예를 보여주는 사례라 할 수 있다. 3A 학생의 대의 파악 관련 구술은 다음과 같다.

1. a. 읽은 글 : "은행나무 열매는 정말 옷을 많이 입었네요." (은행 열매가 여러 겹으로 쌓여있음을 설명한 문단 끝)
   b. 사고 구술 : 내 생각에도 은행은 정말 옷을 많이 입은 것 같다.

2. a. 읽은 글 : …민지는 은행나무에 대하여 더 자세히 조사해 보고 싶은 생각이 들었습니다. (본 단원 학습 목표와 관련하여 새로운 정보를 찾게 되는 과정을 설명한 문단의 처음)
   b. 사고구술 : 나도 언제 조사를 더 하고 싶은 생각이 들어 더 조사했었는데……

2b의 경우 '⑤ 배경지식을 적용한 텍스트에 대한 독자의 반응'으로 볼 수도 있으나, 이 글 전체에서 의도하고 있는 새로운 정보를 찾기 위해 더 조사해야 한다는 관점으로 본다면 이 학생은 대의를 파악하기 위한 초보적인 수준의 구술을 한 것으로 판단된다.

결과 평가에서 중 수준을 보인 3B 학생의 구술 내용에서 특이한 점은 사고 구술하는 내용의 대부분이 의문형 문장으로 끝난다는 점이다. 다음은 3B 학생의 진단 평가 시 사고 구술 내용 일부이다.

3. a. 읽은 글 : 증조할아버지께서 심으셨다는 이 나무는 민지가 두 팔을 벌려도 다 안지 못할 만큼 굵습니다.
   b. 사고구술 : 증조할아버지가 누구지? 얼마나 굵길래 그럴까?

4. a. 읽은 글 : 올해도 은행나무에 열매가 다닥다닥 열렸습니다.
   b. 사고구술 : 얼마나 많이 열렸으면(그럴까)?

5. a. 읽은 글 : 은행나무 열매를 바라보고 있으니 작년 가을의 일이 생각났습니다.

　　　b. 사고구술 : 무슨 일이지?

6. a. 읽은 글 : "응, 그것은 속껍질이란다. 은행을 먹으려면 세 번 벗
　　　　겨야 한지."
　　　b. 사고구술 : 세 번을 벗겨야 먹을 수 있다고? 신기하네.

7. a. 읽은 글 : 민지는 은행나무가 매우 이롭게 쓰인다는 사실을 알
　　　　았습니다.
　　　b. 사고구술 : 이롭게 쓰인다고? '이롭게'가 뭐지?

　이러한 경향은 3번과 7번처럼 '증조할아버지', '이롭게' 등 낱말의 의
미를 스스로 되묻는 과정과 4번, 5번, 6번처럼 텍스트에 드러난 명시적
정보에 대해서 내용 이해를 정확히 하기 위한 확인 질문을 하는 과정으
로 보인다. 진단평가 이후 이루어진 3B 학생과의 면담에서 이 학생은 선
생님의 사고 구술 시범을 보고 연습할 때 자기 마음속에서는 이 사고 구
술이 '문제집에 나온 문제처럼 나한테 문제 같은 것을 내고 내가 답하는
것'이라고 생각했다고 진술했다. 이것은 사고 구술에 대한 훈련 미숙과
내용 이해형 질문이 많은 지필 평가 문제집을 지나치게 의식했기 때문으
로 풀이된다.

　3C 학생은 세부내용을 확인하는 질문을 한 것 이외에는 구술을 거의
하지 않았다. 이것은 녹음하지 않을 때 구술을 오히려 더 잘하는 개인적
성향과 이미 배워 익숙한 글인데도 글을 읽을 때 단어의 의미 파악에 주
력하기 때문인 것이라 판단된다.

　한편, 5학년 학생들의 경우는 다음과 같은 결과를 보였다.

[표 7] 5학년 진단평가 결과

| | ① 어휘, 세부내용 | ② 대의 | ③ 추론 | ④ 평가 | ⑤ 반응 | ⑥ 창의 |
|---|---|---|---|---|---|---|
| 5A | ① 4/14 | ② 3/14 | ③ 4/14 | ④ 1/14 | ⑤ 2/14 | ⑥ |
| 5B | ① 5/22 | ② | ③ 5/22 | ④ | ⑤ 12/22 | ⑥ |
| 5C | ① 2/7 | ② | ③ | ④ | ⑤ 5/7 | ⑥ |

(＊N/N1=각 평가 구인별 빈도/사고 구술 총 횟수)

5A 학생의 경우 구술과 관련된 성향이 '녹음과 관계없이 구술을 잘함'
인 점과 가정 내 문식성 환경과 읽기 성향이 긍정적이었던 점을 고려한
다면 단 몇 회의 사고 구술 지도로 읽기 능력 구인의 거의 대부분을 구
술할 수 있었던 것은 당연한 결과일 수 있다. 그럼에도 불구하고 한 가지
특이한 점은 이 진단평가에 사용된 텍스트가 교재에 실린 편집[19]에 따라
이미 알고 있는 낱말도 모르는 낱말이나 전혀 다른 뜻으로 인식하는 구
술 내용이 드러난 것이다.

> 8. a. 읽은 글 : 그리고 자녀가 한(교과서 편집상 한 낱말이 나뉘어 쓰임)
>        명인 가족의 경우에 그 자녀가 비만해질 확률이 가장 높고,
>        사고기술 : 명인 가족이 뭐지?

이 학생은 진단평가 후 면담에서조차 연구자에게 '명인'의 뜻을 물어
볼 정도로 이 문장의 편집상 나누어진 낱말 '한 명인'을 인식하지 못하고
있었다. 이에 따라 연구자는 이 학생에게 '환경 요인' 부분의 맨 첫 문장
을 다시 읽게 했다.[20] 그리고 나서 '환경 요인' 부분을 문장 단위로 끊어
서 밑줄을 긋게 했더니 그제야 '자녀가 한 명인 가족'이라는 구절을 인식

---

19) 상세한 편집 형태는 2008. 9. 1. 발행된 7차 5학년 2학기 읽기 교과서 55쪽을 참고 바
   란다.
20) 5학년 진단평가 텍스트의 '소아 비만의 원인과 예방법'의 '환경 요인' 부분의 첫 문장
   은 '환경 요인에는 부모의 성격, 가족 수, 텔레비전 시청 시간 등이 있다.'이다.

했다. 이 학생은 '명인'이라는 낱말을 텔레비전 프로그램인 '명의'라는 제목과 관련지어 생각했다고 말했다. 이것은 학습자의 사전 스키마가 단순 편집상 나누어진 무의미한 구분까지도 유의미한 낱말로 인식하는 읽기 오류로 작용한 것이다.

5B와 5C 학생의 경우는 독자의 반응과 관련된 사고 구술이 대부분이었는데, 주로 '우리 부모님들은 어느 정도일까', '앞으로 나도 이 내용처럼 열심히 노력해서 살을 빼야겠다.' 등이었다. 5C 학생에게 발견된 특이한 점은 읽는 과정에서 녹음을 하지 않을 때는 구술을 잘 하는 반면, 녹음을 하려고 시도하면 글로 기술하는 것을 선호했다. 면담 결과 이 학생은 '글로 쓰는 것은 시험을 보는 것 같아서 싫지만 녹음을 하면 틀릴까봐 겁나고, 말로 하는 것은 생각나는 대로 바로 말하면 되니까 쉽다'고 하였다. 이것은 5B 학생과는 차이점을 보였는데, 5B 학생은 사고 구술을 하면서도 텍스트의 사이에 글을 써넣으면서 구술하는 경향을 보였다. 이는 5B 학생의 구술 관련 성향이 '말하는 것을 좋아하고 녹음 상황을 즐김'이었던 것과 읽기 흥미가 긍정적인 것과 관련된다. 이 학생은 '글로 적으면서 말로 하면 내가 한 말이 맞는지 틀린지 볼 수 있으니까 글로 적는다.'고 하였다.

이렇게 해서 3학년 학생과 5학년 학생의 진단 평가 결과를 정리하자면 가정 내 문식성 환경, 텍스트의 익숙한 정도, 구술 관련 개인의 성향에 따라 세 가지 유형으로 그 경향성을 묶어볼 수 있다. 첫째 유형은 읽기와 구술을 좋아하고 읽기 전략을 활용할 수 있는 형으로 5A와 5B를 들 수 있다. 둘째 유형으로 구술은 두려워하는 편이지만 읽기를 좋아하고 읽기 전략을 어느 정도 활용할 수 있는 형으로 3A와 3B 학생을 들 수 있다. 셋째 유형은 녹음하는 구술을 기피하고 읽기 전략을 활용하지 않은 형으로 3C와 5C를 들 수 있다.

## (3) 텍스트의 유형에 따른 비교 평가 사례

3주차에는 텍스트의 유형에 따른 학습자의 읽기 경향의 변화를 살피기 위해 두 차례에 걸쳐 평가를 실시하였다. 학년마다 다른 텍스트로 각각 설명문과 논설문을 활용하였는데, 각각에 사용된 텍스트는 아래와 같다.

[표 8] 텍스트의 유형에 따른 평가에 사용된 텍스트

| 학 년 | 3학년 | | 5학년 | |
|---|---|---|---|---|
| 텍스트의 유형 | 1차 설명문 | 2차 논설문 | 1차 설명문 | 2차 논설문 |
| 텍스트의 구조 | 수집 구조 | 수집 구조 | 수집 구조 | 인과 구조 |
| 교재단원 | 3-2 「읽기」 첫째마당 2. 알고 싶어요. | 3-2 「읽기」 셋째마당 1. 하고 싶은 말 | 5-2 「읽기」 둘째마당 2. 차근차근 알아보며 | 5-2 「읽기」 넷째마당 2. 곧은 생각 좋은 세상 |
| 텍스트의 목표 | 글을 읽고, 새로 안 내용에 대하여 이야기를 주고받아 봅시다. | 글을 읽고, 문단의 중심 내용을 찾아 봅시다. | 정보를 찾아 가며, 글을 읽어 봅시다. | 글을 읽고, 의견을 뒷받침하는 사실을 찾아봅시다. |
| 텍스트 개요 | '아리랑'의 유래, 관련 설화, 가락과 노랫말에 대해 모둠 조사 학습 내용을 발표하는 형식으로 설명함. | 이를 잘 닦아야하는 필요성, 바른 이 닦기 방법을 설명하고 이를 바르게 닦자는 주장을 함. | 청주 고인쇄 박물관의 각 전시실에 따라 전시물의 종류, 특성, 우리나라 고인쇄 문화에 대한 우수성을 설명함. | 어린이 교통사고의 유형과 그 원인을 살피고 어린이 스스로 교통사고를 조심하자고 주장함. |

연구의 설계 당시에는 1차와 2차 평가로 두 텍스트의 길이도 거의 비슷한 수준인 15~30줄 이내의 길이로 계획하였다. 그러나 연구가 진행되면서 학생들이 이미 알고 있는 익숙한 텍스트에 대해 평가하는 것이 텍스트의 유형만의 차이를 비교할 수 있을 것으로 판단되어 실제 활용된 텍스트의 길이는 각각 다르고 대체로 설명문이 논설문보다 긴 텍스트들이다. 아래는 3학년 학생들의 텍스트 유형별 평가 결과이다.

[표 9] 3학년 설명문과 논설문 평가 비교

| | | ① 어휘, 세부내용 | ② 대의 | ③ 추론 | ④ 평가 | ⑤ 반응 | ⑥ 창의 |
|---|---|---|---|---|---|---|---|
| 3A | 설명문 | ① | ② 1/13 | ③ 3/13 | ④ 2/13 | ⑤ 6/13 | ⑥ 1/13 |
| | 논설문 | ① 7/16 | ② 2/16 | ③ 3/16 | ④ | ⑤ 4/16 | ⑥ |
| 3B | 설명문 | ① 8/19 | ② 1/19 | ③ 3/19 | ④ 2/19 | ⑤ 5/19 | ⑥ |
| | 논설문 | ① 2/20 | ② 1/20 | ③ 2/20 | ④ 4/20 | ⑤ 11/20 | ⑥ |
| 3C | 설명문 | ① 17/19 | ② | ③ | ④ | ⑤ 2/19 | ⑥ |
| | 논설문 | ① 4/10 | ② 2/10 | ③ 1/10 | ④ | ⑤ 3/10 | ⑥ |

(* N/N1=각 평가 구인별 빈도/사고 구술 총 횟수)

3학년 학생에게 보인 특징은 설명문의 경우에 '④ 텍스트의 특성(구조, 갈래, 내용)에 의거한 종합적 평가'와 '⑥ 텍스트와 배경지식을 활용한 창의적 표현하기'의 읽기 능력 구인이 드러난 점이다.

9. a. 읽은 글 : 아우라지 뱃사공아 배 좀 건네주오.
　　　　　　싸릿골 검은 동백이 다 떨어진다.
　　b. 사고구술 : 이건 뭐지? 동시 아니면 노래인가?

10. a. 읽은 글 : 우리 모둠에서는 아리랑의 가락과 노랫말을 조사하였습니다.
　　b. 사고구술 : 그러면 노래네.

11. a. 읽은 글 : 어떤 사람은 아리랑이 '메아리'에서 생겨났다고 말합니다. '메아리'가 '아리'가 되었다가 다시 '아라리'가 나중에 '아리랑'으로 바뀌었다고 합니다.
　　b. 사고구술 : 아라리도 이름 같아. '아라리 아리'라고 불러볼까?

9b와 10b는 3B 학생의 구술 사례로 설명문의 중간에 들어가 있는 노랫말이 설명문의 구조와 다르게 삽입된 것을 읽고 판단한 것이다. 11b는 11a의 글을 읽고 3A 학생이 창의적으로 표현한 것으로 첫 번째 진단평

가 이후 이 학생은 이 읽기 과정 평가의 의도를 잘 알아차리고 응용할
수 있는 능력이 향상된 것으로 보인다.

3C 학생의 경우 진단－1차－2차로 거듭될수록 세부내용 파악형 질문
보다는 독자 반응과 대의 파악, 추론의 빈도가 다소 높아지는 경향을 보
였다. 그리고 설명문과 논설문의 텍스트 유형에 따라서는 설명문에서는
내용 이해, 대의 파악, 추론과 독자 반응의 구인이 두드러지고 논설문에
서는 대체로 다른 구인보다는 배경지식을 적용한 텍스트에 대한 독자의
반응 표현이 두드러진다. 이는 논설문의 특성상 독자의 인지, 행동, 정서
의 변화를 호소하는 데 기인한다.

한편, 5학년 학생들의 평가 결과는 다음과 같다.

[표 10] 5학년 설명문과 논설문 평가 비교

| | | ① 어휘, 세부내용 | ② 대의 | ③ 추론 | ④ 평가 | ⑤ 반응 | ⑥ 창의 |
|---|---|---|---|---|---|---|---|
| 5A | 설명문 | ① 12/34 | ② 3/34 | ③ 4/34 | ④ 6/34 | ⑤ 3/34 | ⑥ 6/34 |
| | 논설문 | ① 5/13 | ② 3/13 | ③ 3/13 | ④ 2/13 | ⑤ | ⑥ |
| 5B | 설명문 | ① 23/56 | ② 6/56 | ③ 4/56 | ④ 7/56 | ⑤ 15/56 | ⑥ 1/56 |
| | 논설문 | ① 12/23 | ② | ③ 2/23 | ④ 1/23 | ⑤ 8/23 | ⑥ |
| 5C | 설명문 | ① 7/13 | ② | ③ 2/13 | ④ 2/13 | ⑤ 2/13 | ⑥ |
| | 논설문 | ① 1/8 | ② | ③ 1/8 | ④ | ⑤⑥8/8 | ⑥ |

(＊N/N1=각 평가 구인별 빈도/사고 구술 총 횟수)

3학년 학생들과 달리 5학년 학생들은 논설문보다는 설명문에서 자신
의 더 자유롭게 구술하는 경향을 보였는데, 이는 학생들의 읽기 발달 단
계와 무관하지 않다. 초등 5년 학습자는 쟌느 샬(Chall, 1979)의 읽기 발달
단계에 따르면 3단계로 새로운 것을 한 관점에서 배우는 단계이고 천경
록(1999b)에 따르면 기초 독해기에 해당한다. 이 단계의 학생들은 주로 새
로운 지식과 정보를 얻기 위해서 글을 읽는데 이러한 점에서 설명문은

학생들이 알고자 하는 새로운 것을 담아놓은 텍스트이기 때문에 텍스트에 대한 반응도 활발할 것으로 기대된다.

반면, '어린이 교통사고는 이제 그만'이라는 논설문을 읽고 나서 보인 반응은 흥미로운 결과이다. 논설문이기 때문에 당연히 텍스트와 배경지식을 활용한 독자의 반응이 높을 것이라 예상되었으나, 5A와 5B 학생에게서 보이는 '④ 텍스트의 특성(구조, 갈래, 내용)에 의거한 종합적 평가' 부분의 사고 구술도 주목할 만한 특징을 가진다.

> 12. a. 읽은 글 : …… 어린이 교통사고의 원인을 정확하게 파악하여
>        그 대책을 마련해야 하고, 어린이도 평소에 조심하도록 주의
>        해야 한다.
>     b. 사고 구술 : 어린이도 주의해야 되지만… 왜? 어른들이 운전하
>        는데 어른도 조심해야지.
>
> 13. a. 읽은 글 : …… 토요일과 일요일에 많은 어린이가 교통사고로
>        다치거나 목숨을 잃는 것으로 나타났다.
>     b. 사고 구술 : 왜? 토요일, 일요일에 많은 어린이가 교통사고가
>        나는 거야? 술 마시고 운전했나?

위의 12b는 5A 학생의 구술 사례이고, 13b는 5B 학생의 구술 사례인데, 학생들은 어린이 교통사고를 줄이기 위해서는 어린이만 조심해서는 안 되고 운전을 하는 어른들이 먼저 조심해야 한다는 생각을 하고 있는 것이다. 이렇게 논설문에서 의도한대로만 생각하지 않고 자신의 의견을 넣어 텍스트를 평가하는 것은 3학년 학생들의 경우에는 찾아볼 수 없는 사례였다.

더구나 이 논설문에는 어린이 교통사고와 관련된 통계표 두 개가 함께 실려 있었는데, 5A와 5B 학생은 텍스트에 나온 수치와 통계표의 수치를 비교하며 읽고, 의문점을 제기하였다. 그것은 통계표가 2004년 통계 수

치라는 것과 표에 제시된 수를 나열한 순서가 일반적으로 왼쪽에서 오른쪽으로 표를 보는 방식과 다르게 총계가 맨 왼쪽에 제시된 문제점을 지적한 것이다. 그러나 5C 학생은 이 통계표를 전혀 보지 않고 지나갔는데, 이 학생은 면담할 때에 "표는 글이 아니잖아요. 글만 읽었어요"라고 답하였다. 이것은 텍스트의 이독성(易讀性)이나 시각 자료 등 비산문 자료가 텍스트의 이해에 어떤 영향을 미치는지에 관련된 중요한 언급이라 할 수 있다.

### (4) 학년 교차 평가 사례

평가 실험의 4주차에는 3학년 학생들과 5학년 학생들에게 텍스트를 교차하여 읽고 사고 구술을 하게 하였다. 교차 평가의 목적은 해당 학년의 익숙한 텍스트를 읽을 때와 그렇지 않을 때 혹은 오래전에 배웠던 익숙하고 쉬운 텍스트를 읽을 때 사용하는 전략을 비교해 보기 위함이었다. 활용된 텍스트는 각 학년의 1차 평가에 쓰인 설명 텍스트이고 양쪽 모두 각각 20분씩 주고 읽게 하였다. 다음은 학년 교차 평가에서 보인 결과이다.

[표 11] 3학년과 5학년 교차평가[21]

| | | ① 어휘, 세부내용 | ② 대의 | ③ 추론 | ④ 평가 | ⑤ 반응 | ⑥ 창의 |
|---|---|---|---|---|---|---|---|
| 3A | 5학년 텍스트 | ① 26/39 | ② | ③ | ④ 9/39 | ⑤ 4/39 | ⑥ |
| 5A | 3학년 텍스트 | ① 6/30 | ② 4/30 | ③ 8/30 | ④ 5/30 | ⑤ 6/30 | ⑥ 1/30 |
| 3B | 5학년 텍스트 | ① 30/48 | ② 1/48 | ③ 8/48 | ④ 2/48 | ⑤ 7/48 | ⑥ |
| 5B | 3학년 텍스트 | ① 7/23 | ② | ③ 7/23 | ④ | ⑤ 9/23 | ⑥ |
| 3C | 5학년 텍스트 | ① 27/35 | ② | ③ 3/35 | ④ 3/35 | ⑤ 2/35 | ⑥ |
| 5C | 3학년 텍스트 | ① 4/10 | ② | ③ 1/10 | ④ 1/10 | ⑤ 4/10 | ⑥ |

(* N/N1=각 평가 구인별 빈도/사고 구술 총 횟수)

21) 교차평가는 각각 해당 학년의 텍스트를 상호 교차하여 평가한 것이다.

전반적으로 3학년 학생들의 구술이 더 많은 것은 텍스트의 길이가 3학년 학생들이 읽은 것이 더 길고, '청주 고인쇄 박물관'을 각 전시실별로 특징과 전시품을 설명하고 있는 내용이었기 때문이다. 특히 '고인쇄 박물관'에 전시된 전시품은 그 이름도 까다롭고 어려웠으며 내용도 평소 쉽게 접하지 못하는 것들이어서 3학년 학생들의 구술에는 '① 세부 내용 파악'의 구술이 대부분을 차지한다. 심지어 3C 학생의 경우에는 정해진 20분 안에 5학년 텍스트를 다 읽을 수도 없었으나, 자신이 읽은 부분까지는 10회의 구술을 보여주었는데, 모두 '-는 뭘까?', '-가 아닐까?', '-가 누구지?', '이건 나도 알았었는데, 비슷한 걸까?' 등 의문형 사고 구술이 주를 이루었다.

특이한 점은 3학년 학생 모두가 1, 2학년 학생들에게서 볼 수 있는 음독(音讀)을 하는 경향을 보였는데, 대표적으로 3A 학생의 사고 구술을 살펴보면 다음과 같다.

14. a. 읽은 글 : 청주 고인쇄 박물관은 세계에서 가장 오래 된 금속 활자본 '직지'를 인쇄한 청주 흥덕사의 옛 터에 있으며,
   b. 사고 구술 : <u>가장 오래된 금속활자본인 진지(직지)를 인쇄한 청주홍덕사 터에 있네?</u>

15. a. 읽은 글 : 청주 고인쇄 박물관은 고서, 인쇄 기구, 흥덕사 출토 유물 등 1,800여 점의 유물을 소장하고 있으며, '직지와 흥덕사실', '직지 금속 활자 공방 재현관', '인쇄 문화실', '동·서양 인쇄 문화 비교실' 등을 갖추고 있습니다.
   b. 사고 구술 : <u>청주 고인쇄 박물관에는 흥덕사 출토 유물 1,800여 점 등을 소장하고 있네? 직지와 흥덕사실, 직지 …… 실 등을 갖추고</u> 있구나. '공방 재현관'이 뭘까? 재현이……

16. a. 읽은 글 : …… 직지를 인쇄한 곳이 바로 흥덕사 터임을 알게 해 준 금구와 불발을 비롯하여……

b. 사고 구술 : 직지와 흥덕사실에는 직지를 인쇄한 곳이 바로 흥덕사터임이라고? 이것도 잘 모르겠다.

17. a. 읽은 글 : 직지는 1901년에 쿠랑이 발행한 '조선서지' 제 4책에 금속 활자로 인쇄된 세계에서 가장 오래 된 한국 인쇄본이라고 소개되었습니다. …… 1972년 5월부터 10월까지 프랑스 국립 도서관에서 개최된 '세계 도서의 해'기념 책 전시회에 이 책이 출품되면서 비로소 알려지게 되었습니다.

b. 사고 구술 : <u>직지는 1901년에 쿠랑이 발행한……금속활자로 인쇄된 한국 최초의 인쇄본이라고 소개되어 있네?</u> 1972년 5월부터 10월까지 …… <u>세계 도서의 해 기념</u> …… <u>알려지게 됐다고?</u> 왜 이렇게 길어.

14~17번의 사고 구술을 살펴보면 밑줄 친 부분처럼 책에 쓰인 글을 그대로 소리 내어 읽다가 끝부분에 '-구나.', '-라고 되어있네.', '-하고 있네?', '-됐다고?' 등으로 말하고 있다. 그리고 나서 세부 내용 파악 질문을 스스로에게 던지거나, 잘 모르는 낱말이 있을 경우 그것을 문장 안에서 이해하기보다는 그 낱말만을 따로 떼어 의미를 유추하는 경향을 보였다. 이것은 3학년 텍스트를 읽고 사고 구술할 때는 보이지 않았던 현상으로 매우 흥미로운 결과였다. 음독(音讀)은 Mary Jett-Simpson(원진숙 역, 2004 : 50)에 의하면 통합적 독자(consolidators)의 단계로 볼 수 있는 3학년 학생보다는 그 이전 단계인 발전적 초보 독자(advanced beginners)들이 주로 습득하는 읽기 전략이다. 이 시기의 학습자들은 소리 내어 읽기를 유창하게 하게 되고, 묵독은 단지 자기 자신에게 속삭이며 읽는 것을 의미한다. 통합적 독자의 단계에는 음독의 단계를 뛰어넘어 스스로 묵득하는 방법을 터득하며 묵독의 속도가 소리 내어 글을 읽는 속도보다 빠르게 된다는 특징을 지닌다. 이러한 점을 감안한다면 3학년 학습자들이 익숙하지 않은 두 학년 위의 단계의 텍스트를 읽을 때 보인 음독(音讀) 성향은

일종의 퇴행(退行)적 성격을 지닌다.

흥미로운 결과에 구술을 다 마친 뒤 연구자와 3A 학생의 면담 내용을 옮겨보았다.

18. a. 연구자 : 이 글 읽어 보니까 어땠어?
    b. 3A 학생 : 너무 어려워요.
    a. 연구자 : 어떤 점이 어려웠니?
    b. 3A 학생 : 너무 길고요, 어려운 말도 많아요. 무슨 얘기를 하는 지 모르겠어요.
    a. 연구자 : 저런…… 너무 어려운 걸 읽으라고 했나? 사실 이 글 은 5학년 책에 나오는 글이야. (중략)
    a. 연구자 : 그런데, 아까 보니까 글을 읽을 때 말이야, 다른 때는 글은 소리 안 내서 읽고 떠오르는 생각만 말로 하더니 오늘은 자꾸 글도 소리 내서 읽던데?
    b. 3A 학생 : 처음에는 그냥 소리 안내고 읽었는데요. 읽을수록 점점 어려워지니까 나도 모르게 소리를 내요. 그러면 내가 하 는 말이 들려서요.
    a. 연구자 : 소리 내서 읽으면 네가 하는 말이 들린다고? 무슨 말 일까?
    b. 3A 학생 : 왜 그냐면 내가 읽는 소리가 (내) 귀에 들리니까 누 가 읽어주는 것 같아요.(그래서 더 생각이 잘 나요.)

위의 면담 대화에서 보이는 3A 학생의 대답은 익숙하지 않은 두 학년 위 단계 수준인 텍스트를 읽으니까 낱말도 어렵고 글 전체의 내용도 이 해가 되지 않았다는 점을 드러낸 것이다. 그리고 어렵다보니 누군가 읽 어주는 것을 들을 때 이해가 잘 되었던 것처럼 '자기가 읽는 소리를 남이 들려주는 것처럼 들으면서 소리 내어 읽기'를 했다는 점으로 간추릴 수 있다. 5학년 텍스트에 쓰인 문장은 주로 단문이 아닌 복문이었고, 글의 구 조도 박물관 전체 개관에서 시작하여 각 전시실을 자세하게 소개하는 구 조로 되어 있어서 3학년 학생들에게는 복잡하고 길게 느껴졌을 법하다.

이것은 해당 학년의 읽기 발달 단계에 적합한 텍스트를 교재화할 필요성에 대한 근거가 될 수 있다. 학습자의 읽기 발달 단계에 따라 익숙한 단어, 배경 지식과 자연스럽게 통합될 수 있는 단어, 생소한 단어지만 문맥 안에서 의미를 파악할 수 있는 단어들로 교재를 구성하는 것이 바람직하다. 특히 16b처럼 '직지와 홍덕사실에는 직지를 인쇄한 곳이 바로 홍덕사터임을'처럼 긴 목적어절을 읽게 하는 것은 자신의 현 단계에서 유능한 독자라 할지라도 실패한 학습자로 자아 효능감을 낮게 할 여지가 많다. 학습자의 읽기 발달 단계를 무시한 지나친 선행 학습이나, 부정적 자아 효능감을 심어줄 만한 복잡한 구조의 텍스트는 무의미하다는 점도 찾을 수 있다.

한편, 5학년 학생들의 경우에는 정해진 20분이 채 되기도 전에 5A, 5B 두 명의 학생은 이미 구술 녹음을 끝내고 다시 맨 앞부터 읽어보고 있었다. 5C 학생의 경우에는 지난 2차 평가 때 논설문 읽기에서 표와 그래프를 텍스트와 관련하여 읽은 것을 회상하여 3학년 텍스트에 그려진 그림을 살펴보고 있었다.

5A 학생은 글의 구조를 파악하는 경향을 보였는데, 다음은 5A 학생과의 면담 내용 일부이다.

19. a. 연구자 : 3학년 때 이글을 읽었을 때와 지금 읽었을 때 어떤 점이 다르니?
    b. 5A 학생 : 처음에는 모둠별로 나눠서 조사한 내용을 신경 쓰지 않고 읽었는데……. 지금은 모둠별로 각각 다르게 주제를 정해서 조사한 것을 알고 읽으니까 더 쉬운 것 같아요 이렇게 하니까 나도 모둠활동 하고 싶어지는 거 같고, 그냥 말로만 막 설명해 놓았으면 읽기 싫었을 것 같아요.

20. a. 연구자 : 또 다른 점은?

b. 5A 학생 : 옛날에는요, 이 부분을 그냥 생각하지 않고 넘겼는데……(악보 부분을 가리킴) 그런 거 이제 잘 넘기지 않아요. 잘 모르는 부분을 잘 넘겨버렸는데……. 이젠 그냥 넘기지 않아요. 글을 이해하는 데 도움이 되요.

a. 연구자 : 그림이 글을 이해하는 데 도움이 된다는 거지? 그럼, 악보는 어떠니?

b. 5A 학생 : 악보는 좀 별로 글을 이해하는데 도움이 안돼요. 제가 아는 아리랑이 나와서요. 모르는 아리랑이 나오면 도움이 될 것 같아요.

21. a. 연구자 : 글쓴이에게 하고 싶은 말이 있다면?

b. 5A 학생 : 제가 만약 이 글을 쓰면은 아리랑에 대해서요 우리 조상님들이 주로 어떤 때 아리랑을 불렀는지 조사하고 싶어요.

22. a. 연구자 : 이글 전체를 한두 문장으로 요약한다면 어떻게 할 수 있을까?

b. 5A 학생 : 아리랑은 노랫말과 가락이 다 다르고 전해오는 이야기가 있다는 것을 말하고 있는 것 같아요.

　　이 학생은 3학년 때 이 글을 배울 때는 글의 구조가 글의 내용을 이해하는 데 도움을 주기도 하고, 그렇지 않기도 한 것 등을 깨닫지 못했는데, 이 글이 각 모둠별로 조사하고 발표하는 구조로 이루어졌다는 것을 알아차린 것이다. 또한 이것은 설명적인 글이 주는 딱딱한 느낌보다는 글을 읽는 학생도 이러한 모둠활동을 하고 싶도록 유도하기 위한 것임을 알아챘다.

　　그리고 노랫말이 담긴 악보 부분이나 그림 등 비산문 자료도 텍스트를 내용을 효과적으로 전달하기 위해 쓰인 것을 알게 되고, 어느 것이 자신의 배경 지식과 통합되어 텍스트의 의미를 확장시켜 주는지, 그렇지 못한 비산문 자료는 어느 것인지도 밝혀내고 있다. 이는 자신의 읽기 과정에 대한 점검과 동시에 자신이 이미 알고 있는 것, 새롭게 알게 된 것, 더 알고 싶은 것을 찾는 읽기 전략의 도약과도 관련된다 할 수 있다.

5B 학생과 5C 학생의 경우에는 '⑤ 배경지식을 적용한 텍스트에 대한 독자의 반응'의 경향을 많이 보였는데, 주로 '나도 알고 있어.', '옛날에 배운 것 같아.', '응, 나도 많은 것을 알게 되었었지.' 등의 반응이었다. 이것은 학생들의 초인지(meta cognition)의 향상을 보여주는 것으로서 자신의 읽기 과정에 대해 생각하면서 글을 읽기 된 것을 보여주는 사례이다.

### (5) 최종 평가와 면담 사례

평가 실험의 마지막 5주차에는 익숙하지 않은 글을 활용하여 최종평가를 실시하였다. 평가에 활용한 텍스트는 진단평가에 활용한 텍스트와 비슷한 길이의 설명문이었다. 진단평가와 최종평가에 쓰인 텍스트는 다음과 같다.

[표 12] 진단평가와 최종평가에 쓰인 텍스트 비교

| 학 년 | 3 학 년 | | 5 학 년 | |
|---|---|---|---|---|
| 평가 시기 | 진단평가 | 최종평가 | 진단평가 | 최종평가 |
| 텍스트의 유형 | 생활문 (설명적 내용 포함) | 설명문 | 설명문 | 설명문 |
| 텍스트의 구조 | 문제 해결 구조 | 수집 구조 | 인과 구조 | 수집 구조 |
| 교재단원 | 3-2 「읽기」 첫째마당 2. 알고 싶어요 | 4-1 「읽기」 첫째마당 2. 되돌아보기 | 5학년 2학기 첫째마당 2. 차근차근 알아보며 | 6-1 읽기 둘째마당 2. 자연과 더불어 |
| 텍스트의 목표 | 새로 안 내용과 관련이 있는 내용을 더 알아봅시다. | 글을 읽고, 글의 내용을 간추려 봅시다. | 여러 가지 자료를 통하여 정보를 찾아봅시다. | 글을 읽고, 의견을 뒷받침하는 사실을 찾아봅시다. |
| 텍스트 개요 | 민지라는 아이가 은행나무와 은행에 대해 알아가는 과정을 생활문 형식으로 쓴 글. | 어린이들이 지켜야 할 교통질서를 알아보고 안전하게 교통질서를 지켜야 함을 설명함. | 소아 비만의 원인과 예방법에 대해 유전, 환경, 심리요인을 밝히고 예방법을 안내함. | 우주의 크기, 은하의 모양과 특성이 다양하며 우주의 특성이 사람들의 모습과 닮은 면이 있음을 설명함. |

　최종평가의 목적은 사고 구술 훈련이 학생들의 읽기 전략 향상에 어떤 영향을 미쳤는지, 진단 평가 때보다 학생들의 읽기 전략 활용이 어떤 향상을 가져왔는지 비교하고자 함이었다. 진단평가에서 보인 읽기 구인별 빈도 양상과 최종 평가에서 보인 사고 구술의 빈도 양상은 다음과 같다.

[표 13]　진단평가와 최종평가 읽기 능력 구인별 사고 구술 비교

| | | ① 어휘,<br>세부내용 | ② 대의 | ③ 추론 | ④ 평가 | ⑤ 반응 | ⑥ 창의 |
|---|---|---|---|---|---|---|---|
| 3A | 진단평가 | ① | ② 2/15 | ③ 1/15 | ④ | ⑤ 11/15 | ⑥ |
| | 최종평가 | ① 2/13 | ② 2/13 | ③ 1/13 | ④ 2/13 | ⑤ 6/13 | ⑥ |
| 3B | 진단평가 | ① 5/13 | ② | ③ 2/13 | ④ | ⑤ 6/13 | ⑥ |
| | 최종평가 | ① 5/16 | ② 4/16 | ③ 1/16 | ④ 2/16 | ⑤ 4/16 | ⑥ |
| 3C | 진단평가 | ① 4/4 | ② | ③ | ④ | ⑤ | ⑥ |
| | 최종평가 | ① 1/4 | ② 2/4 | ③ | ④ | ⑤ 1/4 | ⑥ |
| 5A | 진단평가 | ① 4/14 | ② 3/14 | ③ 4/14 | ④ 1/14 | ⑤ 2/14 | ⑥ |
| | 최종평가 | ① 19/47 | ② 14/47 | ③ 6/47 | ④ 4/47 | ⑤ 2/47 | ⑥ 2/47 |
| 5B | 진단평가 | ① 5/22 | ② | ③ 5/22 | ④ | ⑤ 12/22 | ⑥ |
| | 최종평가 | ① 16/37 | ② 6/37 | ③ 3/37 | ④ 2/37 | ⑤ 10/37 | ⑥ |
| 5C | 진단평가 | ① | ② | ③ 2/7 | ④ | ⑤ 5/7 | ⑥ |
| | 최종평가 | ① 7/12 | ② 2/12 | ③ | ④ 1/12 | ⑤ 2/12 | ⑥ |

(＊N/N1=각 평가 구인별 빈도/사고 구술 총 횟수)

　3A 학생의 경우 진단평가에서 보인 반응에 비해 최종평가에서는 ①～⑤번까지의 반응이 고른 분포를 보이고 있다. 특히, 진단평가에서는 보이지 않았던 '④ 텍스트의 특성(구조, 갈래, 내용)에 의거한 종합적 평가' 반응 빈도를 두 번 보였다. 그 구술은 아래의 내용이다.

　　23. a. 읽은 글 : …신호등이 설치되어 있는 횡단보도에서는 초록색
　　　　　　신호를 확인한 뒤,
　　　　　b. 사고 구술 : 초록 신호등이 고장 나 있으면 불편해.

24. a. 읽은 글 : 육교, 지하도를 이용하면 더욱 안전하다.
    b. 사고 구술 : 육교나 지하도는 밤에 가면 더 무서울 때가 있다.

23b는 횡단보도에 설치된 초록 신호를 확인하고 건너면 안전하다는 설명에 대해 자신의 의견을 드러낸 것으로 '내용에 대한 평가'에 해당한다. 24b의 경우도 육교나 지하도를 이용한 방법을 설명한 것에 대한 나름대로 초보적인 평가를 하여 그렇지 않은 경우를 말한 것으로 배경지식을 활용한 독자 반응과도 맞물릴 수 있는 반응이다.

3B 학생은 진단 평가 때보다 최종 평가에서 '② 대의 파악', '④ 텍스트의 특성(구조, 갈래, 내용)에 의거한 종합적 평가'의 반응을 보였다. 그중 유능한 독자에게 발견되는 특성 중 하나인 '대의 파악'형 사고 기술(記述) 경향을 보였는데, 그것은 총 4문단으로 이루어진 전체 텍스트의 구조에 따라 각 문단의 첫 문장을 그 문단의 핵심 문장으로 인식하여 밑줄은 그은 것이다. 그리고 한 문단을 읽고 나서는 문단의 옆 부분에 '반드시 보도를 사용해야 한다.' 등 요약문을 적어 넣은 것이다.

3C 학생은 진단 평가 때 세부 내용 파악형 질문만을 했던 것에서 진일보하여 초보적인 수준의 대의 파악형 사고 구술과 배경지식 활용 독자 반응의 사고 구술을 보였다. 연구자는 최종 평가를 마친 후 이 학생에게 그간 사고 구술 훈련을 받은 것과, 평가 상황 등에 대해 질문하고 이야기를 나누었다.

25. a. 연구자 : 이 활동하면서 재미있었던 점이 있었니?
    b. 3C 학생 : 예. 옛날에는 글씨를 읽기 싫었는데요. 이제는 글씨가(글을) 읽는 것이 재미있어요. (중략)

26. a. 연구자 : 이 활동을 하면서 배운 점이나 달라진 점 있어?
    b. 3C 학생 : 활동을 하니까요 내가 한 것도(생각한 것도) 많이 알

왔고, 내가 5학년 언니가 배운 것도 하고 그래서 나는 많이 아
는 사람같이 됐어요. 그리고 다음에 또 하고 싶어요.

25b는 읽기 흥미에 대한 변화를 의미하고, 26b는 세 부분으로 나누어
그 진의를 파악하자면 첫째는 읽으면서 자신의 생각을 점검해볼 수 있었
다는 것, 둘째는 익숙하지 않은 글도 짐작하면서 읽을 수 있게 되어서 읽
기에 대한 자신감이 생긴 것, 셋째는 계속해서 글을 읽고 사고 구술 전략
을 활용하고 싶다는 것으로 볼 수 있다. 이러한 긍정적인 변화는 결과 평
가 점수로 '50점'이라고 이 학생의 읽기 능력의 단면만 부각시키는 것보
다 이 과정 평가가 훨씬 더 실제적인 조언을 주는 평가였음을 단편적으
로나마 엿볼 수 있게 했다.

5A 학생에게 보인 주목할 만한 특징은 최종 평가에서는 진단 평가 때
보다 읽기 능력의 구인을 고르게 반응하여 보였다는 점이다. 특히 다음
의 '⑥ 텍스트와 배경지식을 활용한 창의적 표현'의 사고 구술을 보였다.

27. a. 읽은 글 : 사람들이 사는 모습도 이와 비슷하다. 때로는 뭉치기
　　도 하고 때로는 흩어지기도 한다.
　　b. 사고 구술 : 은하가 뭉치기도 하고 흩어지기도 하는 것처럼 우
　　리도 친구들과 잘 어울려 이리저리 뭉치기도 하고, 어쩔 때는
　　싸우고 서로 왕따 시키기도 한다.

이 부분은 평가 텍스트의 맨 마지막 부분으로 '우주의 특성과 모습이
사람들이 사는 모습과 닮았다.'라는 주제를 드러낸 부분이다. 이 학생은
읽은 텍스트와 자신의 친구 관계라는 배경지식을 활용하여 새로운 표현
을 하고 있다. 이러한 것은 읽기가 '역동적 의미의 재구성'이라는 점에
비추어볼 때 고무적인 전략으로 이 학생의 읽기 전략 활용에 큰 향상이
있었음을 보여준다.

다음으로 5B 학생은 진단 평가 때보다 '② 대의 파악', '④ 텍스트의 특성(구조, 갈래, 내용)에 의거한 종합적 평가'의 반응이 늘어났다. 이것은 3B 학생의 경우와 마찬가지이지만 사고 구술의 수준이 다르다. 다음은 3B 학생과 5B 학생의 '④ 텍스트의 특성(구조, 갈래, 내용)에 의거한 종합적 평가'의 반응의 비교이다.

> 28. a. 읽은 글 : (3B) 길을 걸을 때에는 반드시 보도로 다녀야 한다.
>     b. 사고 구술 : 선생님한테 많이 들었는데, 책에 안 나와도 되는데……
>
> 29. a. 읽은 글 : (5B) 아마 사람들이 사는 모습이 우주와 닮은 것은 우리가 우주의 일부분이라서 그런가 보다.
>     b. 사고 구술 : 이런 말은 꼭 시처럼 생겼네. (시로 쓴다면) '우주나 사람이나/ 닮은 곳이 많네. / 우주 안에 사람 있네, (사람 안에 우주 있고.)[22]

28b는 3B 학생이 보인 사고 구술로 초보적인 수준의 텍스트의 내용 평가로 볼 수 있고, 29b는 5B 학생의 것인데 이것은 설명 텍스트의 마지막 부분에 정서 반응을 유도하는 것처럼 보이는 부분을 다른 갈래로 바꾸어 보는 종합적 평가로서 '⑥ 텍스트와 배경지식을 활용한 창의적 표현'과도 맞물리는 반응으로 볼 수 있다.

마지막으로 5C 학생은 진단 평가 때보다 훨씬 많은 사고 구술 반응을 보였고, 중요하다고 생각되는 글에 밑줄 긋기와 모르는 낱말이 나올 경우 그 낱말이 들어있는 문장이나 단락을 다시 읽기를 하는 경향을 보였다. 특히 최종 면담에서 "국어시간에도 자꾸 머릿속에 생각이 나요. 무슨 생각이냐면 '이게 무슨 뜻일까? ***선생님이라면 이때 어떻게 읽을까?'

---

22) ( ) 부분은 연구자가 학생의 사고 구술을 이해하거나 그 의미를 좀 더 정확하게 하기 위해 추가한 말이다.

이런 생각요. 그리고 자꾸 비어 있는 곳에 내 생각을 쓰게 되었어요."라고 말하였다. 이는 자신의 읽기 과정에 대한 초인지 전략이 향상되었음을 보여주는 일례라 볼 수 있다.

### 3) 결과의 해석

앞서 학생들의 읽기 과정에서 드러난 사고 구술을 그 빈도와 양상에 따라 분석해 보았다. 그 분석 결과를 학생 개인을 위한 평가 진술과 전체적인 경향성을 텍스트와 독자요인이라는 읽기 능력의 구인에 따라 해석해보고자 한다.

평가에서 중요한 것은 이러한 정보의 수집과 기록 외에 학습자에게 자신의 상태에 대해 전언해주고, 앞으로 무엇을 노력하면 어떻게 잘 하게 될 것인지 예언해주는 일이다. 지금까지 분석한 것을 바탕으로 학생 개개인에게 그 결과를 전언, 예언해주는 것은 그간의 결과 평가 통지서와는 다르게 되어야 함은 물론이다.

그러한 방법 중에서 학생의 읽기 과정 평가 기록물, 녹음된 내용, 녹음 전사(轉寫) 기록, 교사의 관찰 일지 등을 포트폴리오 형식으로 만들어 학생과 학부모가 그 발달 과정을 볼 수 있게 하는 것도 좋은 방법이다. 또한 자산 모델에 기초한 평가23)로 학생의 현재 상태를 진술하여 알려주는 것도 하나의 방법이 될 수 있다. 자산 모델(asset model)은 학습자의 성장을 학년 초 학습 시발 지점에서 그 학습자가 어떠했었는가의 비교를 통해서 판단하고, 발달 정도에 있어서의 개인차를 극히 정상적인 것으로 받아들인다. 이와 반대로 결손 모델(deficit model)에서는 수행을 잘 하고 못하고에 대한 비교 기준은 해당 학년의 읽기 자료인데, 이 기준에 부합되지 못

---

23) Mary Jett-Simpson · Lauren Leslie 저, 원진숙 역, 2004, p.103.

한다면, 그 학생은 실패한 것으로 간주된다. 그래서 결손 모델에서는 '해야만 한다.'와 '할 수 없다.'에 초점을 맞추지만, 자산 모델은 '할 수 있다.'와 '할 수 있게 될 것이다.'에 초점을 맞추게 된다.

최미숙(2006 : 96~67)에 의하면 학생의 종합적인 국어 학업 성취도를 서술식으로 제공하는 '특성 진술형' 서술식 보고 방식을 제안하고 있다. 이것은 국어 능력의 '내용'을 구체적 정보로 제공할 수 있고, 등급이나 점수로 드러내기 어려운 국어 성취 능력의 정도를 상세하게 제시할 수 있다는 장점이 있다. 서술 내용은 (가)~(라)로 나누어 (가)는 뛰어난 부분(장점), (나)는 다소 부족한 부분(단점), (다)는 학업 성취의 단점에 대한 이유, (라)는 앞으로 보완해야 할 점에 대한 서술로 나타낸다. 이러한 특성 진술은 수업의 과정에서 이루어진 다양한 활동의 과정과 결과를 관찰할 때 가능한 것이며 구체적인 피드백을 주어 학생이 앞으로 어떻게 노력해야 하는지에 대한 조언도 해줄 수 있다.

위에서 살핀 생태학적 국어과 평가의 자산 모델 관점과 최미숙(2006)의 특성 진술형 서술식 보고를 참고하여 3A~5C 학생의 그간의 읽기 과정 평가의 내용을 정리하였다.[24)]

[표 14] 자산 모델에 기초한 학습자 특성 진술

| 학생 | 평가 진술 |
|---|---|
| 3A | **는 글을 읽을 때 모르는 낱말이 나오면 다시 읽고 짐작하여 그 뜻을 알아낼 수 있습니다. 글을 읽으면서 중요한 부분을 간추리려는 노력을 보입니다. 지나치게 어려운 수준의 글보다는 4학년 1학기 수준의 다소 어려운 글을 읽는 도전적인 과제를 주는 것이 필요합니다. |
| 3B | **는 글을 읽을 때 자신이 무엇을 모르는지 생각하며 글을 읽습니다. 스스로에게 질문을 하며 읽기도 하고, 새로운 내용에 대해 호기심을 가지고 읽습니다. 초보적인 수준의 요약을 시도하고 있어 글의 요지가 분명하고 간추리기 쉬운 구조로 되어 있는 설명문을 읽으면 도움이 되겠습니다. |

24) 최미숙(2006)의 특성 진술형에 쓰이는 (가)~(라)의 분류는 사용하지 않았다. 그것은 단기간에 걸친 과정 평가와 이 학생들의 사고 구술 읽기 수업을 지속적으로 행하지 않았기 때문이다.

| 학생 | 평가 진술 |
|------|-----------|
| 3C | **는 5주전에 비해 읽기에 대한 흥미가 많아지고 글을 스스로 읽으면서 모르는 내용이 나왔을 때 무서워하지 않게 되었습니다. 만화로 된 책에서도 이제 글이 주는 메시지의 중요성을 알아 글을 좀 더 신중하게 읽게 되었습니다. 글과 그림이 적절히 조화된 책을 읽으면 좋겠습니다. |
| 5A | **는 글을 읽으면서 글 전체의 내용을 간추릴 수 있게 되었습니다. 문단과 문단의 관계를 생각하며 글을 읽고, 자신이 알고 있는 것을 지금 읽고 있는 글과 관련지어 창의적으로 표현하기도 합니다. 6학년 수준의 익숙하지 않은 글, 교과서에 실리지 않은 글로 5학년 교과서의 글과 관련된 책을 읽는다면 큰 향상이 있겠습니다. |
| 5B | **는 5주 전에는 글로 읽고 쓰는 것보다 말로 하는 것을 편하게 생각하였는데, 이제는 글을 읽고 자신의 생각을 어느 정도 말과 글로 정리할 수 있게 되었습니다. 비판적인 시각으로 글을 읽으려고 시도하고, 글의 내용과 갈래에 대해서 평가를 하기도 합니다. 구어체 문체로 된 이야기책, 글쓴이의 주장이 잘 드러난 글을 읽는 것이 도움이 되겠습니다. |
| 5C | **는 전보다 글 읽기를 좋아하게 되었습니다. 자신이 이미 알고 있는 내용이 많이 들어간 글을 읽으면서 모르는 낱말도 짐작하여 알 수 있게 되고, 새로운 내용을 두려워하지 않게 되었습니다. 글을 읽을 때 글 속에 있는 그림이나 표가 글과 어떻게 연관되는지 생각하며 글을 읽게 되었습니다. 자신이 좋아하는 내용이 담긴 이야기책, 간추리기 쉬운 구조로 되어있는 글을 읽으면 도움이 되겠습니다. |

(**는 학생의 이름)

이것은 자칫 현재 초등학교에서 시행하고 있는 '교무업무시스템'의 '학기말 종합 의견'처럼 그 과목에서 가장 잘하는 것만을 골라 긍정형으로 진술해 놓은 것을 연상하기 쉽다. 그러나 이 글에서 의도하는 것은 학습자의 읽기 능력에 대해 아무런 정보도 줄 수 없는 막연한 긍정 진술이 아닌 학습자가 할 수 있는 것과 지금은 서투르지만 잘 할 수 있을 것으로 기대되는 것을 진술하는 진단, 처방, 예언의 성격을 지닌 진술이다. 물론, 이러한 진술은 학기 중에 수시로, 지속적으로 송환되어야 한다.

이제 이러한 평가에 드러난 전체적인 경향성을 텍스트, 텍스트+독자(학습자), 독자 요인을 기준으로 하여 정리해 볼 수 있다.

첫째, 텍스트 요인을 기준으로 살펴보면 학년과 수준에 맞는 텍스트를 교재화하는 것이 필요하다는 것이다. 3학년 학생의 학년 교차 평가에서 보인 음독 퇴행 경향과 자아 효능감의 문제, 지나친 선행 학습이 무의미

함을 보여준 것 등이다. 그리고 5학년 중, 하 수준 학생의 경우 설명적인 텍스트의 지루함에 대한 문제제기를 한 것도 들 수 있다.

텍스트에 삽입된 비산문 자료의 유용성도 문제가 될 수 있다. 이것은 텍스트와 비산문 자료의 이독성(易讀性)과도 관련되는 문제이다. 사고 구술시 도표와 그림을 알아채지 못한 5C 학생의 면담사례를 보아도 알 수 있듯이 텍스트에 삽입되는 도표와 그림, 통계표는 학생의 읽기 발달과 다른 교과에서 배우고 있는 원리와 상충되는지를 고려하여 삽입되어야 할 것이다. 이때 학생들이 본 통계표는 다음과 같다.[25]

[표 15] 요일에 따른 어린이 교통사고 현황(도로 교통 안전 관리 공단의 2004년 통계 자료)

| 구 분 | 계 | 일 | 월 | 화 | 수 | 목 | 금 | 토 |
|---|---|---|---|---|---|---|---|---|
| 부상자 | 25,214 | 4,321 | 3,246 | 3,208 | 3,259 | 3,370 | 3,443 | 4,367 |
| 사망자 | 300 | 40 | 45 | 46 | 42 | 35 | 38 | 54 |

5C 학생이 인식하지 못하고 넘어간 위의 통계표에 대해 5B 학생은 이 통계표가 4년 전 것이라는 점과 통계표의 수치를 기록하는 순서가 수학 시간에 보는 표와 다름을 지적하기도 했다. 그것은 대체로 수학 교과에서 보는 통계표에서는 각 항목별 수치를 왼쪽에서 오른쪽으로 제시한 후 맨 오른쪽에 '계'를 제시하고 있는데, 이 표는 그렇지 못하다는 것이다. 이에 대해 5B 학생은 "이 표는 아마 부상자는 25,214명, 사망자는 300명 이라고 전체 명수를 더 말하고 싶어서……(그랬나 봐). 그런데 (이 글에서 하는 말은) 토요일과 일요일에 사고가 많이 난다고 했으니까 이 표는 월, 화, 수, 목, 금, 토, 일 맨 마지막에 계가 나와야 돼."라고 하였다. 이 말은 이 통계표가 텍스트를 이해하는 데 큰 도움이 되지 못하며, 새롭게 구성하여 알기 쉽게 재조직하는 '창의적 표현'에 해당하는 구술이다.

---

25) 2008. 9. 1 발행 7차 5-2 「읽기」, p.152.

텍스트의 유형에 따른 독자의 반응도 흥미롭다. 설명문 텍스트는 3학년과 5학년 학습자에 따라 구술에 큰 차이가 없었으나, 논설문 텍스트의 경우는 차이점이 드러났다. 그것은 5학년 학습자들이 보인 비판적 읽기 경향으로 이들이 기초 독해기로 이양되는 과정에 있음을 볼 수 있었다.

둘째, 독자 요인을 기준으로 해석해보자면, 독자의 성향이 구술을 좋아하는지 그렇지 않은지, 녹음 상황을 불안해하는지 그렇지 않은지도 영향을 미쳤다. 대체로 구술과 녹음을 좋아할수록 훨씬 빈번하고 자유롭게 구술하는 경향을 보였으며, 구술을 기피하는 경우 사고 기술(記述)을 하도록 한 것도 하나의 방법이었다. 여기서 학습자들의 개인 성향과 더불어 가정 내 문식성 환경 따라 결과 평가의 수준과 관계없이 독해 전략이 발달한 경우를 볼 수 있었다. 5B 학생의 사례가 그러한 경우인데, 5B 학생의 경우 말하기를 좋아하고, 부모의 읽기 흥미가 높은 편이었다. 주된 사고 구술의 형태가 '왜?', '정말로?', '이런 게 어디 있어?', '그렇지 않아.' 등 자신의 배경지식에 비추어 글쓴이의 의견을 비판적으로 읽는 경향을 보였다. 이것은 결과 평가에서 상 수준을 보인 5A 학생보다 더 두드러진 결과였다.

셋째, 텍스트와 독자를 함께 고려한 맥락 중심으로 해석할 수 있다. 학생들이 익숙하지 않은 글을 대하는 태도를 살펴보면 결과 평가의 수준과 관계없이 처음 읽을 때에는 약간의 두려움을 가지고 읽는 경향을 보였다. 이와 반대로 익숙한 글을 읽을 때는 오히려 너무 쉽게 읽어버리는 경향이 있어 사고 구술이 제대로 되지 않는 면도 있었다.

텍스트의 구조에 대해 학습자가 배경지식을 동원하여 구술한 사례도 있었다. 5A 학생이 3학년 텍스트로 교차 평가를 할 때 보인 반응으로 3학년 때는 글의 구조보다는 어떤 내용인지 읽는 수준이었는데, 이제는 모둠 조사, 발표의 형식을 띤 설명문임을 인지한 것이다.

이상과 같은 해석에 따라 읽기 과정 평가의 요인을 텍스트, 독자, 맥락과 관련지어 그림으로 나타내 보면 다음과 같다.

[그림 1] 읽기 과정 평가의 세 가지 측면

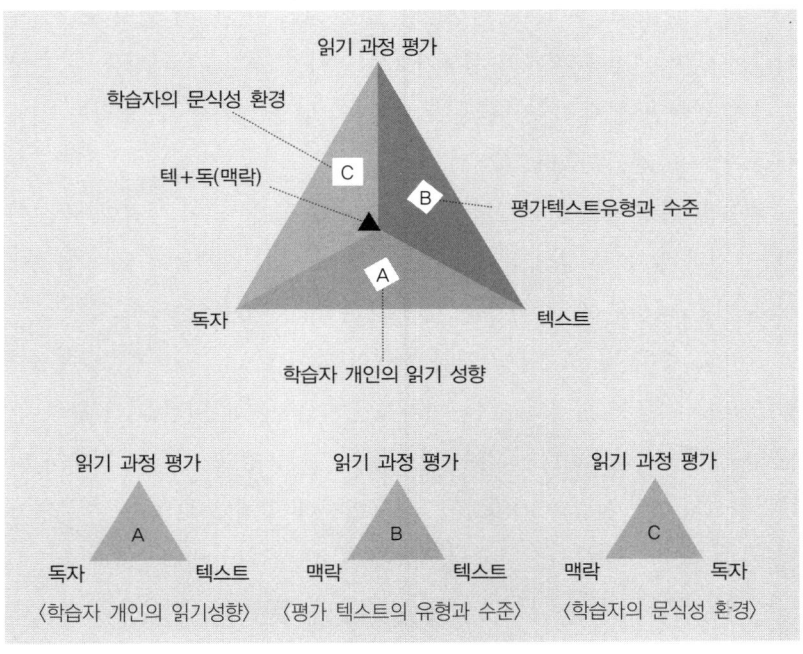

위의 그림에서 읽기 능력은 텍스트, 독자, 맥락(텍+독)의 세 가지 요인이 함께 작용하는 것인데, 읽기 과정 평가는 이러한 세 점이 서로 만나 이루어진 세모꼴의 측면을 의미한다. 즉, A 그림인 독자와 텍스트의 관계에서는 학습자 개인의 읽기 성향이, B 그림인 텍스트와 맥락의 관계에서는 평가 텍스트의 유형과 수준이, C 그림인 독자와 맥락 관계에서는 학습자의 문식성 환경을 고려해야 한다는 것이다. 읽기 과정 평가에서는 이러한 세 가지 측면을 모두 고려하여 평가하여야만 학습자의 읽기 과정에 드러난 읽기 능력을 좀 더 정확하고, 지속적으로 평가할 수 있다는 것이다.

## 4. 읽기 과정 평가의 성과와 전망

이 글은 그간의 읽기 평가가 결과 평가에 치중되어 생기는 문제점을 논의의 출발점으로 삼았다. 학생들이 글을 읽는 과정에서 머릿속에서 일어나는 인지 과정에 평가의 전문가로서 교사가 직접 그 과정을 사고 구술하게 한다면 실제 '읽기 활동'으로써 '읽기'를 평가할 수 있다는 전제 아래 연구를 진행하였다.

하지만, 과정 평가를 지향하면서도 그 기준 틀을 '읽기 능력의 구인'이라는 '결과 평가'적 성격이 강한 것으로 하다 보니 학생들이 읽는 과정에서 보여준 생생한 사고 과정을 제대로 분석하기에는 역부족이었다.

그리고, 준비 및 시행에 시간과 노력이 많이 들고, 다인수 학급에서는 밀도 있는 적용이 힘들다는 점, 평가자와 학습자에게 일정 기간 동안 전문적인 훈련이 필요하다는 점이 제한점으로 작용했다. 이러한 점에서 읽기 과정 평가는 선발과 서열화를 위한 입시나 일제고사보다는 수행평가로서 한 학기에 한두 번 정도 실시하도록 하는 것이 바람직하다.

이 중 다인수 학급에서 밀도 있는 적용이 힘들다는 제한점은 역으로 활용할 수 있는 여지가 있다. 읽기 과정 평가가 학습자 개개인의 읽기 전략에 대해 세밀하게 분석하고 그 특성을 진술해줄 수 있다는 점에서 읽기 부진아 지도의 한 방법으로 활용할 수 있다.

또 다른 제한점으로는 읽기의 과정 평가로 사고 구술을 실시한 후에 그 결과를 어떻게 기술하고 분석할 것인지도 문제가 되었다. 이 연구에서 실시한 바로는 단기간에 걸친 훈련과 평가에서 두드러진 차이점을 발견하지 못했을 경우 그 결과를 어떤 방식으로 분석할 것인지가 문제가 된다는 것이다.

이러한 제한점에도 불구하고 이 연구가 갖는 긍정적인 성과는 첫째,

사고 구술 기법을 적용하여 읽기의 과정을 평가하면 학습자의 자기점검 전략 등을 직접적으로 확인할 수 있어서 학습자의 읽기 능력 개선을 위한 정보를 수집하고, 결과를 해석하여 송환하는 데 효과적이다.

둘째, 교수・학습 과정과 평가 상황이 통합되어 있어 자연스럽게 교수자의 교수 전략을 개선하고, 학습자의 읽기 전략을 수정하는 데 기여할 것으로 보인다. 그래서 읽기 교수・학습 방법으로서 활용 가능성이 높고 질적 평가의 결과를 학습자와 교수자 모두에게 송환해 줄 가능성이 높다. 생태학적 문식성 평가로서 자산 모델에 의거한 특성 평가 진술은 학습자와 교수자 모두에게 긍정적인 자아 효능감을 줄 수 있다.

셋째, 그간의 표준화 검사인 결과 평가의 보완책으로 활용할 수 있다. 사고 구술의 기록과 분석을 지속적으로 누적하여 평가한다면 읽기 교수・학습과 학습자의 읽기 능력의 향상을 가져올 것으로 기대된다. 평가는 교수・학습을 개선하는 것이 그 일차 목표여야 하기 때문이다.

넷째, 학습자의 읽기 과정 사고 분석에 의한 읽기 능력 구인의 새로운 시도는 이후 국어적 사고력을 기르는 읽기 과정 평가의 틀로서 적용할 가능성이 높다.

요컨대, 사고 구술을 활용한 읽기 과정 평가는 모든 학생을 자신의 읽기 발달의 과정을 통해 성공할 수 있는 학습자로 격려할 수 있는 평가로서 가치를 지닌다. 이런 점에서 이후 국어적 사고력을 기르는 읽기 평가를 지속적으로 개선하는 데 이바지할 수 있을 것으로 기대된다.

# 참고문헌

김규선・김일영(2000), "사고구술 형성 평가의 연구", 대구교대 논문집 35집.

김봉순(1996), "국어과 평가 체제 연구-읽기를 중심으로", 한국국어교육연구회 논문집 58집, 한국어교육학회.

김정은(2006), 사고 구술을 활용한 읽기 지도 방법 연구, 한국교원대 석사학위 논문.

서 혁(1996), 담화의 구조와 주제 구성에 관한 연구, 서울대 박사학위 논문.

서혁・서수현(2007), "읽기능력 검사 개발 연구(1)-읽기능력 검사의 하위 영역 설정 연구", 국어교육 123집, 한국어교육학회.

서혁・이도영・임미성(2005), 국어과 교수・학습 방법 개선을 위한 평가 체제 연구, 2004년도 학술진흥재단 지원 교과교육공동연구 보고서(030-B00039), 한국학술진흥재단.

신헌재(2004), "국어과의 생태학적 평가 방안 연구-초등학교 저학년 읽기 영역 평가를 중심으로-", 학습자중심교과교육연구 4권 2호, 학습자중심교과교육학회.

심영택(1999), "사고 기술형(思考 記述形) 읽기 포트폴리오 평가의 이론과 실제", 국어교육학연구 9집, 국어교육학회.

염은열(2005), "읽기 기초학력 평가를 위한 선결 과제", 국어교육학연구 22집, 국어교육학회.

이경화(2003), 읽기 교육의 원리와 방법, 박이정.

이금주(2006), 사고구술을 활용한 초등학생의 독해 양상 분석, 광주교대 석사학위 논문.

이삼형(1996), "읽기 교육과정 개발과 읽기 평가", 국어교육연구 3집, 서울대학교국어교육연구소.

_____(1999), "국어교육평가의 관점", 국어교육학연구 9집, 국어교육학회.

이삼형 외(2007), 국어교육학과 사고, 서울 : 역락 출판사.

이수진(2008), "초등 국어과 평가의 현황과 과제-수행평가를 중심으로", 국어교육학회 학술발표대회.

이재승(1996), "읽기수업과 읽기 평가를 위한 질문 유형", 배달말교육(모국어교육) 15집, 배달말 교육학회.

이재승 편저(2004), 아이들과 함께 하는 독서와 글쓰기 교육, 박이정.

장진호(2001), 사고구술을 통한 읽기 과정 연구, 한국교원대 석사학위 논문.

정기철(2005), 읽기 교육의 이론과 실제, 서울 : 역락 출판사.

천경록(1999a), "읽기 능력의 수행 평가", 국어교육 100집, 한국어교육학회.

_____(1999b), "읽기의 개념과 읽기 능력의 발달 단계", 청람어문학 21집, 청람어문학회.

_____(2002), "읽기 교육 방법과 사고구술", 한국초등국어교육 제21집, 한국초등국어교육학회.

_____(2004), "사고구술활동이 초등학생의 독해에 미치는 효과", 국어교육학 연구 19집, 국어교육학회.

최미숙(2006), "국어과 평가의 반성과 탐색", 국어교육 121집, 한국어교육학회.

최미숙 외(2008), 국어 교육의 이해, 서울 : 사회평론 출판사.

황정규(1998), 학교학습과 교육평가, 서울 : 교육과학사.

Irwin(1986) 저, Teaching reading comprehension process(2nd ed.), 천경록·이경화 역(2003), 독서 지도론, 박이정.

Mary Jett-Simpson·Lauren Leslie(1997) 저, *Authentic Literacy Assessment / an Ecological Approach*, 원진숙 역(2004), 생태학적 문식성 평가, 한국문화사.

Ralph Tyler(1987) 저, 이해명 역(1990), 교육과정과 학습지도의 기본원리, 서울 : 교육과학사.

# 시각자료가 평가 난이도에 미치는 영향

## 1. 연구의 필요성

현행 교육과정은 말하기, 듣기, 읽기, 쓰기, 문학, 국어지식 모든 영역을 골고루 평가할 것을 권장하고 있으나 실제 현장에서의 국어과 평가는 읽기 영역 위주로 이루어지고 있다. 읽기를 제외한 나머지 영역은 읽기를 활용한 간접적인 방법으로 평가가 이루어지고 있다. 특히 국가가 관리하는 입학시험의 대부분은 주로 읽기 능력을 요구한다. 수학능력시험[1] 또한 정해진 시간 내에 일정량의 문제를 읽고 선다형 정답을 고르는 표준화 검사이기 때문에 읽기 영역의 비중이 높을 수밖에 없다. 수능은 그 반영도의 차이는 있으나 대학의 학생 선발 시 주요 전형자료로 사용하고 있는 전국 수준의 시험이므로 한국의 수험생들은 읽기 능력 수준에 따라 대학 진학의 결과가 달라지고 있는 셈이다.

이러한 경향과 함께 매체 교육, 또는 매체 읽기 능력의 필요성이 대두

---

[1] 1994학년도부터 실시되었으며 대학입학시험의 일종이다. 이하 수능이라고 축약하여 표현할 것이다.

되면서 수학능력시험에서도 자연스럽게 시각자료가 많이 등장하게 되었다. 평가에서 시각자료[2]는 구체적인 자료를 제공함으로써 수험생에게 제시된 읽기 자료의 이해를 돕기 위해 쓰이며 그 자체로 문항을 구성하는 중요한 요소이다. 김기석(2007)에 따르면 1994학년 1차 수능 이후 2007학년도까지 14개년(15회) 동안 시각자료가 사용된 문항은 전체 920문항 중 106개 문항으로 약 11%에 달한다. 이는 입시에 관련하여 무시할 수 없는 수치이다.

수능 언어영역의 상당 부분에 시각자료가 사용되고 있다는 것은 이미 시각자료가 수능 문항의 유형을 결정짓는 변인으로서의 기능을 수행하고 있다고 할 수 있다. 언어영역에서 사용되는 시각자료가 그림에 대한 미적 감상 능력을 측정하는 것은 아님이 분명하기 때문이다. 이 연구에서는 수학능력시험의 언어영역에 사용되고 있는 시각자료가 수험생의 읽기 능력을 평가하는 데 변별력 있는 요인으로 작용하고 있는지를 알아보고, 그 작용의 영향은 어느 정도인지 살펴보고자 한다.


## 2. 읽기 능력과 시각자료와의 관계

### 1) 수학능력시험과 읽기능력

교육과정 내에서 이루어지는 국가 수준 평가의 대부분은 선다형 문항이다.[3] 이는 출제 유형에 변화를 주더라도 결국은 수험생의 읽기 능력이

---

2) '삽화', '그림', '도해', '도식' 등을 의미한다. 넓은 의미로 논의하자면 시각자료도 텍스트에 포함되지만, 글로 된 텍스트를 제외한 모든 것을 시각자료로 보겠다.
3) 국가수준 학업성취도 평가의 경우 선다형 문항이 70%이다. 「국가교육과정의 평가 체제 연구 Ⅰ」, 연구보고서 RRC 2007-4, 한국교육과정평가원, 2007.

평가 결과에 영향을 줄 수 있다는 것을 암시한다. PISA4)에 따르면 한국 학생들의 읽기소양은 OECD 국가뿐 아니라 전체 국가들 사이에서도 매우 우수한 수준이다. 한국교육과정 평가원에서 발간한 연구 자료에 따르면 PISA PLUS(2001년)에서 41개국 가운데 6위였던 읽기소양의 순위가 PISA 2006에 이르러서는 56개국 중에서 1위로 향상되었는데 다음 [표 1]을 통해 대략적인 순위 변화를 살펴 볼 수 있다.

[표 1] PISA에 나타난 대한민국의 읽기소양 순위변화5)

| PISA PLUS | | | PISA2003 | | | PISA2006 | | |
|---|---|---|---|---|---|---|---|---|
| 순위 | 국가 | 평균 | 순위 | 국가 | 평균 | 순위 | 국가 | 평균 |
| 1 | 핀란드 | 546 | 1 | 핀란드 | 543 | 1 | 대한민국 | 556 |
| 2 | 캐나다 | 534 | 2 | 대한민국 | 534 | 2 | 핀란드 | 547 |
| 3 | 뉴질랜드 | 529 | 3 | 캐나다 | 528 | 3 | 홍콩—중국 | 536 |
| 4 | 호주 | 528 | 4 | 호주 | 525 | 4 | 캐나다 | 527 |
| 5 | 아일랜드 | 527 | 5 | 리히텐슈타인 | 525 | 5 | 아일랜드 | 517 |
| 6 | 대한민국 | 525 | 6 | 뉴질랜드 | 522 | 6 | 호주 | 513 |
| ⋮ | ⋮ | ⋮ | ⋮ | ⋮ | ⋮ | ⋮ | ⋮ | ⋮ |
| 41 | 페루 | 327 | 40 | 튀니지 | 375 | 56 | 키르기스스탄 | 285 |
| 평균 | | 500 | 평균 | | 494 | 평균 | | 484 |

이와 같이 우리나라 학생들의 읽기 능력이 지속적으로 향상되고 있으나 수능에서 읽어야 할 읽기 자료의 양 또한 지속적으로 증가하고 있다. 박상규(2004)에 의하면 1994-1 수능에서 26,200개였던 글자 수가 2004년

---

4) PISA(Programme for International Student Assessment) : OECD(경제협력개발기구)에서 주관하는 학업성취도 국제비교 연구로 만 15세 학생을 평가대상으로 하며, 읽기, 수학, 과학적 소양의 측정 및 이들 소양과 배경 변인과의 관계 분석을 통하여 각국 교육 시스템의 장점과 약점에 대한 정보를 제공하는 데 그 목적이 있다. 1998년 연구를 시작하여 3년 주기로 PISA2000(PISA PLUS 포함), PISA2003, PISA2006 세 번의 연구가 진행되었다. 「OECD/PISA 평가틀 및 공개 문항 분석」, 연구자료 ORM 2007-25, 한국교육과정 평가원, 2007.
5) 위의 책, 6~8쪽에 수록된 자료를 이용하여 재편집하였다.

도 수능에서는 34,820개로 변화하였음을 밝히고 수험생이 처리해야 할 정보량이 계속해서 증가한 현상을 지적했다. 다만 2008학년도 수능부터는 1교시의 부담을 덜어주려는 취지에서 90분이던 시간을 80분으로 줄이고 전체 문항수를 60문항에서 50문항으로 축소하였다. 그러나 시간이 10분 줄어든 것과 비교하여 전체 지문의 수와 글자 수는 크게 줄어들지 않아 오히려 부족한 시간 내에 더 빠르게 지문을 읽어내야 하는 형편이 되었다. 이러한 변화는 학교 교육현장에서 수험생들에게 진정한 읽기 능력과 수학능력이 아닌 빠르게 문항을 해결하는 요령만을 익히게 하고 있는 결과로 나타나고 있다.

## 2) 시각자료의 유형

학생들의 시각자료 읽기 능력을 검토하기 위해 일차적으로 이루어져야 할 것은 시각자료의 유형을 수능 언어영역의 틀 안에서 정리해 보는 일일 것이다. 평가에서 사용되고 있는 시각자료의 유형을 체계적으로 정리한 연구는 미비하나 교과서 관련 연구에서는 일부 정리가 되어 있다. Pozzer & Roth(2003)가 과학 교과서를 대상으로 정리한 시각자료의 유형은 사진, 그림, 도표, 시스템, 플로우차트, 개념도, 지도, 표, 그래프, 매커니즘, 상징, 만화, 식(式) 등 13가지이다.[6] 그러나 이 분류는 과학 교과에 한하여 이루어진 것이고 교과서에 수록된 자료만을 대상으로 정리하였기 때문에 수능 언어영역의 평가자료에 적용하기에 어색하거나 그 수가 많다. 따라서 이 글에서는 언어영역에 적용하기 위해 기출 언어영역 문제를 바탕으로 분석하여 시각자료의 유형을 다음과 같이 새롭게 통합 정리하였다.

---

6) Pozzer & Roth, Prevalence function and structure of photographs in high school biology textbooks, Journal of Research in Science Teaching 40, 2003, pp.1089~1114.

[표 2] 시각자료의 유형

| 유 형 | 특 징 |
|---|---|
| 사 진 | 사진기를 이용하여 물체의 상을 찍어낸 자료 |
| 그 림 | 사물의 형상을 선과 색으로 나타낸 자료 |
| 표 | 여러 가지 요소를 한눈에 볼 수 있도록 만든 자료 |
| 그래프 | 함수가 나타나있는 직선, 곡선, 3차원의 자료 |
| 만 화 | 과장되고 익살스럽게 그린 자료 |
| 캡 처 | 컴퓨터 등의 디스플레이 장면을 갈무리한 자료 |
| 시스템 | 인과관계, 화살표 등으로 연결된 자료 |
| 지 도 | 지표면을 축소시켜 표현한 자료 |

평가에서 사용하고 있는 시각자료는 단순히 각 문항이나 본문을 꾸미기 위한 기능만 수행하지 않는다. 문제의 내용을 설명하고 보충하며 예를 추가하여 수험자로 하여금 문제의 답을 찾을 수 있는 단서를 제공한다. 특히 지문이 없고 시각자료만을 이용하여 출제된 문제는 정답을 찾기 위한 대부분의 단서가 시각적인 정보 전달을 통해 이루어진다. 그렇기 때문에 시각자료에 대한 인식의 폭이 넓은 수험자가 보다 높은 평가 결과를 보인다고 가정할 수 있다.

## 3) 시각자료와 난이도

모든 평가에 있어 난이도는 평가의 결과와 신뢰도를 결정짓는 매우 중요한 요인이다. 특히 수능처럼 국가 관리 하에 이루어지는 표준화검사의 경우 난이도가 주는 영향력이 직접적으로 나타난다. 현재 대학입시에서 수능이 가지는 비중을 고려할 때 난이도의 변화에 따라 학교와 가정, 나아가 사교육에 이르기까지 한바탕 홍역을 치르게 되는 것이 우리의 현실이다. 이러한 사회적 파장과 비교해 볼 때 수능의 난이도를 객관화하는 연구가 부족하며 전문가 집단의 대응방안이 체계적이지 못한 데 문제가 있다. 수능의 난이도를 객관적으로 조정할 수 있는 난이도 변인에 관한 연구가 필요함은 그 때문이다.

송현정(2004)은 이 부분을 지적하며 난이도 예측에 대한 분석적이고 객관적인 관련 변인을 20가지로 분류하여 제시하였다.

[표 3] 언어 영역 난이도 관련 항목과 관련 변인(송현정, 2004)

| 영 역 | 관련항목 | 관련변인 |
|---|---|---|
| 듣 기 | 지문변인 | V1. 내용 또는 제재의 친숙도    V2. 구조 또는 내용 전개의 복잡<br>V3. 어휘의 반복성 |
| | 문항변인 | V4. 과제 해결 소요시간    V5. 유형의 친숙도 |
| | 행동영역변인 | V6. 행동 영역 |
| 쓰 기 | 문항변인 | V7. 과제의 복잡도    V8. 과제의 친숙도<br>V9. 과제 해결 소요 시간    V10. 유형의 친숙도<br>V11. 답지의 매력도 |
| | 행동영역변인 | V12. 행동영역 |
| 읽 기 | 지문변인 | V13. 내용 또는 제제의 친숙도    V14. 구조나 표현의 복잡도 |
| | 문항변인 | V15. 해결 과제의 복잡도    V16. 과제 해결 소요 시간<br>V17. 문제 형태의 복잡도    V18. 답지의 매력도<br>V19. 정보 처리 단위 |
| | 행동영역변인 | V20. 행동 영역 |

[표 3]에서 듣기의 2번 항목, 쓰기의 10번 항목, 읽기의 14번, 15번, 17번 등은 시각자료의 제시와 어느 정도 관련이 있다고 볼 수 있다. 읽기 능력만을 대상으로 하여 진행한 가경신(2005)의 연구에서는 읽기 인지 변인을 10가지[7]로 분류하고 중학교와 고등학교로 나누어 평균 및 표준 편차를 구하여 작업 기억 용량보다는 작업 기억의 처리 효율성에 대한 연구의 필요성을 제시하였다. 이는 배경지식이나 어휘력과 더불어 문제를 해결하는 주요 변인으로 시각을 통한 인지과정의 처리 속도가 영향력이 있다는 시사점을 주고 있다.

---

7) 초인지 수준, 읽기 전략 사용 능력, 어휘력, 언어 논리력, 언어 추리력, 기본 지식, 읽기 속도, 오독 정도, 작업기억 용량, 배경 지식 등 10가지이다.

한편, Kintsch(1998)는 작업 기억의 양이 읽기능력에 끼치는 영향에 관한 연구들이 결국은 이해 기술에 대한 연구임을 주장하였다.[8] 이 연구에서 주목할 점은 인간의 읽기 능력부분에서 기억의 양이 그것을 결정짓기보다는 빠르게 구조를 읽어내는 정보 처리 기술 자체가 학생의 읽기 능력을 결정한다는 것으로, 생소한 유형의 시각자료가 시험 문항으로 제시되었을 때 그 결과를 예측하는 변인으로 작용할 수 있다는 점이다.

즉, 수능과 같이 읽기 능력이 주가 되는 표준화 검사의 성격으로 볼 때 시각자료와 같이 복잡한 처리 유형을 보이는 자료들이 문항에 포함될 때 문항의 난이도를 결정하는 변인은 작업 기억을 빠르고 정확하게 처리하는 능력에 따라 결정된다는 것으로 인지 처리 능력이 우수한 수험자가 높은 성적을 얻을 것임을 알 수 있다. 이에 이 글에서는 수능 언어영역에서 시각자료가 사용된 문항들이 개별적 또는 전체적 난이도를 구성하는 커다란 요인이라 가정한다.

### 4) 사례분석

위와 같은 가정을 설명하기 위하여 전라북도 정읍시 소재 인문계 고등학교인 J고교의 3학년 학생 89명을 대상으로 하여 세 차례에 걸쳐 표본 수집을 하였다. 수집 대상 시험으로 평가원에서 주관한 9월 모의수능과 사설기관에서 발행한 모의고사 문제지를 2회 투입하여 그 결과를 분석하였다. 편의상 9월 모의평가를 1회고사라 하고 그 이후부터 순차적으로 명칭을 부여하였다. 다만 이 글에서는 수집대상 학생들의 성별을 고려하지 않았으며 전체 7개 학급 중에서 무작위로 3개 학급을 선정하였다.

각각의 시험결과에 따라 1~2등급을 A로 하고 3~4등급은 B, 5등급이

---

8) Kintsch. W., Comprehension : A paradigm for cognition, New York : Cambridge University Press, 1998.

하는 C로 구분하였다. 이는 대부분의 대학에서 정한 최저등급의 기준이 언어영역에서 2등급이기 때문이다. 수집된 자료는 첫째, 시각자료의 유형 둘째, 지문의 포함 여부 셋째, 시각자료의 친숙성을 기준으로 하여 각 등급의 학생들이 기록한 오답 비율을 검토해 보았다.

### (1) 문항유형별 오답 비율 분석

[표 4] 1회 고사 문항별 오답 비율(%)

| 등급 | 인원 | 문 항 번 호 | | | | | | | | |
|---|---|---|---|---|---|---|---|---|---|---|
| | | 2 | 6 | 7 | 9 | 10 | 15 | 43 | 44 | 46 |
| A | 16 | 0 | 2.3 | 0 | 3.4 | 0 | 6.7 | 4.5 | 0 | 3.4 |
| B | 32 | 0 | 3.4 | 2.3 | 7.9 | 0 | 12.4 | 8.9 | 3.4 | 6.7 |
| C | 41 | 2.3 | 8.9 | 7.9 | 13.5 | 3.4 | 24.7 | 20.2 | 6.7 | 16.9 |
| 계 | 89 | 2.3 | 14.6 | 10.1 | 24.7 | 3.4 | 43.8 | 33.7 | 10.1 | 27 |
| 시각자료 유 형 | | 지도 | 만화 | 그래프 | 사진 | 캡처 | 그래프 | 그림 | 시스템 | 그래프 |

1회 고사는 C 등급의 오답 비율이 높았으며 1등급 기준점이 90점 이하로 형성되었다. 한국교육과정평가원에서 주도한 시험으로 시각자료의 출제빈도가 높았으며 그래프와 그림 유형의 문항에서 오답 비율이 높았다. 특히 15번 문항[9]은 상당히 높은 오답 비율을 나타냈다.

[표 5] 2회고사 문항별 오답 비율(%)

| 등급 | 인원 | 문 항 번 호 | | | | |
|---|---|---|---|---|---|---|
| | | 6 | 9 | 20 | 23 | 29 |
| A | 24 | 0 | 0 | 2.3 | 4.5 | 8.9 |
| B | 42 | 2.3 | 5.6 | 8.9 | 4.5 | 13.5 |
| C | 23 | 4.5 | 5.6 | 8.9 | 7.9 | 10.1 |
| 계 | 89 | 6.7 | 11.2 | 20.2 | 16.9 | 32.6 |
| 시각자료 유형 | | 그림 | 그래프 | 사진 | 만화 | 그림 |

---

9) 부록 참조.

2회고사는 비교적 정상분포의 등급 비율을 보이고 있으나 A, B등급의 학생들에 비해 C등급의 학생들은 일관적이지 못한 결과를 보이고 있다. 즉 난이도가 높다고 판단되는 29번 문항[10]의 오답 비율이 A, B등급에서는 일치하고 있으나 C등급에서 B등급보다 낮은 수치를 나타내고 있다. 유형별로는 그림의 오답 비율이 높았다.

[표 6] 3회 고사 문항별 오답 비율(%)

| 등급 | 인원 | 문 항 번 호 | | | |
|---|---|---|---|---|---|
| | | 1 | 7 | 18 | 38 |
| A | 21 | 0 | 5.7 | 1.5 | 0 |
| B | 38 | 0 | 14.9 | 17.2 | 5.7 |
| C | 28 | 0 | 11.5 | 10.3 | 9.2 |
| 계 | 87 | 0 | 32.2 | 28.7 | 14.9 |
| 시각자료 유형 | | 그림 | 그래프 | 그림 | 사진 |

3회 고사는 응시 인원의 변화가 있었으며 시각자료의 출제비중이 앞선 두 번의 시험에 비해 적었다. 18번 문항의 경우 A등급 학생들의 오답 비율이 1.5%에 불과한 것에 비하여 B등급의 학생들은 17.2%를 보여 주었다. 앞선 고사들과 마찬가지로 그래프와 그림의 오답 비율이 높게 나타났다. 1번 문항은 모든 등급에서 오답이 없었는데 듣기문제이고 고사의 첫째 문항이어서 집중력이 높았던 것으로 보이며 사용된 그림도 단순 명료하여 나타난 결과로 보인다.

시각자료의 유형별 오답 비율을 검토한 결과 학생들이 가장 어렵게 느끼는 시각자료 유형이 그림과 그래프임을 알 수 있었다. 그 중 그림유형은 수능준비에 치중한 고등학생들이 접하기 쉽지 않은 제재이어서 낯설게 느껴졌기 때문으로 생각되고 그래프 유형은 수리능력과 관련지어 복

---

10) 부록 참조.

합적으로 처리해야 하는 어려움이 있었을 것으로 판단한다.

현대의 학생들이 자주 접하는 시각자료인 캡처와 만화 유형은 이미 교과서를 비롯한 참고서적류에 광범위하게 사용되고 있다. 특히 컴퓨터뿐만 아니라 휴대전화, 피엠피,[11] 전자사전 등을 통한 멀티미디어 생활이 보편화되어 웹툰[12]과 같은 간단한 만화유형은 전자기기 사용이 많은 청소년들에게 매우 익숙한 유형이다.

텍스트만으로 이루어진 문항이 평면적이고 순차적인 읽기 구조를 지니고 있다면 시각자료를 활용한 문항은 입체적이고 통합적인 인식과정을 거칠 수밖에 없다. 한정된 시간 안에 다수의 문항을 빠르게 풀어야 하는 상황에서 통합적 인식을 거쳐야 하는 문제는 낯설고 어려운 느낌을 줄 것이다. 만화나 캡처 유형의 오답 비율이 낮게 나타난 것은 평가에 있어 익숙한 제재와 그렇지 못한 것의 차이가 학생들의 입체적 인지과정에 미치는 영향이 큼을 말해준다.

### (2) 지문의 유무에 따른 오답 비율

수능 언어영역의 일반적인 구조는 1번부터 5번까지 듣기문제이고 6번부터 12번까지는 쓰기와 어휘·어법 문제이다. 나머지 13번부터는 지문을 읽고 푸는 형태로 대략 문학지문과 비문학지문이 반반씩의 비율로 출제된다. 이러한 출제 구조를 적용하여 지문이 없는 듣기 유형과 쓰기 어휘 어법 문항들은 단독형으로 정의하고, 13번 이후의 문항들은 지문형으로 구별하여 각 형태에 따른 오답 비율을 비교해 보았다.

---

11) PMP(portable multimedia player) 음악 및 동영상 재생, 디지털카메라 기능까지 모두 갖춘 휴대용 멀티미디어 재생장치이다. ⓒ 두산백과사전 EnCyber & EnCyber.com
12) 웹툰(Webtoon), 인터넷에 연재하는 만화. 간단한 그림을 그려 컴퓨터 작업을 마친 후 인터넷에 올려, 홈페이지를 통해 구독하는 방식을 택하고 있다.

[표 7] 1회 고사 문항유형별 오답 비율(%)

| 등 급 | 인 원 | 문 항 번 호 | |
|---|---|---|---|
| | | 단독형 | 지문형 |
| | | 2, 6, 7, 9, 10 | 15, 43, 44, 46 |
| A | 16 | 1.2 | 3.65 |
| B | 32 | 2.8 | 7.85 |
| C | 41 | 7.2 | 17.13 |
| 계 | 89 | 11.2 | 28.63 |

　단독형 출제에 비해 지문형 출제의 오답 비율이 상당한 차이로 높게 나타났다는 것은 지문을 읽어 인식하는 과정과 시각형 자료를 읽음으로써 수행되는 정보처리 과정이 중첩되었을 때 학생들의 체감 난이도가 높았다는 것을 의미한다. 특히 오답의 비율이 높은 15번과 43번 문항은 지문의 영역이 과학 분야의 것으로 과학적 지식을 진술한 지문과 시각화한 자료를 연결하여 처리하는 능력이 큰 영향을 주고 있음을 알 수 있다. 또한 C등급의 학생들일수록 이러한 경향이 더 심화되어 나타나고 있는 현상은 다양한 인지 특성을 가진 학생들이 혼재한 학급에서의 읽기수업이 등급별로 차별화 전략을 가지고 접근해야 한다는 어려움을 단적으로 보여주고 있다.

　지문의 유무와 시각자료와의 상관관계를 좀 더 구체적으로 알기 위하여 지문형 문항들 가운데 동일한 지문으로 출제되었으나 시각자료를 사용한 15번과 시각자료를 사용하지 않은 13, 14번의 오답 비율, 그리고 43번과 동일 지문으로 출제된 41, 42번의 오답 비율을 조사하였다.

[표 8] 인접문항의 오답 비율

| 등 급 | 인 원 | 문 항 번 호 | | | |
|---|---|---|---|---|---|
| | | 13 | 14 | 41 | 42 |
| A | 24 | 6.7 | 5.6 | 3.4 | 2.5 |
| B | 42 | 13.5 | 12.4 | 8.9 | 7.9 |

| 등급 | 인 원 | 문항번호 | | | |
|------|-------|------|------|------|------|
| | | 13 | 14 | 41 | 42 |
| C | 23 | 27 | 28.1 | 15.7 | 14.6 |
| 계 | 잘못된 계산식 | 47.2 | 46.1 | 28 | 25 |
| 지문의 종류 | | 디지털영상처리(생활과학) | | 빙하연구(과학) | |

위의 표를 보면 15번 인접 문제들의 오답 비율은 높았으나 43번 인접 문제들은 상대적으로 낮았다. 지문형 문항들 중에서도 이러한 차이를 나타내는 것은 13~15번 문항에 사용된 지문은 지문 자체에서도 시각자료가 사용되었기 때문으로 보인다. 아래의 [그림 1]을 살펴보면 상당한 수준의 읽기능력이 필요함을 알 수 있다.

[그림 1] 지문에 사용된 시각 자료 ①

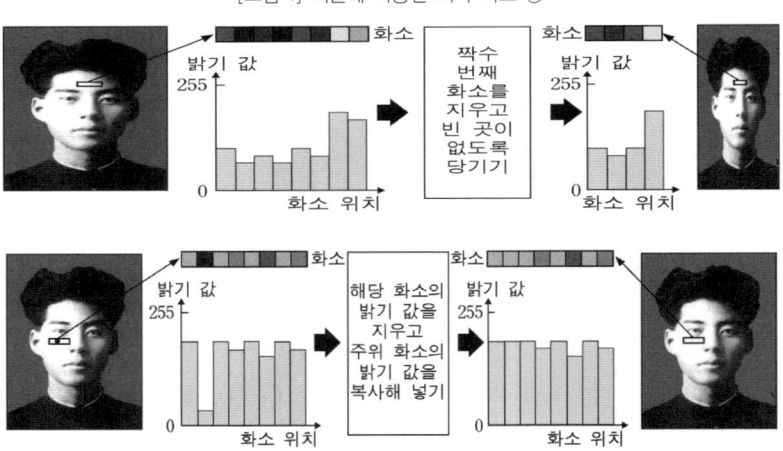

학생들은 지문의 시각자료와 15번 문항의 시각자료, 그리고 지문 안의 언어자료를 복합적으로 인식하는 데에서 어려움을 느꼈고 그 결과 많은 오답 비율을 보였다. 즉, 지문에 사용된 시각자료와 문항에 포함된 시각자료를 연결하여 읽어내는 능력에서 변별력이 발생한 것으로 볼 수 있다.

[표 9] 2회 고사 문항유형별 오답 비율(%)

| 등급 | 인원 | 문 항 번 호 | |
|---|---|---|---|
| | | 단독형 | 지문형 |
| | | 6, 9 | 20, 23, 29 |
| A | 16 | 0 | 5.23 |
| B | 32 | 3.95 | 8.97 |
| C | 41 | 5.05 | 8.97 |
| 계 | 89 | 9.0 | 23.2 |

[그림 2] 보기에 사용된 시각자료 ①

**29.** ㉠~㉺을 〈보기〉와 연관지어 감상한 내용으로 적절하지 <u>않은</u>
것은?

〈보 기〉

마치 삶의 쉼표와도 같은 이 그림은
강희안(1418~1464)의 「고사관수도(高
士觀水圖)」이다. 그림에서는 깎아지른
듯한 절벽 아래로 **물**이 흐르고, 바위에
엎드린 한 **선비**가 팔을 괸 채 잔잔한 수
면을 응시하고 있다. 이 그림은 인물을
중심에 두면서, 풍경에 묻히지 않고 자
연과 호흡하는 선비의 내면을 따뜻하게
보여 준다. 모든 것이 정지된 듯한 풍경 속에 선비의 미소만
이 은은하게 퍼지고 있다. 그림에서 선비는 **세속의 번잡함**에
서 벗어나, 물로 **마음의 때**를 씻고 자연과 벗하며 **내면의 평
화**를 찾은 듯하다.

① ㉠은 〈보기〉 그림의 배경과는 다른 분위기의 공간이군.
② ㉡과 〈보기〉의 '선비'가 바라보는 '물'은 유사한 기능을 하는
  군.
③ ㉢과 〈보기〉의 '선비'는 '세속의 번잡함'을 벗어난 존재라는
  공통점이 있군.
④ ㉣은 〈보기〉의 '내면의 평화'를 느낄 수 있는 공간에 해당되는
  군.
⑤ ㉤은 〈보기〉의 '마음의 때'를 씻은 '선비'의 내면과 통하는 면
  이 있군.

2회 고사 역시 단독 출제 유형보다 지문형 출제에서 높은 오답 비율을
보이고 있다. 동일한 그림 유형을 사용한 6번 문항과 비교해 볼 때 29번
문항의 오답 비율이 현저하게 높았다. 6번 문항은 그림을 제외한 <보
기>의 설명이 평이하였고 선지의 내용도 이해하기 쉬웠으나 29번은 학

생들이 평소 어려워하는 고전문학분야의 복합지문으로 출제되어 시각자료 자체의 평이함에 비해 지문의 내용과 연결 지어 문제를 해결하는 데 어려움이 있었던 것으로 보인다. 이는 1회 고사의 분석과 비슷한 것으로 어렵고 생소한 지문에 시각자료가 더해졌을 때 학생들이 느끼는 난이도가 높아진다는 점을 상기시킨다.

[표 10] 3회 고사 문항유형별 오답 비율(%)

| 등급 | 인원 | 문 항 번 호 | |
|---|---|---|---|
| | | 단독형 | 지문형 |
| | | 1, 7 | 18, 38 |
| A | 21 | 5.7 | 1.5 |
| B | 38 | 14.9 | 11.5 |
| C | 28 | 11.5 | 9.8 |
| 계 | 87 | 32.1 | 22.8 |

[그림 3] 보기에 사용된 시각자료 ②

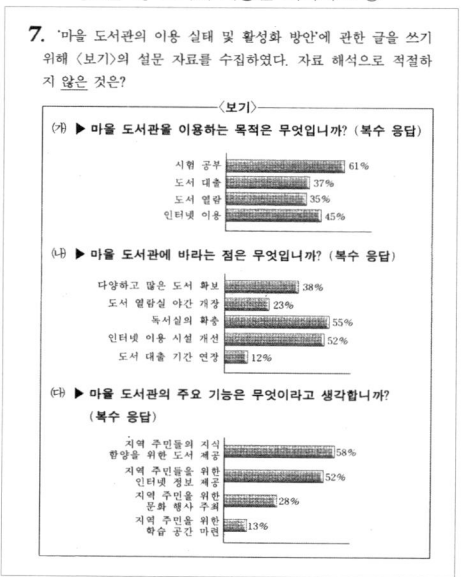

3회 고사의 경우 시각자료의 사용 빈도가 낮아 특성을 파악하기 어려운 점이 있었으며 앞선 두 번의 고사에 비해 단독형의 오답 비율이 높은 현상을 보였다. 이는 지문형의 38번 문항의 난도가 평이했으며 단독형 7번에 사용된 그래프 유형이 어려웠기 때문이다. 그래프 유형의 체감 난이도가 높게 형성되는 현상은 시각자료를 대하는 학생의 친숙성에 의한 것으로 학생들이 평소에 자주 접하는 시각자료보다 생소하고 접촉빈도가 낮은 자료들이 오답 비율을 증가시킨다.

### (3) 시각자료의 친숙성에 따른 오답 비율

시각자료가 수험자에게 친숙하다면 체감 난이도는 내려갈 것이다. 시각자료의 친숙성을 분석하기 위해 위 자료수집에 참여하였던 학생들 가운데 39명을 대상으로 간단한 설문조사를 하였다. 다만 설문조사의 시기가 2009학년도 수능이 실시된 직후이기 때문에 전체 학생이 참여하지 못하는 어려움이 있었다. 설문은 자신이 친숙하다고 느끼는 자료의 순위를 3위까지 물었으며 선호하지 않는 자료 유형은 2위까지 답하도록 하였다. 오답 비율 조사와 같이 남녀의 구별은 두지 않았다. 다음의 [표 11]을 통해 가장 친숙하다고 느끼는 유형을 어느 정도 알 수 있다.

[표 11] 시각자료의 친숙성 ①

| 자료유형<br>선호도순 | 사진 | 그림 | 표 | 그래프 | 만화 | 캡처 | 시스템 | 지도 | 무응답 | 계 |
|---|---|---|---|---|---|---|---|---|---|---|
| 1위 | 12 | 0 | 1 | 0 | 5 | 21 | 0 | 0 | 0 | 39 |
| 2위 | 16 | 0 | 0 | 0 | 10 | 12 | 0 | 1 | 0 | 39 |
| 3위 | 20 | 2 | 0 | 0 | 7 | 7 | 0 | 3 | 0 | 39 |

학생들에게 가장 선호도가 높은 시각자료는 캡처형태인데 이는 컴퓨터와 인터넷에 쉽게 노출되는 학생들의 성향을 단적으로 보여주며 최근

의 ICT 활용 수업형태가 많아진 것도 그 이유의 하나일 것이다. 선호도 2위는 사진, 3위는 만화가 뒤를 이었다. 1~3회고사 모두 그림과 그래프의 오답 비율이 높게 나타난 결과와 관련지어 살펴보면 친숙도와 오답 비율이 반비례함을 알 수 있다. 특이 사항으로 지도를 응답한 학생이 일부 있었다.13)

학생들이 선호하지 않는 유형에 대한 설문결과는 다음 [표 12]와 같다. 선호하는 유형에 대한 설문과 달리 그렇지 않은 유형에 대한 인식이 뚜렷하여 2순위까지만 조사하였다.

[표 12] 시각자료의 친숙성 ②

| 자료유형<br>비선호순 | 사진 | 그림 | 표 | 그래프 | 만화 | 캡처 | 시스템 | 지도 | 계 |
|---|---|---|---|---|---|---|---|---|---|
| 1위 | 0 | 1 | 11 | 19 | 0 | 0 | 8 | 0 | 39 |
| 2위 | 1 | 2 | 18 | 12 | 0 | 0 | 5 | 1 | 39 |

상당수의 학생들이 그래프와 표 유형을 선호하지 않는다고 답하였는데 이는 학생들이 언어영역을 국어 교과의 내용만을 측정하는 시험이라 생각하거나, 뇌의 인지영역에서 수리에 관한 정보와 언어에 관한 정보를 다루는 영역이 다르기 때문이라고 추정할 수 있으나 이 글에서는 일차적으로 시각자료를 문항에 적용하는 방식의 차이만을 다루었다.

선호도와 실제 오답 비율을 살펴보면 흥미로운 점을 발견할 수 있다. 그래프 유형은 선호도와 오답 비율이 함수관계를 나타내지만 그림 유형의 경우 선호도가 나쁘지 않음에도 오답의 비율은 상위에 위치하고 있다. 이에 관련하여 수능 언어영역 출제 매뉴얼을 살펴보면 언어영역 출제의

---

13) 개인 면담을 통하여 질문한 결과 지도를 답한 학생 모두 원거리 통학생들로써 평소 부모의 자가용을 이용한 등하교 과정을 통해 네비게이션(자동항법장치)의 영향을 많이 받았음을 알 수 있었다.

기본방향을 다섯 가지 영역14)에 두고 있다. 실제로 출제된 문항의 경우 이들 영역이 복합적으로 나타나지만 그 기본은 평가원의 다섯 가지 유형에 두고 있다. 다음 [표 13]에서 시각 자료의 유형과 평가원 출제방향과의 관계를 살펴보았다.

[표 13] 출제방향에 따른 그래프와 그림유형 분류15)

| 회 \ 유형 | 그래프 | 그 림 |
|---|---|---|
| 1회 | 7번, 15번, 46번 | 43번 |
|  | 사실적사고 | 추론적 사고 |
| 2회 | 9번 | 6번, 29번 |
|  | 창의적사고 | 추론적 사고 |
| 3회 | 7번 | 1번, 18번 |
|  | 추론적 사고 | 추론적 사고 |

그래프 유형이 사용된 문항은 사실적 사고, 창의적 사고, 추론적 사고 등이 균등하게 분포하고 있으나 그림 유형이 사용된 문항은 오답자가 한 명도 없었던 3회 고사의 1번 문항을 제외하고는 모두 추론적 사고를 측정하기 위한 출제방향을 가지고 있다. 그림 유형이 학생들에게 비선호도가 높지 않음에도 불구하고 오답 비율이 높은 결과는 시각자료를 이용하여 새로운 정보를 만들어 내야 하는 추론의 과정이 문항의 난도에 영향을 주고 있다는 것을 나타낸다.

또한 문항을 제작할 때 시각자료 자체의 인지특성을 깊게 고려하지 못하고 읽기 평가의 보조 수단으로만 인식하여 추론적 사고와 같은 어려운 유형의 문항에 난도 조정을 위한 자료로 사용하였을 가능성도 있다고 본다. 이는 그래프 유형의 시각자료가 다양한 출제 유형과 결합되어 학생

---

14) 어휘·어법, 사실적 사고, 추론적 사고, 비판적 사고, 창의적 사고.
15) 복합적인 출제유형을 가진 문항의 경우 주된 것을 선택하였다.

들의 읽기 능력을 측정하는 문항으로써 어느 정도 역할을 하고 있는 것과 비교해 볼 때 그림 유형 자료에 대한 출제자들의 연구가 부족한 현실을 나타내며 나아가 시각자료 전체를 아우르는 분석의 틀이 필요하다는 점을 시사한다.

## 3. 제안과 전망

수학능력시험의 사회적 파급효과에 비해 문항 난이도 및 관련 변인들의 연구는 미흡하다. 본 연구는 다양한 관련 변인들 가운데 시각자료가 수능 언어영역의 난이도에 변별력 있는 요인으로 작용하고 있는지 살펴보고자 하였다. 일차적으로 평가에 사용되는 시각자료의 유형을 8개로 정리하고 시각자료가 인지영역에서 미치는 기능에 대해 고찰하였다. 실제 사례로 연구자가 재직하고 있는 J고교의 3학년 학생 89명을 대상으로 표본을 수집하고 분석한 결과 평가에서 시각자료가 변별력 있는 요인으로 작용하고 있음을 알 수 있었다. 그 세부적인 내용으로 첫째, 시각자료가 지문과 복합적으로 사용되었을 때 오답 비율은 증가하였고 둘째, 친숙한 시각자료일 때보다 친숙성이 떨어질 때의 오답 비율이 높다는 결론을 얻었다. 셋째, 시각자료 전반에 걸친 분석과 연구가 미진하다.

이 글에서는 위와 같은 결론에 따라 다음과 같이 제안하고자 한다. 교육과정과 평가, 그리고 실제 수업사이에는 밀접한 관련이 있음은 분명하다. 그렇다면 수능과 같은 평가에서 시각자료를 활용한 읽기능력을 요구하고 있기 때문에 교육과정상의 교과서에서도 다양한 시각자료를 이용한 형성평가가 있어야 한다. 또 다른 측면으로 수능 읽기능력의 평가가 측정하고자 하는 바와 함께 시각자료의 범위를 명확히 제시하여 실제 수업이 이루어지고 있는 고등학교에서 교육과정 설계와 선택교과 결정에 기준을 세울 수 있도록 해야 한다.

본 연구의 한계점은 단기간에 일부 지역의 학생을 대상으로 표본을 수집하여 진행하였기 때문에 지역별 편차가 크게 존재하는 우리나라의 교육현실과 관련하여 볼 때 일반화시키기에 무리가 있다. 또한 하나의 지문으로 여러 문항을 푸는 수능의 구조상 시각자료가 사용된 문항과 그렇지 않은 문항을 구별하여 난도를 추정하기에 어려움이 있다. 이와 관련하여 보다 정밀하게 초·중등학생들의 시각자료 처리과정을 연구하기 위해 전국단위의 연구 필요성을 제기한다.

# 참고문헌

가경신(2004), 읽기인지 변인과 읽기 능력과의 관계 연구, 공주대학교 박사학위논문.

김기석(2007), "수능 언어영역의 시각자료 고찰", 국어교육 124, 한국어교육학회.

김유수(2003), 대학수학능력시험과 그래프능력 및 논리적사고력과의 관계, 경상대학교 석사학위논문.

박상규(2004), "대학수학능력시험(언어영역)의 현황과 개선방향", 국어교육학연구 제20집.

박소용 외(2007), 국가교육과정의 평가 체제 연구 I, 연구보고서 RRC 2007-4, 교육과정평가원.

송현정(2004), "대학수학능력시험 언어 영역 난이도 관련 변인에 관한 연구", 국어교육 113, 한국어교육학회.

심윤희(2002), 대학수학능력시험 언어영역 듣기 평가 연구, 전남대학교 석사학위논문.

이미경 외(2007), OECD/PISA 평가틀 및 공개문항분석, 연구자료 ORM 2007-25, 교육과정평가원.

이종승 외(2003), "대학수학능력시험 문항난이도 추정모형개발", 교육평가연구 제16권, 교육과정평가원.

이화정(2002), 대학수학능력시험 언어영역 평가문항의 난이도 예측 연구, 고려대학교 석사학위논문.

정덕윤·한재영(2006), "고등학교와 대학교 화학교재에 수록된 시각자료 비교", 과학교육연구소논총 Vol 22-2.

한국교육과정평가원(2003), 『2004 대학수학능력출제메뉴얼』.

Kintsch. W.(1998), "*Comprehension : A paradigm for cognition*", Cambridge University Press.

Pozzer & Roth(2003), "Prevalence function and structure of photographs in high school biology textbooks", *Journal of Research in Science Teaching* 40.

부 록

15. 위 글의 내용으로 보아 ⓒ을 수행하는 과정에 가장 적합한 디지털 영상 처리 기술을 나타낸 것은? [3점]

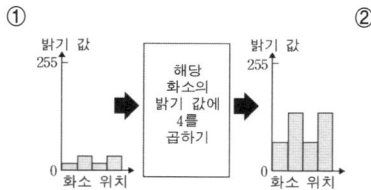

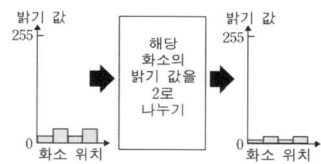

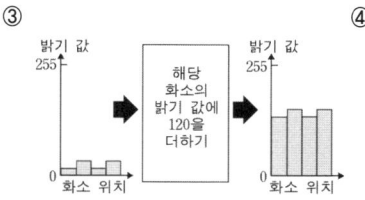

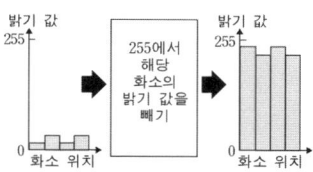

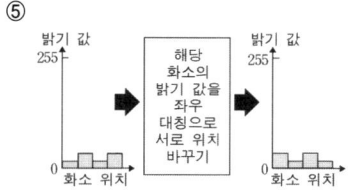

지문에 사용된 시각 자료

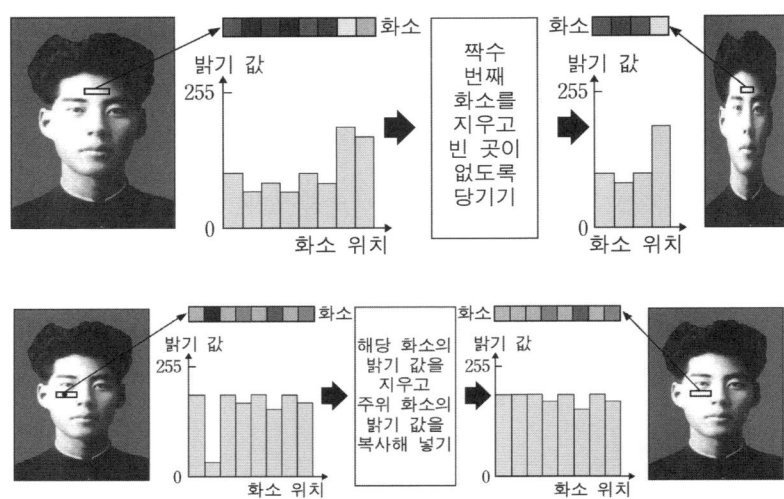

**29.** ㉠～㉤을 〈보기〉와 연관지어 감상한 내용으로 적절하지 <u>않은</u> 것은?

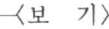

〈보 기〉

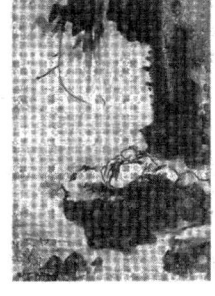 　마치 삶의 쉼표와도 같은 이 그림은 강희안(1418～1464)의 「고사관수도(高士觀水圖)」이다. 그림에서는 깎아지른 듯한 절벽 아래로 **물**이 흐르고, 바위에 엎드린 한 **선비**가 팔을 괸 채 잔잔한 수면을 응시하고 있다. 이 그림은 인물을 중심에 두면서, 풍경에 묻히지 않고 자연과 호흡하는 선비의 내면을 따뜻하게 보여 준다. 모든 것이 정지된 듯한 풍경 속에 선비의 미소만이 은은하게 퍼지고 있다. 그림에서 선비는 **세속의 번잡함**에서 벗어나, 물로 **마음의 때**를 씻고 자연과 벗하며 **내면의 평화**를 찾은 듯하다.

① ㉠은 〈보기〉 그림의 배경과는 다른 분위기의 공간이군.

② ㉡과 〈보기〉의 '선비'가 바라보는 '물'은 유사한 기능을 하는군.

③ ㉢과 〈보기〉의 '선비'는 '세속의 번잡함'을 벗어난 존재라는 공통점이 있군.

④ ㉣은 〈보기〉의 '내면의 평화'를 느낄 수 있는 공간에 해당되는군.

⑤ ㉤은 〈보기〉의 '마음의 때'를 씻은 '선비'의 내면과 통하는 면이 있군.

③ 3회고사 7번 문항

**7.** '마을 도서관의 이용 실태 및 활성화 방안'에 관한 글을 쓰기
위해 〈보기〉의 설문 자료를 수집하였다. 자료 해석으로 적절하
지 <u>않은</u> 것은?

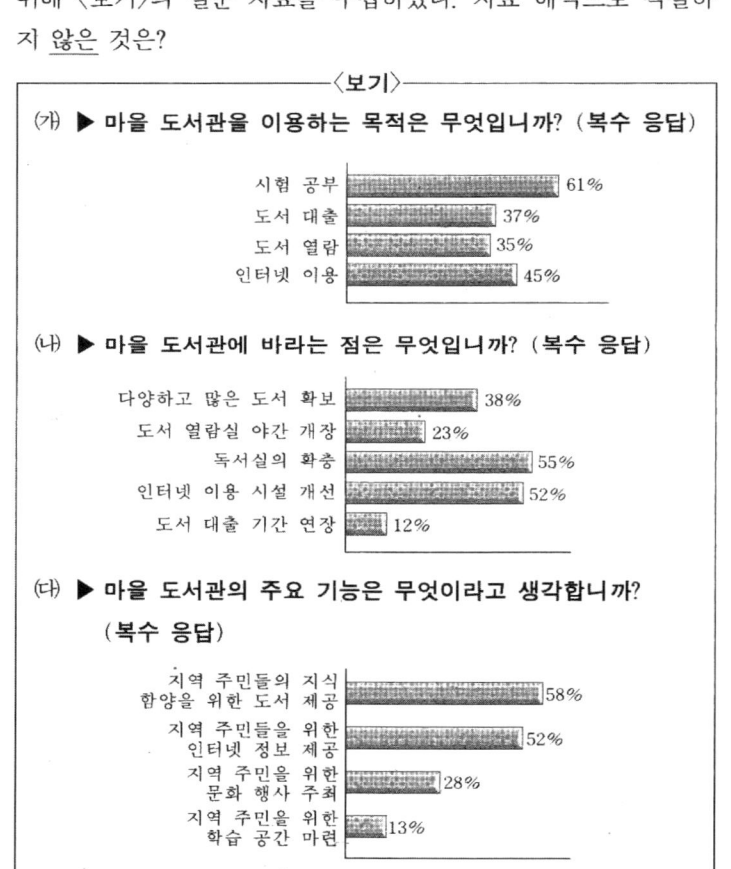

〈보기〉

㈎ ▶ 마을 도서관을 이용하는 목적은 무엇입니까? (복수 응답)

시험 공부　61%
도서 대출　37%
도서 열람　35%
인터넷 이용　45%

㈏ ▶ 마을 도서관에 바라는 점은 무엇입니까? (복수 응답)

다양하고 많은 도서 확보　38%
도서 열람실 야간 개장　23%
독서실의 확충　55%
인터넷 이용 시설 개선　52%
도서 대출 기간 연장　12%

㈐ ▶ 마을 도서관의 주요 기능은 무엇이라고 생각합니까?
　　(복수 응답)

지역 주민들의 지식
함양을 위한 도서 제공　58%
지역 주민들을 위한
인터넷 정보 제공　52%
지역 주민을 위한
문화 행사 주최　28%
지역 주민을 위한
학습 공간 마련　13%

# 중학 논술의 평가 기준

## 1. 연구의 필요성

논술은 장차 모든 학문 활동의 토대가 될 뿐만 아니라, 인간의 본질적 기능이라 할 수 있는 사고하고 표현하는 능력을 신장시키는 유용한 도구이며, 합리적이고 민주적인 의사소통을 위한 기초적인 능력이라는 점에서 매우 중요한 의미가 있다.

현재 논술 및 논술 교육에 대한 사회적인 관심이 매우 높아, 논술 교육의 필요성이 초등학생에까지 확산되어 가히 과열 현상이라 할 만하다. 그러나 이런 현실에 비해, 관련 연구는 주로 고등학생을 대상으로 하는 대입 논술, 특히 통합 교과형 논술에 치우친 실정이다. 선발을 목적으로 하는 대입과 관련된 통합 교과형 논술에 관한 연구를 초등이나 중학 논술 교육에 적용할 수는 없을 것이다. 바야흐로 논술 교육의 주류인 대입 논술과 다른 관점에서 중학 논술의 개념과 방법, 평가 등에 대한 논의가 필요한 시점인 것이다.

따라서, 본 연구는 논술 능력의 토대를 마련하는 중요한 시기를 중학

(7~9학년) 시절로 판단하여, 이 시기 학습자의 수준 및 국어과 쓰기 교육 과정을 고려한 논술 평가 기준안을 설정하는 데 주안점을 두었다.

요컨대, 본 연구의 목적은 첫째, 중학 논술의 차별화된 특성을 파악하여 그 개념을 정의하고 둘째, 쓰기 평가 선행 연구와 개정 7차 국어과 교육과정의 7~9학년 쓰기 체계를 고찰하여 중학 논술에 적합한 평가 기준안을 세우며 셋째, 그 기준안의 시의성과 교육적 가치를 검토·분석해보는 데 있다.

## 2. 중학 논술의 개념 및 특징

중학 논술의 개념에 대해서 살펴보기 위해 먼저 논술의 일반적인 개념부터 알아보기로 한다.

사전적 정의부터 살펴보면, 한글학회(1991)의 『우리말 큰사전』에서는 논술을 '어떤 사물을 논하여 말하거나 적음'으로, 국립국어원(1997)의 『표준국어대사전』에는 '어떤 것에 대하여 의견을 논리적으로 서술함. 또는 그런 서술'이라고 정의하고 있다. 이들 사전에서 논술은 쓰거나 말하기를 모두 포함하는 것임을 알 수 있다.[1]

이런 일반적인 개념을 바탕으로 '중학 논술'이란 특수 개념 설정이 가능하기 위해서는, 학습자의 수준을 고려한 대입논술과의 차별성에 주목해야 할 것이다. 따라서, 교육현장에서 실제로 중학생을 대상으로 논술교육의 경험이 있는 교사와의 인터뷰를 통해 중학 논술의 특징과 교수·학습 및 평가 시 고려해야 될 사항 등에 대해 정리하고자 한다.

---

1) 곽재용(2007), "초등 논술의 평가 방안", 새국어교육 제76호, p.7.

학교 현장 특히, 중학교라고 범위를 좁힌 후 논술 교육을 3년 이상 꾸준히 지도해 온 교사를 만나기란 쉽지 않다. 논술교육이 주로 국어과 교사의 업무로 취급되나, 자료 제작을 비롯한 준비 과정과 토론·토의 등 다양한 활동이 병행되는 논술 교육을 실천하기 위해서는 교사의 남다른 열정과 책임 의식이 있어야만 가능하기 때문이다.

2008년 12월 3일 전주시 ○중학교의 정 모 교사를 만나, 연구의 취지를 밝히고 도움을 받았다.2) 정 교사는, 국어 교사로서 관련 전공의 석사 학위를 소지하고 있으며 논술과 관련된 주된 활동을 소개하면, 전주교육청 영재교육원 사이버 e-스쿨과 전국 독서 새물결 운동 논술 첨삭 지도 교사, 전북 중등 국어 교육연구회와 전북 교원 연수원 주최 중등 논술지도 직무연수 강사, 원격연수 ○○○ 과학논술 지도 강사, 전북 독서 논술 교재 편찬 위원의 이력을 지닌, 실제 학교 내의 방과 후 수업을 통한 논술 지도와 더불어 여러 기관의 출강 경험을 지닌 중학 논술의 전문가라 할 수 있다. 질문과 그 답변을 제시하면 다음과 같다.

[그림 1] 중학논술 지도교사와의 인터뷰 내용

Q1 : 중학 논술을 대입 논술과 비교할 때, 특히 차별화되어야 할 점은?
A1 : ① 학습자의 수준면에서 : 문제의식을 기르고 사회적 개념을 확립할 수 있도록 한다.
　　② 교수·학습 방법면에서 : 친근하면서 쉬운 접근이 가능하도록 교수·학습 방법을 구안한다.
　　③ 바람직한 평가면에서 : 구체적인 표현보다는 사고력을 평가하는 방향으로 이루어져야 할 것이다.

Q2 : 중학 논술에서 가장 중점적으로 지도되어야 할 논술 능력은?
A2 : 근거제시 능력. 근거의 활용과 해석이 학생의 사고력 향상에 도움이 되므로.

2) 인터뷰의 신뢰성을 높이기 위해서는 논술교육에 경험이 풍부한 교사를 대상으로 한 더 많은 자료 수집이 있어야 할 것이다. 그러한 자료가 수집이 된다면, 답변의 비교·분석과 통계가 가능할 것이다. 본 연구의 한계이며, 후속 연구에서 보완이 되리라 여긴다.

Q3 : 중학생 논술 작품을 평가할 때, 가장 우수한 사항으로 꼽는 것이 있다면?
A3 : 논거의 타당성과 다양성 논리성.

Q4 : 중학생 논술 작품을 평가할 때, 학생의 글에 빈번히 나타나는 공통된 부족 사항을 꼽는다면?
A4 : 고정관념에 사로잡힌 사고.

Q5 : 실제 중학생의 논술 작품을 평가할 때 적용하는 평가 기준을 소개한다면?
A5 : 논제 파악 능력과 논제에 충실한 글, 제시문 해석력, 논거 제시 능력 등.

Q6 : 본인만의 중학 논술 평가 방법이나 과정이 있다면?
A6 : 국어 교과와 연관된 논제를 제작하여 토론과 논술을 병행한다. 토론을 준비하는 과정과 수행 능력을 논술 결과물과 함께 평가한다.

학습자의 수준을 고려하였을 때, 중학 논술에서는 주어진 논제나 제시문과 관련된, 나아가 일상과 사회 현상에 문제의식을 형성하고 깊이 있게 탐구할 수 있도록 사고를 자극하는 다양한 활동들과 병행될 때 더욱 효과가 큼을 시사하고 있다.

주영미(2001)는, 학령 구분 없이 단일적으로 제시된 쓰기 전략에 대해 문제의식을 지니고 초등학교 3학년부터 고등학교 2학년 학생을 대상으로 동일한 쓰기 능력 요소를 추출하여 쓰기 능력 발달을 측정하는 연구를 실시하였다. 그 결과로, 중학교 1학년과 2학년을 글쓰기 능력이 급격하게 발달하는 중요한 시기로 보았다. 특히, 이 시기의 학습자들은 내용 선정 능력 측면에서 자기 중심적 글쓰기에서 벗어나 사회적 자아를 인식한 사회적 글쓰기로 전환하며, 입체적인 사고가 가능하여 창조적 의미를 창출할 수 있는 능력을 지니고 있다고 하였다. 그러나 이해 반해 교육 환경은 매우 폐쇄적이고 다양한 사회적 경험은 제한되어 있어 주관적 인식을 주 내용으로 하는 글을 쓰고 있다는 점을 지적하였다.

요컨대, 학습자의 발달 특성에 맞는 쓰기 지도를 통해 쓰기 능력을 향상시켜야 함을 고려할 때, 중학(7~9학년) 시절의 논술 교육은 논술에 필요한 제반 능력, 특히 문제의식 형성과 객관적이고 사회적인 근거를 추출해 내는 능력을 향상시키는 전환점이 된다는 점에서 그 중요성이 매우 크다. 이를 위해서는, 독서 교육과 시사적인 관심을 불어넣어 사고할 수 있도록 이끌어주는 교육 방법을 적극적으로 활용해야 할 것이다. 이를 토대로 보다 객관적이고 사회적인 근거를 제시할 수 있는 능력이 향상될 수 있을 것이다. 또한, 경험의 다양성을 통해 다방면으로 사고할 수 있도록 실제 교수·학습 방안으로 활동 중심의 다양한 말하기 교육, 특히 토론이나 토의와 병행되어야 할 것이다.

결국, 중학 논술 교육을 통해 기르고자 하는 논술 능력이란, 문제 의식 형성과 객관적이고 사회적인 근거를 추출해 내는 능력을 아울러 '주어진 문제 상황에서 문제를 발견하고 그 문제를 논리적인 사고 과정을 통하여 그 구체적인 해결 방안을 모색하여 언어로 서술할 수 있는 능력'이라 정의할 수 있다.3) 이와 관련하여, 쓰기 능력의 발달성과 위계성을 주장한 베레이터(Bereiter)의 모든 쓰기는 인식적인 쓰기 기능을 가지고 있으나 본격적인 인식적 쓰기 기능은 필자의 재생적 사고 역량이 충분히 개발된 다음에야 갖출 수 있다는 말(최현섭 외, 1996 : 306)은 중학 시절의 논술 교육을 통해 기르고자 하는 논술 능력의 중요성을 다시금 되새기게 한다.

따라서, 중학 논술의 개념을 '중학생이 제시된 글의 이해를 바탕으로 문제를 발견하고 그 구체적인 해결 방안을 모색하여 논리적인 조직을 갖추어 서술할 수 있는 능력'이라 정의하고자 한다.

---

3) KICE 교수학습개발센터 http://classroom.re.kr/ KCE 연수프로그램 중 "종합적 사고력의 표현 능력 개발 연수"(2005)에 따르면 논술 능력을 이루는 다섯 가지 하위 구성 범주는 다음과 같다.

# 3. 중학 논술의 평가 기준안

## 1) 쓰기 평가 선행 연구 고찰

모든 쓰기 평가에 보편적 객관적으로 적용할 만한 기준을 제시한다는 것은 매우 어려운 일이다. 역사적으로 쓰기 평가에는 간접 평가와 직접 평가의 두 가지 입장이 있다. 간접 평가는 선다형, 진위형, 완성형 등과 같은 객관적인 방식으로 언어의 관습적인 사용 능력을 재는 것이다. 직접 평가는 제시된 주제에 따라 실제로 글을 써 보게 한 뒤에 이를 채점하는 것이다. 채점자간 점수 차이가 많고 기준 적용의 문제가 있다는 한계에도 불구하고, 많은 작문 이론가들은 직접 평가가 쓰기 평가의 바람직한 방향이라고 말한다.

중학교 교육과정 해설Ⅱ(교육과학기술부, 2008 : 116)에서도 '쓰기 지도는 글쓰기의 목적과 독자를 고려하여 실제로 글을 쓰는 학습 활동을 강조한다. 특히 쓰기 상황과 조건을 분명하게 제시하여 글을 쓰게 하고, 쓴 글에 대한 자기 평가와 상호 평가 활동을 강조한다.'고 명시함으로써 직접

| 문장 구성 능력 | ① 언어 규범의 정확한 적용 능력<br>② 적절한 어휘 사용 능력<br>③ 정확한 문장 구사 능력<br>④ 적절한 문체 사용 능력 |
|---|---|
| 담화 구성 능력 | ① 사고 단위인 단락을 중심으로 글을 전개하는 능력<br>② 내용의 통일성과 일관성 발휘 능력 |
| 논리적 사고력 | ① 주장과 근거의 타당화 능력<br>② 타당한 논증의 구사 능력<br>③ 논제와 관련된 풍부한 지적 정보 제시력<br>④ 지적 판단력과 깊이있는 사고력 |
| 문제 해결 능력 | ① 문제 파악 능력<br>② 문제 해결에 필요한 유창한 사고 능력<br>③ 문제-해결 구조의 틀을 제시하는 능력<br>④ 대안 제시 능력 |
| 설득력 | ① 독자 범주를 효과적으로 설정하는 능력<br>② 주제의 설득력을 전달하는 능력<br>③ 공감의 기제와 전략을 확보하는 능력 |

평가를 권고하고 있다.

흔히 직접 평가의 하위 유형으로, 총체적 평가와 분석적 평가를 꼽는다. 총체적 평가란 훈련받은 채점자가 글을 읽은 뒤에 느끼는 전체적인 인상으로 평가하는 것으로, 토플에서의 쓰기 평가가 대표적이다. 분석적 평가 방법은 쓰기 능력을 구체적인 하위 기능들로 나누어 평가하려는 입장을 취한다. 이는 평가자의 주관을 최소화하기 위해 구체적인 평가 척도를 마련하여, 평가 요소별로 점수화하는 방법을 말한다. 분석적 평가는 타당성과 신뢰성을 갖춘 평가 기준만 마련할 수 있다면 평가에 객관성을 기할 수 있고 쓰기 능력을 구체적인 하위 기능들로 나눔으로써 평가 결과를 통해 문제의 발견 및 치유로 활용하는 피드백 효과가 크다는 장점이 있다. 대학입학 시험의 일환으로 실시되는 논술 시험의 채점이 대부분 여기에 해당한다.

여기에서는 중학논술 평가의 기준 설정을 위해 쓰기 평가 관련 선행 연구 중 특히 분석적 평가 기준을 중심으로 살펴보고자 한다.4)

분석적 평가를 위해서는 평가 목적이나 평가하고자 하는 글의 유형에 따라 평가의 하위 범주를 정해야 한다. 분석적 평가의 범주는 학자나 기관에 따라 다양하다. 원진숙(1995)은 논술문에 나타난 결속성 저해 요인

---

4) 정은정(2005 : 36~37)에 따르면, 총체적 평가 기준을 밝힌 해외 연구 사례로는 Thompson (1991)이 있다. 쓰기 평가 기준을 6단계로 설정하였으며, 평가 기준은 내용, 구성, 문장의 정확성, 어휘 선택, 창의성 등의 요소를 기준으로 하고 있다. 국내 연구로는 배향란 (1994)이 대표적인데, 논설문의 특성인 논리성, 통일성, 독창력과 일반적인 쓰기 능력인 어법, 어휘 등을 기준으로 정하고 있다. 둘의 공통된 문제점은 점수별로 평가 요소가 산발적으로 나열되어 있다는 점으로, 평가의 정교성이 떨어진다는 것이다.

따라서, 보다 구체적인 평가 척도라 할 수 있는 분석적 평가의 선행 연구를 통해 타당도와 신뢰도 확보가 용이한 분석적 평가 기준을 마련하고자 하는 것이다. 실제로 분석적 평가는, 총체적 평가에 비해 시간과 돈이 많이 든다는 단점이 있으나 채점자간 신뢰도 확보가 용이하고 진단적 정보를 제공한다는 점 때문에 직접 평가의 결과 평가로 더 광범위하게 활용되고 있다.

을 분석5)하였고 아울러 논증하는 글의 유형적 특징을 고려하여 다음과 같이 평가 기준을 제시하였다.

[표 1] 원진숙(1995)의 논술문의 분석적 평가 범주별 기준6)

| 범 주 | 평가 요소 | 평가 기준 |
|---|---|---|
| 내 용 | 내용의 통일성 | 글의 전체적인 내용에 통일성은 있는가?<br>논점에서 벗어난 부분은 없는가?<br>불필요한 부분은 없는가? |
| | 주제의 선명성 | 글에서 전달하고자 하는 주제의식이 분명히 드러나 있는가?<br>주제가 참신한가?<br>독자에게 충분히 설득력 있는 주제인가?<br>독자에게 공감을 불러일으킬 수 있는가? |
| | 논증의 타당성 | 주장을 뒷받침하고 있는 근거들이 충분히 타당하고 적절한 것인가?<br>주장에 대해서 충분한 정당화가 이루어지고 있는가? |
| | 결론의 적절성 | 글을 적절하게 마무리 짓고 있는가?<br>문제에 대한 해결 방안이나 적절한 대안을 제시하고 있는가? |
| | 사고력 | 사고의 깊이가 있는가?<br>착상이 참신한가?<br>문제에 대한 해결 방안이나 적절한 대안을 제시하고 있는가? |
| 구 성 | 단락 전개 방식 | 단락 의식이 있는가?<br>글의 논리를 사고 단위인 단락을 중심으로 적절하게 전개시켜 나가고 있는가? |
| | 글의 논리 구조 | 서론, 본론, 결론이 적절한 분량과 비중으로 전개되고 있는가?<br>문제에 대한 적절한 상황 설정, 문제제기, 문제해결 방안, 평가 및 결론 등의 요소를 토대로 하는 문제-해결 구조의 틀이 잘 갖추어져 있는가? |
| 표 현 | 맞춤법/띄어쓰기 | 맞춤법/띄어쓰기를 제대로 하고 있는가? |
| | 적절한 어휘사용 | 부적절하거나 불필요한 어휘를 반복적으로 사용하고 있지는 않는가? |
| | 문장의 정확성 | 문법적으로 정확한 문장을 쓰고 있는가? |
| | 응집성 | 지시어의 사용, 문장 접속어의 사용, 생략 등의 텍스트 응집 기제를 제대로 운용하고 있는가? |
| | 적절한 문체 | 논술문 장르에 적합한 문체인가? |

5) 원진숙은 학생들이 논술텍스트를 읽어나가다가 직관에 의존하여 이해를 어렵게 하는 어떤 요인에 의해 텍스트 처리 과정에 단절(breaks)이 올 때, 이 단절을 가져오는 현상들을 중심으로 그 유형을 범주화하는 방법에 의하여 결속성 저해 요인의 유형을 정리하였다.

6) 원진숙(2005), "논술평가 기준 설정 연구", 한국어학 2, pp.302~303.

결속성 원리를 통해 논술은 보이지 않는 독자를 상정하여 글을 쓰도록 하였다는 점과 글의 내용, 구성, 표현의 평가 목표를 상세히 제시함으로써 구체적인 지도 방향을 제시하였다는 점, 형식적인 측면을 강조하는 데서 벗어나 사고력을 중시하였다는 점이 의미롭다. 원진숙(1995)의 연구에서는 이런 세 측면을 참고하고자 한다.

박영목(1999)은 요인분석을 통해 우수한 글을 가려낸 Diederich의 연구를 인용하여, 쓰기 평가의 기준은 일반적인 특성과 기계적인 특성으로 나눌 수 있고 일반적인 특성의 하위 범주에는 내용의 질, 내용의 조직, 어휘 사용, 문체가 포함되며, 기계적 특성의 하위 범주에는 어법, 문장부호, 표기법, 글씨가 들어있고, 일반적 특성의 평가 비중이 기계적 특성의 평가 비중보다 높아야 한다고 했다. 이런 기준에 더해 Purves와 국제교육평가학회(IEA) 등의 평가 기준을 종합한 뒤, 작문 평가의 일반적 범주로 내용의 창안, 조직, 표현으로 정하고, 그 평가 항목을 세분화하였다.

[표 2] 박영목(1999)의 작문 평가의 일반적 기준[7]

| 평가 범주 및 평가 항목 | 척 도 | | | 점 수 |
|---|---|---|---|---|
| 1. 내용의 창안 범주 | | | | |
| 1) 내용의 풍부성 | 1 | 2 | 3 | |
| 2) 내용의 정확성 | 1 | 2 | 3 | |
| 3) 내용 사이의 연관성 | 1 | 2 | 3 | |
| 4) 주제의 명료성과 타당성 | 1 | 2 | 3 | |
| 5) 사고의 참신성과 창의성 | 1 | 2 | 3 | |
| 2. 내용의 조직 범주 | | | | |
| 1) 글 구조의 적절성 | 1 | 2 | 3 | |
| 2) 문단 구조의 적절성 | 1 | 2 | 3 | |
| 3) 구성의 통일성 | 1 | 2 | 3 | |
| 4) 구성의 일관성 | 1 | 2 | 3 | |
| 5) 세부 내용 전개의 적절성 | 1 | 2 | 3 | |

7) 박영목(1999), "작문 능력 평가 방법과 절차", 국어교육, 한국어교육학회, p.21.

| 평가 범주 및 평가 항목 | 척 도 | | | 점 수 |
|---|---|---|---|---|
| 3. 내용의 표현 범주 | | | | |
| 1) 어휘 사용의 적절성 | 1 | 2 | 3 | |
| 2) 문장 구조의 적절성 | 1 | 2 | 3 | |
| 3) 효과적 표현 | 1 | 2 | 3 | |
| 4) 개성적 표현 | 1 | 2 | 3 | |
| 5) 맞춤법, 띄어쓰기, 글씨 | 1 | 2 | 3 | |

그러나 이 기준은 평가 범주와 그 하위 항목간의 관계가 모호하다. 예컨대, 내용의 창안 범주에서 '주제의 명료성과 타당성'이 한 항목으로 묶여서 평가될 수 있는지 의문이고, 조직 범주에서 '구성의 통일성'과 '구성의 일관성'을 어떻게 구분할 수 있는지 알 수 없다.

박영목(1999)에서는 평가 범주 및 평가 항목별로 상·중·하의 척도를 사용함으로써 성취 구분에 대한 근거를 제시하였다는 점을 참고하고자 한다.

그런데, 평가 영역, 하위 요소, 가중치는 평가의 목적, 제시문의 유형, 평가 기관에 따라 임의적으로 설정될 수 있다. 그에 관한 대표적인 예로 서울대의 논술 평가 기준을 들 수 있다. 서울대 논술 평가 기준은 다음과 같다.

[표 3] 서울대 인문계 논술 평가 영역과 기준8)

| 구 분 | 평가 내용 및 기준 |
|---|---|
| 지시사항 불이행 | • 필기구 종류 및 색깔 위반(두 종류 이상의 필기구 사용)<br>• 응시자의 신원노출 |
| 이해·분석력 | • 제시문에 대한 이해·분석 능력<br>• 논제에 대한 이해·분석 능력<br>• 답안이 논제에 충실한 정도<br>• 제시문을 적절히 활용한 정도 |

---

8) 서울대학교 홈페이지 http://admission.snu.ac.kr/ 입학－입학자료실－기출문제 및 예시문항, "2008학년도 정시모집 논술고사 문항설명 및 채점 총평", 서울대학교 입학관리 본부에서 참조.

| 구  분 | 평가 내용 및 기준 |
|---|---|
| 논증력 | • 근거 설정 능력<br>　－주장에 대한 적절하고 분명한 논거 제시<br>　－주장과 논거의 논리적 타당성<br>　－논제에 대한 분명한 자기 의견 표현<br>　－자기 의견과 제시문의 연관성<br>• 구성 조직 능력<br>　－전체 논의 전개의 정합성 및 일관성 유지<br>　－전체 논의 전개에 있어 논리적 비약 여부<br>　－글의 전체적인 흐름이 체계적이고 조직적으로 전개 |
| 창의력 | • 심층적인 논의 전개<br>　－주장이나 논거에 대해 스스로 가능한 반론 제기<br>　－논의에서 더 나아간 함축이나 귀결들에 대해 고려<br>　－논의 전개의 맥락이나 배경 상황에 대한 적절한 고려<br>　－묵시적인 가정이나 생략된 전제에 대한 고찰<br>• 다각적인 논의 전개<br>　－발상이나 관점의 전환을 시도<br>　－가능한 대안들에 대한 고려<br>　－여러 이질적 개념들의 종합<br>　－암묵적으로 가정된 전제에 대한 비판적 고찰<br>• 독창적인 논의 전개<br>　－주장이나 논거에 새로움<br>　－문제를 통찰함에 있어 특이함<br>　－관점이나 논의 지평에 참신함 |
| 표현력 | • 표현의 적절성<br>　－표현의 자연스러움과 적절한 비유<br>　－단락구성 및 어휘의 적절성<br>　－맞춤법과 원고지 사용법 준수 |

　배점을 미리 제시하지 않은 것은 차후 조정이 가능하다는 의도이며, '지시사항 불이행' 항목을 둠으로서 선발의 성격이 드러남을 알 수 있다.

　이를 통해, 쓰기 평가의 범주와 기준은 평가 주체, 제시문의 유형, 평가 목적 등에 따라 달라진다는 것을 확인하였으며, 학교 현장에서 활용 가능성이 높은 평가 기준, 학습자 수준을 고려한 가장 보편적인 논제의 유형을 고려해야 할 것과 분석적 평가 기준을 통한 논술의 직접 평가, 결과 평가가 행해지나 그 평가 결과를 통해 부족한 점을 치유하려는 목적임을 염두에 두어야 한다는 것을 다시 확인할 수 있다.

서수현(2004)은 국어교육과 대학생 및 교육대학원생에게 중등학교 교과서의 논설문, 설명문, 수필, 소설의 지문을 제시하고 이러한 글에 대하여 쓰기 평가를 할 때 어떠한 측면을 고려해서 평가해야 할지 가능한 많이 적도록 하여 평가 항목을 수집하였다. 그 후, 현직 중・고등학교 국어교사를 대상으로 앞선 평가 항목들에 대한 설문을 하여 글의 종류별 쓰기 평가 기준을 재정리하였다. 제시한 쓰기 평가 기준은 다음과 같다.

[표 4] 서수현(2004)이 제시한 논설문의 쓰기 평가 기준9)

| 평가 범주 | 점 수 | 평가 항목 |
|---|---|---|
| 제기된 주장의 성격 | 30 | 주장은 명확한가? |
| | | 주장은 타당한가? |
| | | 주장은 신뢰로운가? |
| | | 주장은 참신한가? |
| | | 주장은 일관성이 있는가? |
| 주장에 대한 근거 | 25 | 근거는 적절한가? |
| | | 근거는 신뢰로운가? |
| | | 근거는 구체적인가? |
| | | 다양한 근거를 제시하고 있는가? |
| 내용의 구성 | 15 | 서론－본론－결론의 구성으로 잘 짜여져 있는가? |
| | | 각 문단의 내용은 전체와 유기적으로 연결되었는가? |
| | | 주장과 근거는 명시적으로 제시되어 있는가? |
| | | 내용의 전개는 적절하고 타당한가? |
| 독자에 대한 고려 | 20 | 예상 독자를 고려하였는가? |
| | | 독자에게 생각의 변화를 가져오는가? |
| 표현 방식 | 10 | 문장은 적절하며 정확한가? |
| | | 문장의 연결이 논리적인가? |
| | | 추측이나 개인의 느낌은 배제하였는가? |

중등학교 현장의 목소리를 담았다는 점이 의미로우나, 설문 조사의 단

---

9) 서수현(2004), "쓰기 평가의 기준 설정에 관한 연구", 고려대학교 대학원 석사학위 논문, p.49.

점을 배제할 수 없다는 점과 점수의 가중치로 인해 객관적인 척도로서의 구실을 할 수 있을지 의문이다. 단, 독자에 대한 고려 측면은 중학(7~9학년) 수준의 쓰기에서 매우 중시하는 부분이며, 논술의 의사소통적 측면을 강조한 원진숙(1995)의 연구와 맥을 같이 한다고 보여 그 중요성을 다시 확인할 수 있었다.

## 2) 개정 7차 국어과 교육과정의 7~9학년 쓰기 체계

2007년 개정된 국어과 국민공통 교육과정의 '쓰기' 영역의 분석과 검토를 통해 중학(7~9학년) 수준에서 도달할 것을 목표로 하는 쓰기 기능 및 능력을 파악하고자 한다. 이는 중학논술의 평가 기준안에 포함되어야 할 내용 요소들을 찾는 작업의 일환이며, 평가 기준안의 실용성, 타당성을 뒷받침하는 근거가 될 수 있기 때문이다.

개정 7차 국어과 교육과정의 쓰기 영역의 내용 요소 체계는 다음과 같다.

[표 5] 개정 7차 국어과 교육과정 쓰기 영역의 내용 요소 체계

| 쓰기의 실제 | |
|---|---|
| −정보를 전달하는 글 쓰기 | −설득하는 글 쓰기 |
| −사회적 상호 작용의 글 쓰기 | −정서 표현의 글 쓰기 |
| 지 식 | 기 능 |
| • 소통의 본질<br>• 텍스트 특성<br>• 매체 특성 | • 내용 생성<br>• 내용 조직<br>• 표현과 고쳐쓰기 |
| 맥 락 | |
| • 상황 맥락<br>• 사회 · 문화적 맥락 | |

7차 교육과정과 달리 '쓰기의 실제'를 최종 단계가 아닌 가장 우선적으로 고려해야 할 것으로 여겨, 실제적 쓰기를 염두에 두었다는 점이 두드러진다. 이를 위해 쓰기의 세부 전략을 하위 범주로 두고 있음을 알 수

있다. 위 쓰기 영역의 내용 요소 중 중등논술 평가기준안과 관련이 깊다고 여겨지는, 쓰기의 실제에서 '설득하는 글 쓰기'와 쓰기 기능의 '내용 생성, 내용 조직, 표현'을 중점적으로 분석해 보고자 한다.

먼저, 쓰기 기능의 내용 생성, 내용 조직, 표현의 측면과 연관된 학년별 성취기준10)을 살펴보면 다음과 같다. 성취 기준은 곧 평가의 요소가 되기 때문에 중요하게 다루어야 하며, 이 중 논술 평가기준과 유의미한 내용들을 추출하면 밑줄 친 부분과 같다.

[표 6] 개정 7차 국어과 교육과정 쓰기 영역의 7~9학년 성취기준

| 학 년 | 쓰기의 성취 기준 |
|---|---|
| 7 | (1) <u>다양한 매체에서 내용을 선정</u>하여 <u>통일성11)</u> 있게 설명문을 쓴다. |
| | (2) 절차와 결과가 드러나게 보고서를 쓴다. |
| | (3) <u>문제 해결 방안</u>이나 요구 사항을 담아 건의하는 글을 쓴다. |
| | (4) <u>여러 가지 표현 전략을 사용</u>하여 격려하거나 위로하는 글을 쓴다. |
| | (5) 자신의 생활 체험을 바탕으로 독자에게 감동이나 즐거움을 주는 글을 쓴다. |
| 8 | (1) 분석의 방법으로 내용을 전개하여 설명문을 쓴다. |
| | (2) <u>글을 쓰는 목적에 맞게 정보를 재구성</u>하여 기사문을 작성한다. |
| | (3) 사회적 쟁점에 대한 <u>자신의 의견을 응집성12)</u> 있게 쓴다. |
| | (4) <u>목적, 독자, 매체가 쓰기의 내용과 형식에 미치는 영향을 이해</u>하면서 글을 쓴다. |
| | (5) 비유 등의 표현 방법을 활용하여 자신의 삶이 잘 드러나게 자서전을 쓴다. |
| 9 | (1) <u>독자의 요구와 관심사를 고려</u>하여 학교나 지역사회를 홍보하는 글을 쓴다. |
| | (2) 의견의 차이가 드러나는 문제에 대하여 <u>적절한 근거를 들어 논증</u>하는 글을 쓴다. |
| | (3) <u>인용 혹은 해설의 방법</u>을 통해 책이나 글을 평가하는 글을 쓴다. |
| | (4) <u>문체의 효과를 고려</u>하며 조언하거나 충고하는 글을 쓴다. |
| | (5) 영상 언어의 특성을 살려 영상으로 이야기를 구성한다. |

---

10) 개정 국어과 교육과정의 성취 기준은 제7차 국어과 교육과정의 '내용'에 해당한다. 학습자가 도달해야 할 국어 능력의 내적·외적 특성을 의미한다.

11) 통일성(coherence)은 글에 포함되어 있는 내용들 간의 '의미적인' 연결 관계를 말한다. 통일성은 문단의 구성, 문단의 전개, 글 전체의 구성 등 모든 단계에서 중요하다(중학교 교육과정 해설Ⅱ : p.38).

12) 응집성(cohenesion)은 글에 포함되어 있는 요소들 간의 표면적인 연결 관계를 일컫는다. 접속사와 같이 응집을 가능하게 하는 장치(기제)를 통해 글의 논리적인 연결 관계가

다음은, 쓰기의 실제에서 설득하는 글 쓰기 유형13) 중 '논증하는 글'의 내용 요소를 살펴보고 중학논술 평가기준 가능 요소를 추출하고자 한다. 논증은 논리적 추론을 통해 자신의 주장을 입증하는 것을 말한다. 따라서 논증하는 글에서는 자신의 견해를 논리적으로 증명하는 방법이 중요하다. 주장은 명료해야 하고 논거는 신뢰성, 타당성이 있어야 하며 추론은 논리적이어야 하며 진술 및 용어는 정확해야 한다. 이러한 논증하는 글에 대한 이해를 바탕으로 의견 차이가 잘 드러나는 문제를 설정하고, 그 문제에 대한 자신의 주장을 설정한 후, 주장을 논리적으로 입증하는 글을 쓸 수 있도록 지도해야 할 것이다. 내용 요소 중 논술과 유의미한 부분에 밑줄을 그어 보았다.

[표 7] 논증하는 글의 내용 요소

| 학 년 | 글의 유형 | 글 | 내용 요소 |
|---|---|---|---|
| 9 | 설득 | 논증하는 글 | 논증하는 글의 특성 이해하기<br>의견의 차이가 드러나는 **문제를 분석**하고 **자기 의견 제시**하기<br>연역, 귀납, 유추와 같은 **논리적 증명 방법 활용**하여 쓰기<br>논증하는 글의 **문화적 관습 고려**하기 |

[표 6]과 [표 7]을 통해 개정 국어과 교육과정의 7~9학년 쓰기 영역을 바탕으로 한 중학논술 평가기준 활용 가능 요소를 종합하면 다음과 같다.

---

가능하다(중학교 교육과정 해설Ⅱ : p.66).

13) 개정 7차 국어과교육과정 쓰기 영역에서는 설득하는 글로 7학년은 건의하는 글, 8학년은 독자 투고문, 9학년은 논증하는 글, 서평으로 학년별 체계를 보인다. 이 중, 논술과 관련이 깊은 것은 9학년 논증하는 글로 볼 수 있다.

[표 8] 7~9학년 쓰기 영역을 바탕으로 한 중학논술 평가기준 가능 요소

| 기 능 | 7~9학년 쓰기 성취기준을 통한 중학논술 평가기준 가능 요소 |
|---|---|
| 내용 생성 | 다양한 매체에서 내용 선정, 문제해결 방안, 목적에 맞게 정보를 재구성, 목적과 독자 고려, 적절한 근거, 인용 또는 해설, 문제 분석, 의견 제시, 문화적 관습 고려 |
| 내용 조직 | 통일성, 응집성, 논리적 증명 방법 활용 |
| 표    현 | 여러 가지 표현 전략, 문체의 효과, 문화적 관습 고려 |

### 3) 중학 논술의 평가 기준안

개정 7차 국어과 교육과정 쓰기 영역의 검토를 통해 추출한 [표 8] 중학논술 평가기준 가능 요소들과, 앞서 살펴본 학자들의 쓰기 평가 관련 선행 연구를 통해 얻은 제안점을 종합하여 현 중학논술에 적합한 실용성 높은 평가 기준안을 세워보고자 한다.

평가 기준안에서 척도는 얼마나 많은 수준으로 나눌 때 쓰기 능력의 정도를 대표하는지 명확하게 정의내릴 수 없고 어느 정도로 나눌 때 채점자가 쓰기 능력 차이를 제대로 구분해내는가도 알 수 없다. 이에 가장 일반적으로 쓰이는 5점척을 사용하기로 하였다. 학교 현장에서 가장 널리 쓰이는 평가 방식이 수우미양가의 5단계라는 것도 관련지어 볼 수 있다. 척도 기준은 아주 잘함(5점), 잘함(4점), 보통(3점), 못함(2점), 아주 못함(1점)으로 한다.

[표 9] 중학논술 평가 기준안

| 평가 범주 | 평가 요소 | 평가 기준 | 척 도 |
|---|---|---|---|
| 내용 생성 | 글의 목적 고려 | 주장을 통해 독자를 설득하고 있는가? | 5 - 4 - 3 - 2 - 1 |
| | 예상 독자의 고려 | 예상 독자의 수준을 고려하고 있는가? | 5 - 4 - 3 - 2 - 1 |
| | | 예상 독자의 흥미와 관심을 끌만한 내용인가? | 5 - 4 - 3 - 2 - 1 |
| | 내용의 풍부성 | 다양한 (매체에서) 근거를 수집하였는가? | 5 - 4 - 3 - 2 - 1 |
| | | 적절한 인용 또는 해설을 끌어왔는가? | 5 - 4 - 3 - 2 - 1 |

| 평가 범주 | 평가 요소 | 평가 기준 | 척 도 |
|---|---|---|---|
| 내용 생성 | 문제(제시문) 분석력 | 문제(제시문)에 대한 적절한 파악을 하였는가? | 5 - 4 - 3 - 2 - 1 |
| | 문제 해결 방안 제시 | 문제에 대한 해결 방안이나 적절한 대안을 제시하고 있는가? | 5 - 4 - 3 - 2 - 1 |
| | 문화적 관습 고려 | 공감을 일으키는 가치관을 담고 있는가? | 5 - 4 - 3 - 2 - 1 |
| | | 합리적이고 뚜렷한 정체성을 보이고 있는가? | 5 - 4 - 3 - 2 - 1 |
| 내용 조직 | 통일성 | 내용들 간의 '의미적인' 연결 관계가 매끄러운가? | 5 - 4 - 3 - 2 - 1 |
| | 글의 구성 | 서론 - 본론 - 결론의 구성으로 잘 짜여져 있는가? | 5 - 4 - 3 - 2 - 1 |
| | 논리적 증명 방법 | 연역, 귀납, 유추 등 다양한 논리적인 증명 방법을 활용하고 있는가? | 5 - 4 - 3 - 2 - 1 |
| 표현 | 문체 | 논술문에 어울리는 문체를 사용하고 있는가? | 5 - 4 - 3 - 2 - 1 |
| | 효과적인 표현 | 자연스럽고 개성적인 표현을 위해 적절한 비유 등 효과적인 표현 전략을 사용하고 있는가? | 5 - 4 - 3 - 2 - 1 |
| | 응집성 | 지시어, 접속어의 사용 등 '표면적인' 연결 장치의 사용이 적절한가? | 5 - 4 - 3 - 2 - 1 |
| | 문화적 관습 고려 | 논술문의 어휘, 인용 등 언어 사용에 있어 문화·언어적 배경을 고려하고 있는가? | 5 - 4 - 3 - 2 - 1 |

\* **채점 제외 대상 답안**
 1. 지시한 분량에 크게 미치지 못한 경우
 2. 논제에서 요구한 답안을 작성하지 않은 경우


# 4. 평가 기준안의 특징

　개정 7차 국어과 교육과정의 7~9학년 '쓰기' 영역에서 학년별 성취 기준 중 논술과 밀접한 관련이 있는 부분을 발췌함으로써 중학논술의 평가 기준안을 [표 9]와 같이 세워볼 수 있었다. 평가 기준에 관한 기존 학자들의 선행 연구와 차별화 된 점을 중심으로 본 평가 기준안을 분석·검토해보고자 한다.

### 1) 7~9학년의 수준과 교육과정을 토대로 한 평가 기준

중학생의 논술문을 평가할 때는 구체적인 표현 능력의 측정보다는 사고력을 평가하는 방향으로 이루어지는 것이 보다 바람직할 것이다.

선행 연구들에서는 대개 표현 범주를 맞춤법, 띄어쓰기, 문장의 구성력 등으로 세분화하고 있어 자칫 논술의 첨삭 지도시 이런 세부적인 국어 지식 쪽으로 치우칠 가능성이 높다. 더불어, 학생들 또한 문법적인 표현에서 어긋나지 않으려는 부담감이 작용하여 실제 더욱 중시되어야 할 자신의 주장을 뒷받침 할 다양하고 창의적인 근거를 마련하고 그것을 자연스럽게 이어가는 논지의 흐름을 소홀히 할 우려가 있다.

따라서, 본 평가 기준안에서는 표현 범주를 맞춤법, 띄어쓰기, 문장의 구성력 등 세부적인 항목의 측정에서 벗어나 7~9학년 '쓰기' 영역의 성취 기준에서 강조하고 있는 문체, 효과적인 표현 전략, 응집성, 문화적 관습으로 정하였다.

또한, 표현 범주의 네 가지 평가 기준에 비해 내용 범주의 평가 기준은 아홉 가지에 이른다. 이는 그만큼 이 시기에 중시되어야 할 논술 능력은 논제를 파악하고 주어진 문제를 능동적으로 해결하기 위해 제시문 이외의 다양한 자료에서 근거를 찾고 연관시키는 사고력이기 때문이다. 이러한 사고력을 평가하기 위해 근거 수집 능력과 인용 능력을 평가 기준으로 삼았다.

한편, 중학교 수준의 쓰기에서는 예상 독자를 고려하여 쓰도록 강조하고 있다. 따라서 예상 독자의 수준과 흥미, 관심을 고려하여 근거를 수집하고 글을 작성할 수 있도록 지도하여야 할 것이다.

## 2) 문화적 관습의 강조

본 평가 기준안에서는 표현과 내용 생성 범주에 '문화적 관습 고려'를 평가 요소로 다루었다. 이는 개정 7차 국어과 교육과정에서는 인간의 의사소통 능력을 해명하기 위해 사회 상황 속에서 실제 사용되는 언어를 분석하여야 한다는 사회 언어학과 다문화 사회로 전환되어 가고 있는 시대적 배경의 영향을 반영하고 있다는 증거로 충분하다. 여기에서는 본 평가 기준안에 사용된 '문화적 관습'의 의미를 밝히고, 교육적으로 어떻게 지도되어야 할지 서술하고자 한다.

표현 범주에서 '논술문의 어휘, 인용 등 언어 사용에 있어 문화·언어적 배경을 고려하고 있는가?'를 평가 기준으로 삼았는데, 이는 논술문의 문체와도 관련이 있으나, 그 수준을 넘어서 과연 글의 내용과 표현이 문화·언어적 공감을 형성하여 의사소통을 가능하게 하느냐의 문제이다.

일반적으로 문화적 관습의 공동체는 한 국가나 한 민족이 될 수 있다. 예를 들어, 한국과 프랑스에 공통적으로 존재하는 속담 '구르는 돌에는 이끼가 끼지 않는다(Pierres qui roulent n'amassent pas mousse)'는 표층적으로는 서로 동일한 언어적 기호를 사용하지만, 그 이면의 의미는 사고와 관습의 차이로 인해 사뭇 대조적이다. 한국에서는 '이끼'를 게으름, 무기력 등 부정적인 것으로 여기나, 프랑스에서는 부유함, 번성을 상징하는 긍정적인 것으로 본다. 또한, '구르다'를 한국에서는 움직임, 능동적인 것으로 여겨 긍정적임에 반해 프랑스에서는 불안정, 방황의 의미를 지닌 부정적인 것으로 인식하고 있다. 따라서, 이 속담이 한국에서는 게으른 사람에게 근면할 것을 권장하는 것으로 부지런히 활동해야 많은 것을 얻을 수 있다는 교훈을 주는 것임에 반해, 프랑스에서는 너무 방황을 하면 재산을 모을 수 없다는 부정적인 의미를 지닌 것이다.14) 이처럼, 언어적 표현은 각 공동체의 특유의 현실에서 비롯되는 산물로서 한 언어적 공동체의 사고를 반영하고 있다고 할 수 있다.

이를 논제를 예로 들어 보다 쉽게 접근해보면, '사이버 언어 문제'를 다룬 논술문에서는, 학생 필자의 경험과 지식을 바탕으로 한 사이버 문화라는 문화적 배경을 전제로 하고 있으며, 필연적으로 사이버 용어를 많이 사용하게 될 것임은 자명하다. 이때, 별다른 조건이 주어지지 않을 경우, 독자 또한 사이버 문화에 대해 잘 알고 있으리라는 전제가 성립하며, 필자는 독자 또한 이해할 수 있으리라는 가정 하에 논술을 풀어나가게 될 것이다. 이는 독자와 필자가 의사소통 측면에서 서로 문화·언어적 배경을 공유하고 있다는 것이며, 논술을 평가할 때 또한 평가자(독자)의 문화적·언어적 공감을 끌어낼 수 있어야 할 것이다. 이와 같이 사이버 언어를 공유하는 공동체의 관계를 좁은 의미의 문화적 관습의 공동체라고 볼 수 있을 것이다.

즉, 문화·언어적 관습이란 언어 공동체의 문화적 여건을 통해 형성된 관습이 언어적 표현으로 표출되는 것이라 할 수 있다. 동일한 언어를 사용하는 사람들은 하나의 정신적 공동체를 형성하고 있다고 볼 수 있으며, 따라서 공통의 사고가 전제되지 않으면 메시지가 정확하게 전달되지 않아 의사소통에 장애가 일어날 수 있다.

논술을 지도하고 평가할 때, 이러한 문화·언어적 관습을 고려한 의사소통의 측면까지 고려되어야 할 것이다. 의사소통적 측면을 고려한 교수·학습과정에서는, 단편적인 지식뿐만 아니라 생활 세계 속의 학생들의 경험과 살아있는 문화도 학습 자료가 될 수 있다. 그리고 학생들의 목소리가 논증 과정, 근거를 찾고 제시하는 과정을 통해 진실하게 표출되며, 그들의 삶의 경험과 살아있는 문화가 비판적으로 성찰될 수 있다. 교

---

14) 유민희(2003), "한·불 문화적 차이에서 발생한 농사 속담 연구", 한국프랑스학논집 제 42집, pp.70~71.

과 지식만을 공부하기 때문에 학생들이 일상생활 세계에 대해서는 잘 모르는 공론자(空論者)가 될 수 있다는 비판을 감안할 때, 이러한 교수·학습과 이를 고려한 평가는 중요한 가치를 지닌다 할 수 있다.

한편, 내용 생성의 범주에서 문화적 관습과 관련한 평가 요소는 '공감을 일으키는 가치관을 담고 있는가?'와 '합리적이고 뚜렷한 정체성을 보이고 있는가?'로 삼았다. 자칫 문화적 관습을 민족 중심의 관습이라 오인(誤認)하기 쉽다. 여기에서는 민족 중심적 사고를 비롯한 고정된, 틀에 박힌 사고에서 벗어나, 상호 이해와 동의를 가능하게 하는 보편적인 시각으로 접근할 것을 요구한다. 즉, 논술을 통해 드러나는 가치관은 극히 주관적인 것이지만, 보편타당한 윤리 의식을 지니고 있을 때 공감을 일으키며 설득의 힘을 발휘할 수 있을 것이다. 정체성 또한 글을 통해 직접적·간접적으로 필자가 속한 사회적 배경을 토대로 독립된 존재로서의 필자만의 본질이나 특성을 느낄 수 있게 된다. 이때, 고정 관념에서 벗어나 합리성을 토대로 한 판단이나 사고가 있을 때, 비로소 정체성의 본질에 합당할 것이다. 상호 이해와 동의를 가능하게 하는 가치관과 정체성은 현대 사회에서 매우 요구되는 것이다. 이는 주어진 지식을 수용하는데서 나아가 자신의 판단을 통해 새로운 의미를 창조할 수 있는 능력이기 때문이다.


## 5. 기대 효과 및 제안

지금까지 논술 능력의 토대를 마련하는 중요한 시기를 중학(7~9학년) 시절로 판단하여, 이 시기 학습자의 수준 및 국어과 쓰기 교육과정을 고려한 논술 평가 기준안을 설정하고 그 내용을 검토해 보았다. 그 내용을 요약하면 다음과 같다.

첫째, 중학(7~9학년)의 논술은 논술에 필요한 능력을 구성하는 매우 중요한 시기라고 할 수 있으며, 대입 논술의 수준을 요구하는 것보다는, 다양한 독서와 교양을 쌓고 그를 토대로 근거를 제시할 수 있는 능력을 기르는데 주력해야 한다. 이를 위해서는 말하기 교육, 특 토론이나 토의와 병행되어야 함을 알 수 있었다. 이런 차별화된 특성을 토대로 중학 논술의 개념을 '중학생이 제시된 글의 이해를 바탕으로 문제를 발견하고 그 구체적인 해결 방안을 모색하여 논리적인 조직을 갖추어 서술할 수 있는 능력'이라 정의하였다.

둘째, 쓰기 평가 선행 연구와 개정 7차 국어과 교육과정의 7~9학년 쓰기 체계를 고찰하여 중학 논술에 적합한 평가 기준안을 세워 보았다. 구안한 평가 기준안은 분석적 평가 기준안으로서, 학교 현장에서 주로 쓰는 5점 척도를 사용하여 손쉽게 활용하도록 구안하였으며, 평가 범주, 평가 요소, 평가 기준으로 세분화함으로써 평가 기준안을 보다 정확하게 제시하고자 하였다. 또한, 평가 기준은 개정 7차 국어과 교육과정의 7~9학년 쓰기의 성취 기준을 토대로 하였다.

셋째, 새롭게 제시한 평가 기준안의 교육적 가치를 검토·분석해보았다. 개정 7차 국어과 교육과정의 7~9학년 쓰기의 성취 기준을 토대로 함으로써 보다 중학생의 수준을 심도 있게 고려하였다. 표현 범주에서 세부적인 국어 지식의 측정에서 벗어나려 하였고 내용 생성 범주에서는 예상 독자의 고려나 근거 수집 능력과 인용 능력을 담았다는 점이 그 예라 하겠다. 또, 표현과 내용 생성 범주에 '문화적 관습 고려'를 넣었는데 이는 기존의 평가 기준에서 볼 수 없는 내용이다. 개정 7차 국어과 교육과정이 인간의 의사소통 능력을 해명하기 위해 사회 상황 속에서 실제 사용되는 언어를 분석하여야 한다는 사회 언어학과 다문화 사회로 전환되어 가고 있는 시대적 배경의 영향을 반영한 것이다.

논술 평가는 학생들이 논술 쓰기를 통해 무엇을 학습했고 어떻게 썼느냐를 평가하는 것이다. 중요한 것은, 습득한 지식이나 정보의 인용과 재구성에 대한 평가가 아니라, 지식의 타당성에 대한 논증 능력과 새로운 지식과 의미를 창조할 수 있는 능력에 대한 평가이다. 이것은 단순히 양적 평가가 아니라 질적 평가이다. 그리고 평가 내용과 방법과 관련해서도 교사가 우월한 평가자 입장에서 학생 논술을 평가하는 것이 아니라, 학생과의 의사소통적 관계를 유지함으로써, 상호 주관적으로 쓴 내용에 대해 동의 및 합의해 나갈 때 진정한 평가다운 평가가 이루어지는 것이다.

질적 평가와 의사소통적 관계를 염두에 둘 때, 본 평가 기준안이 학자들이 제시한 기존의 기준안에 비하여, 사회 언어학적 측면 및 다문화 사회라는 시의성 및 중학생의 수준과 중학논술의 현실에 보다 적합한 하나의 모델이 되리라 기대해 본다.

본 연구의 한계는 보다 많은 중학논술 전문가의 의견을 수렴하지 못하였다는 점과 평가 요소를 마련할 때 개정 7차 국어과 교육과정의 7~9학년 쓰기 체계를 고찰하였으나, 논술과 관련된 문종의 내용이 적어 전체적인 쓰기 성취 기준을 살펴보았다는 점이다. 후속 연구에서 보다 적절한 방법이 구안되리라 생각한다.

# 참고문헌

교육과학기술부(2008), 중학교 교육과정 해설(Ⅱ), 교육인적자원부 고시 제2007-79호, 교육인적자원부(2007), 국어과 교육과정.

오경석 외(2007), 한국에서의 다문화주의 : 현실과 쟁점, 한울아카데미.

최현섭 외(1996), 국어교육학개론, 삼지원.

곽재용(2007), "초등 논술의 평가 방안", 새국어교육 제76호, 한국국어교육학회.

권순희(2008), "다문화 시대를 대비한 다문화 교육의 방향", 국어교육 126, 한국어교육학회.

김혜숙(2005), "사회언어학 연구와 국어교육의 연계성", 국어국문학 141, 국어국문학회.

박영목(1999), "작문 능력 평가 방법과 절차", 국어교육, 한국어교육학회.

박영민·최숙기(2006), "다문화 시대의 국어교과서 단원개발을 위한 연구", 청람어문교육, 한국교원대 한국어문교육연구소.

서승아(2006), "국어과 국민공통 교육과정 개정안의 분석과 검토 : 쓰기 영역을 중심으로", 한국언어문화학 제3권 2호, 국제한국언어문화학회.

원진숙(2005), "논술평가 기준 설정 연구", 한국어학 2, 한국어학회.

원진숙(2007), "다문화 시대 국어교육의 역할", 국어교육학연구 제30집, 국어교육학회.

양영자(2007), "분단-다문화시대 교육이념으로서의 민족주의와 다문화주의의 양립가능성 모색", 교육과정연구 Vol. 25, No. 3, 한국교육과정학회.

유민희(2003), "한·불 문화적 차이에서 발생한 농사 속담 연구", 한국프랑스학논집 제42집, 한국프랑스학회.

이수진(2008), "쓰기 평가 결과의 해석과 활용 방안 연구", 작문연구 제6집, 한국작문학회.

이성영(2005), "국어과 교사의 쓰기 영역 평가 전문성 기준과 모형", 국어교육 117, 한국어교육학회.

임천택(2003), "제 7차 교육과정에 따른 쓰기 평가 방법과 결과 해석 방안", 어문학교육 27집, 한국어문학교육학회.

황규호·양영자(2008), "한국 다문화교육 내용선정의 쟁점과 과제", 교육과정연구 Vol. 26, No. 2, 한국교육과정학회.

서수현(2004), "쓰기 평가의 기준 설정에 관한 연구", 고려대학교 석사학위 논문.

송 현(2006), "문화자본과 쓰기수행의 관계 및 성차", 전남대학교 박사학위 논문.

정은정(2005), "생태학적 평가관에 기반한 논술 능력 발달 연속체 개발", 서울교육대학교 석사학위 논문.

주영미(2001), "학령에 따른 쓰기능력 발달에 대한 연구 : 분석적 평가를 통한 양적 측
면을 중심으로", 한양대학교 석사학위 논문.
KICE 교수학습개발센터 http://classroom.re.kr/ KICE 연수프로그램.

### 중학논술 지도교사 인터뷰(설문) 내용

안녕하십니까? 현재 논술 및 논술 교육에 대한 사회적인 관심이 매우 높으나, 관련 연구는 주로 고등학생을 대상으로 하는 대입 논술, 특히 통합 교과형 논술에 치우쳐 있습니다. 선발을 목적으로 하는 대입 논술과 논술 능력의 토대를 마련하는 중학생을 대상으로 하는 논술은 차별화되어야 할 것입니다.

본 인터뷰(설문)는, 현장 교사의 증언을 통해 중학논술 교육의 실태를 보다 깊이 이해하고, 이를 바탕으로 중학논술 평가 기준안을 마련하는 기초로 삼고자 실시하게 되었습니다. 선생님의 귀한 의견은 중학논술 교육의 개선에 큰 도움이 될 것입니다. 정성껏 응답해 주시면 매우 감사하겠습니다.

1. 선생님의 총 교직 경력, 교원 자격증 종류, 학위 취득 여부는?
　① 총 교직 경력 : 총 (　　　　　)년 (　　　　　)월
　② 교원 자격증 과목 및 종류 :
　③ 학위 취득 여부 :

2. 중학생을 대상으로 논술 지도를 한 배경 정보를 적어주세요.
　① 논술지도 활동 기간 : 총 (　　　　)년 (　　　　)월
　② 논술지도 활동 장소 및 형태
　　－교내 : 장소 및 형태(　　　　　　　　　) 일주일에 (　　　)시간
　　－교외 : 장소 및 형태(　　　　　　　　　) 일주일에 (　　　)시간
　③ 수업 준비도 및 전문성
　　－논술 연수 이수 여부 : 연수 주관 기관명 (　　　　　　　　)
　　　연수 제목 및 내용 (　　　　　　)
　　　이수 시간 (　　　　)시간
　　－논제 출제 경험 여부 : (　　　　)회

3. 중학논술을 대입논술과 비교할 때, 특히 차별화되어야 할 점은 무엇이라고 생각하십니까? 각 항목에 상세하게 답변해 주십시오.

　① 학습자의 수준면에서 :

　② 교수·학습 방법면에서 :

　③ 바람직한 평가면에서 :

4. 중학논술에서 가장 중점적으로 지도되어야 할 논술능력은 무엇이라고 생각하십니까? 중요하다고 생각하는 순서대로 적어주세요. (　　　　　　　　　　　　　　)

　① 문제해결력　② 창의적 사고력　③ 근거제시 능력　④ 글의 구성 능력　⑤ 표현력

4-1. 4번 답변의 이유를 써 주세요.

5. 중학생 논술 작품을 평가할 때, 가장 우수한 사항으로 꼽는 것이 있다면?

6. 중학생 논술 작품을 평가할 때, 빈번히 나타나는 공통된 부족 사항을 꼽는다면?

7. 실제 중학생 논술 작품을 평가할 때 적용하는 평가 기준을 소개한다면?

8. 본인만의 중학논술 평가 방법이나 과정을 간단히 소개해 주세요.

9. 현존하는 여러 평가기준안이 실제 중학논술을 평가하기에 적합하다고 여기십니까? 만약, 적합하지 않다면, 그 이유를 써 주세요.

# 초등학교 국어지식 평가의 실제

## 1. 초등학교 국어지식 평가의 양상

이 글은 초등학교 국어지식 영역 평가의 실제를 비판적으로 점검해보고 초등학교 국어 교육에서 국어지식 평가의 개선점을 제시해보는 데 그 목적이 있다.

현재 초등학교에서 평가라는 명칭으로 보편적으로 실시되고 있는 것은 중간고사, 기말고사, 수행평가, 국가수준 평가 등으로 대별할 수 있다. 여기에 각 시, 도별로 약간의 차이는 있겠지만 시도별 학력평가가 실시되고 있다. 또한 평가라는 정식 명칭은 아니어도 국어 수업 중에 실시되는 형성평가나 총괄평가도 평가의 중요한 일면이 될 것이다.

이 글에서는 초등학교 국어지식 평가의 실제를 점검해보기 위해 국어 교과서의 '되돌아보기'와 말하기 · 듣기(1~3학년) 혹은 말하기 · 듣기 · 쓰기(4~6학년) 교과서에 삽입되어 있는 '표준 발음' 관련 내용을 중심으로 살펴보았다. '되돌아보기'는 대단원(마당)의 학습을 마치고 전체 학생들의 학습 목표 도달 여부를 판단하는 데 사용할 목적으로 설계된 부분이므로 총괄 평가적 성격을 띠고 있다. 그러므로 국어지식 관련 단원의 '되돌아 보기'는 초등학교 국어지식 평가의 일면을 살펴보는 데 매우 중요할 것이다.[1] '표준 발음' 관련 내용은 초등학교의 전 학년 교과서에 간헐적으로 삽입된 부분으로써 학습 활동과 평가적인 측면을 동시에 포함하고 있어 이 중 형성 평가적 측면을 분석의 대상으로 삼았다.[2]

초등학교에서 일반적으로 행해지고 있는 중간고사나 기말고사도 평가의 실제에서 빼놓을 수 없는 부분일 것이다. 실제 교수·학습에 미치는 영향력의 크기로 보자면 국가수준 학업성취도 평가보다도 오히려 각 학교의 중간고사나 기말고사의 영향력이 더 클 수도 있다. 다만 모든 학교에서 공통적으로 행해지고 있는 중간고사나 기말고사 문항이 없으므로 여기서는 사설 출판사인 ○○사의 중간고사 시험지를 분석하였다. 이 사설 출판사는 전국적으로 지점망을 보유하고 있으며 많은 초등학교에 시험지를 보급하고 있는 것으로 보아 초등학교에서 자체적으로 실시하고 있는 중간고사나 기말고사의 양상을 살펴보는 데 도움을 줄 수 있을 것이다.

반면 정식 평가로서 우리나라의 모든 초등학교에서 행해지는 국가수준 6학년 학업성취도 평가가 있다. 이 평가는 그 실시 범위가 광범위하기 때문에 분석 대상으로 삼을 만한 가치가 있다.

현재 7차 교육과정 개정안이 발표되어 있는 상황에서 7차 교육과정에 근거한 국어지식 평가 양상을 살펴보는 일이 다소 때늦은 감도 없지 않

---

1) 교과서의 체제와 활용 방안에 대해서는 교육인적자원부, 제7차 초등학교 국어 교사용 지도서(2002 : 57~58) 참조.
2) 7차 초등학교 국어 교과서의 '쉼터'에도 국어지식 관련 내용이 간혹 들어 있으나 여기에는 평가적인 측면보다는 간단한 놀이 중심의 학습 활동이 주를 이루고 있고, 교육과정 상에도 정규 수업 시간에는 다루지 않는 것으로 명시되어 있기 때문에 여기서는 분석의 대상에서 제외하였다.

다. 그러나 개정안에 따른 국어교과서 개발이 현재 진행 중이며 장기적으로 국어교과서와 국어지식 영역 평가 방법의 개선을 위한 노력의 일환으로서 기여할 수 있을 것이다.[3]

## 2. 초등학교 국어지식 평가의 실제

### 1) 국어 교과서의 국어지식 평가

국어 교과서의 국어지식 평가는 '되돌아보기'를 중심으로 살펴보았다. 앞서 말한 대로 '되돌아보기'가 국어 교과서의 국어지식 관련 단원에서 전체 학생들의 학습 목표 도달 여부를 평가하도록 구성된 것이기 때문이다. 7차 교육과정은 '되돌아보기'에서 평가한 내용을 바탕으로 '더 나아가기'에서 보충이나 심화 학습을 실시하도록 하고 있다. '더 나아가기'에도 평가적 요소가 상당 부분 포함되어 있지만 '더 나아가기'는 전체 학생의 평가나 활동을 위해 설계된 것이 아니며 수준별 수업을 위해 선택적으로 활용하도록 편성된 것이기 때문에 여기서는 '되돌아보기'의 평가 내용만을 분석 대상으로 삼았다.[4]

---

3) 7차 국어과 교육과정에서 수행평가가 강조되고 있으나 초등학교에서 보편적으로 사용되고 있는 수행평가 문항을 상정하는 것이 어려우므로 여기서는 분석의 대상에서 제외하였다. 한편 각 학교에서 수행평가가 얼마나 실제적이고 내실 있게 실행되고 있는지에 대해서는 회의적인 입장이다. 수행평가의 본질 추구를 떠나서 수행평가가 실시되고 있는지의 여부조차도 의문스러운 것이 사실이다. 현실을 도외시하는 탁상공론식의 교육과정이 되지 않기 위해서는 교육과정 수립·실행 후 그 실행 실태를 점검하고 보다 내실 있게 실행될 수 있는 방향으로의 개선이나 지원책을 마련해야 할 것이다.

4) 학교 현장의 실제 국어 수업에서는 '더 나아가기'도 전체 학생을 대상으로 실시되고 있을 것으로 판단되므로 '더 나아가기'도 일반적인 평가의 양상으로써 살펴볼 수 있을 것이나, 이는 교육과정상의 이론과도 맞지 않는 것이며 또 여기에는 수준별 교육과정에 대한 논의가 필요하므로 이에 대한 연구는 추후 과제로 남겨두기로 하겠다.

초등학교 1~6학년 국어 말하기·듣기·쓰기 교과서에는 '표준 발음' 관련 내용이 1쪽이나 2쪽에 걸쳐 모두 26회 수록되어 있다. 거기에서 마지막 활동 내용이 평가적 성격이 강하기 때문에 분석 대상으로 삼았다. 이 마지막 활동은 주로 학습한 발음이 들어 있는 낱말이나 문장을 읽어보거나, 받아쓰고 읽어보거나, 생각해서 적어보는 활동으로 이루어져 있다.

위의 '되돌아보기'는 국어지식 관련 단원의 총괄평가로써 구성된 것이므로 단원 내적 평가로, '표준 발음'은 국어지식 단원과는 무관하게 수록되어 있으므로 단원 외적 평가로 분류하여 분석하였다.5)

### (1) 단원 내의 국어지식 평가

초등학교 국어 교과서에는 국어지식 관련 소단원이 모두 16개가 있다. 16개 단원의 '되돌아보기'의 평가 내용을 아래 [표 1]의 7차 교육과정 국어과 내용 체계표에 따라 분석한 것은 [표 2]와 같다.

[표 1] 7차 교육과정 국어과 교육 내용 체계

| 국어의 본질 | 국어의 이해와 탐구 | 국어에 대한 태도 |
|---|---|---|
| −언어의 특성<br>−국어의 특질<br>−국어의 변천 | −음운  −낱말  −어휘<br>−문장  −의미  −담화 | −동기  −흥미<br>−습관  −가치 |
| 국어의 규범과 적용 | | |
| −표준어와 표준 발음    −맞춤법    −문법 | | |

---

5) 또한 대단원의 끝에 편성되어 있는 '쉼터'에도 어휘나 관용 표현 등의 국어지식 관련 내용이 상당 부분 포함되어 있으나 거기에는 평가보다는 간단한 놀이를 통한 학습 활동이 주를 이루고 있고, 교육과정에도 정규 수업 시간에는 다루지 않아도 되는 것으로 명시되어 있으므로 분석의 대상에서 제외하였다.

[표 2] 국어 교과서 '되돌아보기'의 국어지식 평가 분석[6]

| 순 | 학년 | 국어의 본질 | | | 국어의 이해와 탐구 | | | | | | 국어에 대한 태도 | | | | 국어의 규범과 적용 | | | 탐구과정평가 | 평가 내용 |
|---|---|---|---|---|---|---|---|---|---|---|---|---|---|---|---|---|---|---|---|
| | | 언어의특성 | 국어의특질 | 국어의변천 | 음운 | 낱말 | 어휘 | 문장 | 의미 | 담화 | 동기 | 흥미 | 습관 | 가치 | 표준어와표준발음 | 맞춤법 | 문법 | | |
| 1 | 1–1 | | | | ● | | | | | | | | | | | | | ◉ | 낱자의 음가 |
| 2 | 2–1 | | | | | | | | | | | | ● | | | | | ◉ | 고운 말 쓰는 태도 |
| 3 | 2–1 | | | | ● | | | | | | | | | | | | | ◉ | 자·모음 구별 |
| 4 | 2–1 | | | | | | | ● | | | | | | | | | | ◉ | 꾸며주는 말 |
| 5 | 2–2 | | | | | | | ● | | | | | | | | | | | 꾸며주는 말 |
| 6 | 3–1 | | | | | | | | | | | | | | | | ● | ◉ | 이어주는 말 |
| 7 | 3–2 | | | | | | | | | | | | | | | | ● | ◉ | 어순 |
| 8 | 3–2 | | | | | | | | | | | | | | | | ● | ◉ | 어울려 쓰는 말 |
| 9 | 3–2 | | | | | | | | | | | | | | | | ● | | 높임말 |
| 10 | 4–1 | | | | | | | ● | | | | | | | | | | ◉ | 문장의 종류 |
| 11 | 4–2 | | | | | ● | | | | | | | | | | | | ◉ | 용언의 기본형 |
| 12 | 4–2 | | | | | | ● | | | | | | | | | | | ◉ | 유의·반의·하의어 |
| 13 | 5–1 | | | | | | | | | | | | | | | | ● | ◉ | 시간 표현 |
| 14 | 5–2 | | | | | | | | | | | | | | ● | | | | 표준어 사용 |
| 15 | 5–2 | | | | | | | | | | | | | | | | ● | ◉ | 문장 성분 |
| 16 | 6–1 | | | | | ● | | | | | | | | | | | | ◉ | 고유·외래·한자어 |

○ : 단순 지식 이해 평가, ● : 지식의 실제적 활용 평가

7차 교육과정의 국어지식 영역 평가 목표는 '단편적인 언어 지식 그 자체보다는 언어 지식을 도출하는 탐구 과정과 언어 지식의 활용에 중점

---

6) 교육과정이나 지도서에는 국어지식 내용으로 명시되어 있지만 교과서에는 수록되어 있지 않거나 함축적으로 내포되어 있는 평가 내용은 분석의 대상에서 제외하였다. 또한 탐구과정의 평가는 '◉'로 표기하였는데 이는 '○'(단순 지식 이해 평가), '●'(지식의 실제적 활용 평가) 표기와 구별하기 위함이다.

을' 두도록 하고 있다.7) 여기서는 이러한 국어지식 영역의 평가 목표가 국어 교과서에 잘 반영되고 있는지를 점검해 보도록 하겠다.

위의 [표 2]에서 알 수 있듯이 단편적 국어 지식에 대한 평가는 '○'로, 지식의 실제적 활용에 대한 평가는 '●'로 분류해서 표기하려 했으나 위의 16개 단원 모두 지식의 실제적 활용에 중점을 두고 있었다. 이는 교육과정의 국어 지식 평가 원칙이 국어 교과서에 잘 반영되고 있는 결과로 보인다. 물론 실제적 활용 정도의 차이는 있지만 어느 정도는 언어 지식의 활용에 중점을 두는 방향으로의 평가가 이루어지고 있는 것으로 판단되었다.

김광해(1997)의 논의를 시작으로 많은 연구에서 국어지식의 탐구 학습에 대한 논의가 진행되고 있다.8) 그러나 신명선(2000 : 249)에서 초등학교의 평가 방향이 탐구 과정보다는 실제 국어 상황에서 국어 지식을 활용하는 방식에 초점을 두어야 한다는 말처럼 초등학교에서의 탐구 학습과 탐구 과정에 대한 평가는 학생들의 학습 능력으로 볼 때 그리 쉬운 일은 아니다. 신명선(2000)에서도 초등학교와 중·고등학교의 평가는 차별화되어야 한다고 지적하고 있다.

다만 여기서는 매우 기초적인 수준의 탐구 과정 평가이거나 혹은 탐구 과정의 시작 단계로 볼 수 있는 평가 내용이 들어 있는 것은 탐구 능력과 탐구 과정에 대한 평가로 분류하였다. 그렇게 분석한 [표 2]의 내용을 종합해 보면 다음 [표 3]과 같다.

---

7) 교육부(1999), 제7차 교육과정 초등학교 교육과정 해설, 교육과학사, p.386.
8) 국어지식의 탐구학습에 대한 논의는 이성영(1998), 신명선(2000, 2008), 주세형(2008) 참조

[표 3] '되돌아보기'의 탐구 과정 평가 여부

| 구 분 | 탐구 과정 포함 평가 | 탐구 과정 비포함 평가 |
|---|---|---|
| 단원 수 | 13개 | 3개 |

[표 3]과 같이 13개의 많은 단원에 탐구 과정에 대한 평가 요소가 포함되어 있었다. 이는 교육과정의 수립 원칙이 교과서에 잘 반영되어 있는 결과로 보이며 탐구 과정이 포함되어 있지 않는 평가는 학습 내용의 특성상 불가피한 것들이 대부분이었다. 즉 2학년 2학기의 '꾸며주는 말'은 탐구 과정보다는 지식의 실제적 활용에 중점을 두어야 할 필요가 있는 학습 내용이므로 그에 준해 평가가 구성되어 있다. 3학년 2학기의 '높임말'도 탐구 과정을 통해 규칙을 일반화하기에는 초등학생들에게는 지난한 학습 내용이므로 지식의 실제적 활용에 초점이 맞추어져 있다. 또한 5학년 2학기의 '표준어'는 학습 내용의 성격상 탐구 과정을 통한 학습과 평가가 이루어지기 어려운 영역이므로 지식의 실제적 활용 측면에 중점을 두고 평가가 실시되고 있다.

위의 [표 2]에서 볼 수 있듯이 2학년 1, 2학기에서는 '꾸며주는 말'이 중복되어 나타나며 3학년에서는 문법 영역이 편중되어 있다. 이러한 중복 및 편중 현상은 학습 내용의 난이도에 따른 위계화와 효율적인 배치를 통해 해소될 수 있을 것이다. 즉 '꾸며주는 말' 한 단원을 3학년의 학습내용으로 재편성한다든지 3학년의 '이어주는 말'이나 '어순'과 같은 내용은 내용의 난이도로 볼 때 2학년으로 재편성해도 무방한 학습 내용일 것으로 보인다. 또한 4학년의 '용언의 기본형'을 찾는 학습이나 평가는 현장에서 지도해 본 경험으로 미루어 학생들이 상당히 어려워했던 내용이었다. 반면 5학년의 '시간 표현'에 대한 내용은 시간 표현에 해당하는 낱말을 찾는 기초적인 내용이기 때문에 저학년으로의 조정도 가능한 학습·평가 내용이다.9) 즉 각 학년 학생들의 학습 능력에 맞는 교육 내용의 난이도에 따른 조정도 필요하다.

또한 [표 2]에서 볼 수 있듯이 언어의 특성, 국어의 특질, 국어의 변천, 의미, 담화, 동기, 흥미, 가치, 맞춤법 등의 영역은 평가에서 다루어지고 있지 않았다. 물론 '국어의 특질'은 높임법과 같은 영역에서, '동기'나 '흥미', '가치'는 태도 관련 영역이나 모든 국어 학습과 평가 등의 영역에서 다루어져야 할 것이다. 그러나 국어에 대한 '가치'나 '맞춤법'과 같은 영역은 특히 초등학교에서부터 중점적인 지도가 이루어져야 할 것으로 보인다. 국어의 가치를 인식하고 아끼는 태도는 초등학교에서부터 내면화되어야 하는 중요한 정의적 요소이기 때문이다. 또한 요즘의 다양한 국어사용 양상으로 볼 때 초등학교에서 맞춤법에 대한 지도가 보다 명시적으로 이루어져야 할 필요가 있다.

### (2) 단원 외의 국어지식 평가

앞서 말했듯이 현재의 국어교과서에는 교육과정에 따라 하나의 소단원으로 구성되어 있는 국어지식 학습 내용도 있지만 단원 학습 외에 '표준 발음'에 관한 내용도 수록되어 있다. 주로 소단원의 중간이나 소단원과 소단원의 사이, 대단원의 끝(되돌아보기 전)에 수록되어 있는데 이것은 국어지식적인 요소가 강하며 거기에는 평가적인 요소가 있으므로 분석의 대상으로 삼았다. 6학년 국어 교사용 지도서(2002 : 60)에서는 올바른 국어 생활과 합리적인 의사소통을 위해서 표준 발음법을 지켜야 한다는 것을 초등학교 때부터 가르쳐야 하며 '표준 발음' 관련 내용은 말하기 · 듣

---

9) 첨언한다면 교육과정의 교육 내용이나 교사용 지도서의 교육 내용 체계표에는 제시되어 있지만 실제 교과서에는 학습이나 평가에서 다루어지고 있지 않는 내용도 다소 발견할 수 있었다. 물론 명시적인 학습 목표나 평가 목표로는 제시되어 있지 않으나 학습이나 평가 내용에 함축적으로 내포되어 있는 학습 내용은 논의로 하더라도 교육과정, 지도서, 교과서의 교육 내용 체계의 합치성은 다소 보완되어야 할 부분이다.

기·쓰기 교과서에서 표준 발음을 지도할 때 참고하거나 활용하도록 명시하고 있다. 그러므로 정규 수업 시간에 다루어질 수 있고 국어지식의 규범과 적용 영역 중 표준 발음에 해당하는 영역으로 보아 분석하였다. 본고는 국어지식 평가에 대한 연구이므로 '표준 발음'에 대한 내용 중 주로 마지막 평가 활동을 중심으로 분석하였다.

'글씨쓰기'에 대한 내용은 쓰기 영역의 명제적, 방법적 지식에 해당하는 것으로 보아 여기서는 다루지 않도록 하겠다. 또한 평가보다는 학습 활동적인 성격이 강하다. 다만 교사용 지도서(2002 : 52)에서는 "차시안을 참고하여 어휘 확충 및 한글 맞춤법 학습과 연계되도록 지도 계획을 수립"할 것을 권장하고 있으므로 국어 지식의 이해와 규범적인 측면과 연계시켜 지도해야 할 것이다.

표준 발음 관련 내용은 1~3학년에서는 '말하기·듣기' 교과서에, 4~6학년에서는 '말하기·듣기·쓰기' 교과서에 수록되어 있다. 주로 말하기·듣기 교과서에서 발음 관련 내용을 다루고 있는 것인데, 초등학교 학생들이 받침이 있는 글자에 대해 어려워하는 경우는 보통 말하거나 들을 때보다는 읽거나 쓰기를 할 때이므로 읽기나 쓰기 교과서 중심으로 다루어져야 보다 바람직할 것으로 보인다. 물론 말하기·듣기 교과서를 중심으로 다루어졌다고 해서 읽기나 쓰기의 국면이 완전히 도외시되는 것은 아니지만 지도의 중점을 두어야 할 영역의 교과서에 수록하는 것이 보다 효율적일 것으로 보인다. 분석 내용은 다음의 [표 4]와 같다.

[표 4] 국어교과서의 '표준 발음' 평가 분석10)

| 순 | 학년 | 평가 요소 | 평가 내용(주로 읽기임) | 평가 단위 |
|---|---|---|---|---|
| 1 | 1–1 | 〈ㅏ〉, 〈ㅣ〉소리의 정확한 발음 | 바지, 사다리, 다리미 | 낱말 |
| 2 | 〃 | 〈ㅗ〉, 〈ㅜ〉소리의 정확한 발음 | 오빠, 우유, 노루 | 〃 |
| 3 | 〃 | 〈ㅂ〉, 〈ㅃ〉, 〈ㅍ〉소리의 정확한 발음 | 바지, 뿌리, 파리 | 〃 |
| 4 | 〃 | 〈ㄱ〉, 〈ㄲ〉, 〈ㅋ〉소리의 정확한 발음 | 고무줄, 까치, 코뿔소 | 〃 |
| 5 | 1–2 | 〈ㅑ〉, 〈ㅕ〉, 〈ㅛ〉, 〈ㅠ〉의 정확한 발음 | 야외, 겨울, 효도, 유치원 | 〃 |
| 6 | 〃 | 〈ㄷ〉, 〈ㄸ〉, 〈ㅌ〉소리의 정확한 발음 | 달팽이, 떡국, 톱 | 〃 |
| 7 | 〃 | 〈ㅈ〉, 〈ㅉ〉, 〈ㅊ〉소리의 정확한 발음 | 자전거, 찌개, 치약 | 〃 |
| 8 | 2–1 | 〈ㅐ〉, 〈ㅔ〉소리의 정확한 발음 | 내일, 가게, 애벌레 | 〃 |
| 9 | 〃 | 〈ㅘ〉, 〈ㅝ〉소리의 정확한 발음 | 화단, 권투, 과수원 | 〃 |
| 10 | 〃 | 〈ㅅ〉, 〈ㅆ〉소리의 정확한 발음 | 받아쓰고 읽기 | 문장 |
| 11 | 〃 | 말소리의 길이에 주의하며 정확하게 발음 | 발, 눈 등 | 〃 |
| 12 | 2–2 | 〈ㅎ〉소리의 정확한 발음 | 받아쓰고 읽기 | 낱말 |
| 13 | 〃 | 말소리의 길이에 주의하며 정확하게 발음 | 솔, 굽다 | 문장 |
| 14 | 〃 | 받침이 있는 말의 정확한 발음 | 곰이, 넘어요 등 | 〃 |
| 15 | 3–1 | 〈ㅓ〉, 〈ㅡ〉소리의 정확한 발음 | 고등어, 버드나무, 걸음 | 낱말 |
| 16 | 〃 | 〈ㄹ〉소리의 정확한 발음 | 라디오, 발 받아쓰고 읽기 | 〃 |
| 17 | 〃 | 〈ㅢ〉소리의 정확한 발음 | 의사, 의자, 의견 | 문장 |
| 18 | 3–2 | 말소리의 바뀜에 주의하며 정확하게 발음 | 막히고, 많다고, 높히고, 앉히고 | 〃 |
| 19 | 〃 | 받침이 있는 낱말의 정확한 발음 | 같습니다, 서녘, 덮자 | 〃 |
| 20 | 4–1 | 〈ㅙ〉, 〈ㅞ〉소리의 정확한 발음 | 쐐기, 괜찮아, 왜, 훼손 | 〃 |
| 21 | 〃 | 〈ㄺ〉, 〈ㄻ〉이 있는 낱말의 정확한 발음 | 닭, 흙이, 굵었더니, 삶다가 | 〃 |

10) 표준 발음 관련 내용은 보통 1~3번까지의 활동으로 이루어져 있는데 1번과 2번 문제
는 듣고 읽히는 학습 활동이며 3번 문항이 읽어보거나 써보고 자기평가나 상호평가를
하게 되어 있으므로 3번을 형성평가로써의 평가 문항으로 분석하였다.

| 순 | 학년 | 평가 요소 | 평가 내용(주로 읽기임) | 평가 단위 |
|---|---|---|---|---|
| 22 | 4-2 | 〈ㅚ〉, 〈ㅟ〉소리의 정확한 발음 | 외부, 위인전, 외워서, 위원회 | 낱말 |
| 23 | 5-1 | 〈ㄼ〉, 〈ㄾ〉, 〈ㄿ〉이 있는 말 정확한 발음 | 넓어요, 훑었다, 읊으신다 | 문장 |
| 24 | 6-1 | 말소리의 바뀜에 주의하며 정확하게 발음 | 경음화 | 낱말 |
| 25 | 〃 | 말소리의 바뀜에 주의하며 정확하게 발음 | 자음동화 | 〃 |
| 26 | 6-2 | 자음동화 | 까막눈, 먹물, 꽃눈 등 | 문장 |

[표 4]에서와 같이 초등학교 교과서에는 '표준 발음' 관련 내용이 모두 26회 수록되어 있다. 그러나 위의 평가 요소가 국어 학습의 실제와 얼마나 잘 연계되어 있는지는 좀 더 생각해 보아야 한다. 즉 초등학교 학생들 중에 <ㅏ>, <ㅓ>나 <ㅂ>, <ㅃ>, <ㅍ>의 소리를 정확하게 발음하지 못하는 학생은 드물기 때문이다. 실제로 현장 교사라면 누구나 한 번쯤은 이러한 말소리 지도에 대한 내용이 매우 형식적이고 무의미하다는 느낌을 가져보았을 것이다. 물론 말소리의 길이에 따른 정확한 발음이라든지 받침이 있는 말의 정확한 발음, 음운 현상에 따른 발음 변화 등과 같이 국어 교육에서 매우 중요하고 또 보충 지도가 필요한 내용도 있다. 국어 학습의 실제와 연계성이 부족한 내용보다는 여러 학생들에게 보충 지도가 필요한 내용들을 보다 세분화하여 제시하고 발음을 듣고 쓰는 활동도 함께 제시한다면 보다 유의미하고 내실 있는 학습·평가 활동이 이루어질 수 있을 것이다.

초등학교 국어 교육의 목표가 '학습과 일상생활에 필요한 기초 능력 배양과 기본 생활 습관 형성'에 있다고 본다면, 국어 지식의 실제적 유용성 또한 평가 내용 선정에서 고려되어야 할 것이다. <ㅐ>와 <ㅔ>소리의 차이는 성인들조차도 거의 소리의 차이를 인식하지 않고 발음하고 있는 음운인데 이러한 내용을 초등학교에서 굳이 발음 관련 내용으로 학습하고 평가해야 하느냐는 것이다.[11] 이는 국어 지식의 학습 및 평가 내용 선정에서 지식의 실제적 유용성이 선정의 절대적인 잣대가 되어서도 안 되지만 실제적 유용성이 지나치게 간과되어서도 안 된다는 논리와도 일맥상통한다.

언어 지식의 실제적 활용에 중점을 두어서 평가해야 한다는 평가 원칙에 준한다면 평가의 단위도 낱말보다는 문장 단위와 의미 단위의 평가가 보다 바람직할 것이다. 위의 [표 4]에서 볼 수 있듯이 2학년 1학기부터 문장 단위로 평가가 이루어지고 있으나 그 이후 학년에서는 낱말 단위의 평가도 종종 제시되어 있다. 실제 국어사용의 측면을 중시하여 평가한다면 되도록 문장 단위, 의미 단위의 평가가 이루어질 수 있도록 구성하는 것이 효과적일 것이다.

또한 위의 분석 내용으로는 평가 요소의 위계화 기준이 명확하지 않은 것으로 보인다. 앞서 제시한 국어 지식의 난이도나 중요도, 실제적 유용성 등의 기준에 따라 제시되는 음운이나 음운 현상을 위계화 할 필요가 있을 것이다.

### 2) 학교 총괄평가의 국어지식 평가

현재 초등학교에서 총괄평가로 행해지고 있는 시험은 중간고사, 기말고사, 시·도 학력평가 등으로 대별하여 볼 수 있다. 종전에 치러지던 월

---

11) 음성 언어 상황에서 <ㅐ>와 <ㅔ>가 들어있는 낱말의 의미 차이는 대부분 <ㅐ>와 <ㅔ> 모음 자체의 발음보다는 전후 문맥이나 비언어적 표지에 의해 구별되는데 굳이 발음 관련 내용으로 지도해야 하느냐는 것이다. <ㅙ>와 <ㅞ>도 음성 언어 상황에서 음가의 구별이 잘 되지 않는 음운인데 이 또한 발음 관련 내용으로 지도하기보다는 <ㅙ>와 <ㅞ>가 들어있는 낱말들의 의미 차이를 중심으로 지도하는 방법이 더욱 바람직할 것으로 보인다.

말고사는 요즘엔 거의 행해지고 있지 않다. 수행평가가 강조되면서 월말고사의 기능을 수행평가의 수시평가 기능이 대체한 것으로 보인다.

학교 총괄평가에서의 국어지식 평가의 양상을 살펴보기 위해 사설 출판사인 ○○사의 2학기 중간고사 시험지를 분석의 대상으로 삼았다. 이 ○○사는 현재 전국 시·군별로 지점을 두어 많은 초등학교에 시험지를 보급하고 있는 사설 출판사이다. 전국적으로 이 출판사의 시험지를 통해 중간고사나 기말고사를 치르고 있는 학교의 수를 정확하게 파악하지는 못하였다. 그러나 필자가 근무하고 있는 전북 N시를 조사해본 결과 총 27개 초등학교 중 18개 학교에서 이 출판사의 시험지로 총괄평가를 실시하고 있는 것으로 나타났다. 이 18개 학교는 대부분 12학급 이하의 규모를 가진 학교들로써 학급 수(교사 수)가 적은 학교에서는 시험지를 자체 제작할만한 여력이 되지 못하여 사설 출판사의 시험지를 구입하여 활용하고 있는 것으로 보인다.[12] 또한 서혁(2004)에서 6학급 이하의 학교에서는 대부분 사설출판사의 시험지나 시·도 학력평가로 중간고사나 기말고사를 대신하고 있는 것으로 조사된 바 있다. 분석 대상을 적어도 1년 동안 행해지는 총괄평가(중간, 기말고사) 시험지 모두로 하였다면 초등학교 총괄평가에서의 국어지식 평가의 양상을 보다 정확하게 파악해볼 수 있었겠지만 시험지 수집의 어려움으로 여기에서는 분석 범위를 2학기 중간고사 시험지로 한정하였다. 그러나 한 출판사의 평가 문항 제작 유형이 그리 크게 바뀌지는 않는다고 보았을 때 이 중간고사 시험지를 통해 초등학교 총괄평가에서의 국어지식 평가의 일 양상을 살펴볼 수 있을 것으로 판단되었다. 1~6학년 평가 문항 중 국어지식 관련 평가 문항을 평가 영역 면과 평가 내용 면으로 나누어 살펴보도록 하겠다.

---

12) 서혁(2004 : 130)에서는 시험지를 학교 자체적으로 분담 제작하는 경우는 최소 10학급 이상 특히 20학급 이상에서 이루어지고 있다고 하였다.

(1) 평가 영역 측면

1~6학년 시험지의 전체 문항 중 국어지식 문항의 출제 비율은 아래 [표 5]와 같다.

[표 5] 1~6학년 중간고사의 국어지식 문항 출제 비율[13]

| 문항수 \ 학년 | 1 | 2 | 3 | 4 | 5 | 6 | 평균 비율 |
|---|---|---|---|---|---|---|---|
| 국어지식 문항수(비율) | 1(5%) | 2(10%) | 1(5%) | 0(0%) | 4(20%) | 1(5%) | 7.5% |

위 표를 통해 볼 수 있듯이 5학년을 제외한 나머지 학년의 국어지식 문항 출제 비율이 매우 낮은 것으로 나타났다. 특히 4학년에서는 국어지식 관련 문항이 전혀 없고 대부분 지문을 읽고 답하는 전형화된 읽기 관련 선택형 문항이었다.[14] 반면 5학년은 국어지식 관련 문항이 모두 4개로 다른 학년에 비해 상대적으로 높은 비율을 나타냈다. 이는 국어지식 관련 평가 문항의 비율이 어느 정도의 선을 유지해야 하는가에 대한 논의는 차치하고라도 문항 출제 비율에 대한 영역별 기준이 마련되지 않은 상태로 문제를 출제한 결과로 보인다.

앞에서와 같이 학년별 국어지식 관련 문항을 7차 교육과정 국어지식 내용 체계에 따라 분류한 결과는 아래 [표 6]과 같다. 국어 교과서의 국어지식 평가와 같이 여기서도 '국어의 본질'에 대한 문항을 찾아볼 수가 없는데 이러한 영역에 대한 평가도 고려해보아야 할 것이다. '국어의 태도' 영역에 대한 평가도 제시되어 있지 않은데 이 영역은 실제 평가가 어렵고 또 몇 가지 이유로 7차 교육과정 개정안에서도 생략된 내용이기도

---

13) 1~6학년의 각 학년 총 문항 수는 20개임.
14) 최현섭 외(1998)에서는 국어평가가 선택형과 읽기 일변도로 행해지고 있는 문제에 대해 평가 방법을 다양화고 평가 영역을 확대해야 한다고 지적하고 있다.

하다.

　학년별로 국어지식 영역의 출제 비율이 지나치게 낮은 점도 문제가 된
다. 평가가 교수·학습으로 이어진다는 점을 감안할 때 5학년을 제외한
나머지 학년의 국어지식 영역 평가 문항이 빈약하다는 것은 그만큼 국어
지식 영역의 교수·학습도 빈약해질 수밖에 없다는 논리가 성립된다. 여
러 평가에서 반복되어 나타나는 평가 내용에 대한 것은 교사도 학습 지
도 시에 고려하지 않을 수 없기 때문이다. 결국 평가에서 다루어지는 영
역 내용은 교수·학습으로 이어져 교육과정에서 의도하고자 하는 교육목
표를 달성하는 데 기여할 수 있게 될 것이다.

　1~6학년 중간고사 평가 문항을 분석한 것은 아래 [표 6]과 같다.

[표 6] 1~6학년 중간고사 평가 문항 분석[15]

| 문항 | | | 영역 국어의 이해와 탐구 | | 국어의 규범과 적용 | | | 평가 내용 |
|---|---|---|---|---|---|---|---|---|
| 순 | 학년 | 문항번호 | 음운 | 어휘 | 표준어[16] | 표준 발음 | 문법 | |
| 1 | 1학년 | 객관식11 | | ○ | | | | '오라버니' 뜻 |
| 2 | 2학년 | 객관식4 | ● | | | | | '꽃밭' 음운 분석 |
| 3 | 〃 | 주관식7 | ● | | | | | 'ㅐ'가 들어가는 낱말 쓰기 |
| 4 | 3학년 | 객관식5 | | | | ● | | 눕히고[누피고] |
| 5 | 5학년 | 객관식6 | | | | ● | | 옳고[올코] |
| 6 | 〃 | 객관식7 | | | ● | | | 방언을 표준 단어로 고치기 |
| 7 | 〃 | 주관식8 | | | ● | | | 방언을 표준 문장으로 고치기 |
| 8 | 〃 | 주관식15 | | | | | ○ | 문장에서 목적어, 서술어 알기 |
| 9 | 6학년 | 주관식7 | | | | ○ | | 맏며느리[만며느리] |

○ : 단순 지식 이해 평가, ● : 지식의 실제적 활용 평가

---

15) 편의상 7차 국어과 교육과정의 내용 체계 중 문항이 출제된 영역만을 표 안에 제시하
였으며 문항이 출제되지 않은 영역은 표에서 제시하지 않았다. 또한 여기에서 분석의
대상으로 삼은 국어지식 관련 문항은 뒤에 [부록]에 수록하였다.

학년별 구분 없이 본다면 전체적으로는 영역별 출제 비율이 '국어의 규범과 적용' 영역에 편중되어 있는 것을 확인할 수 있다. 물론 학년 구분 없이 출제 영역의 편중성을 비교하는 것은 그리 큰 의미가 없다고 볼 수도 있을 것이다. 그러나 2문제 이상 출제된 2학년과 5학년을 중심으로 살펴보면 2학년은 '국어의 이해와 탐구' 영역에, 5학년은 '국어의 규범과 적용' 영역에 편중된 경향을 볼 수 있다. 국어지식 학습의 목표가 국어 사용 능력의 신장에 있다고 본다면 저학년에서도 '국어의 규범과 적용' 측면에 대한 평가가 이루어져야 할 것이다. 앞서 언급한 바와 같이 언어 생활의 양상이 변모해가고 있는 지금 특히 저학년에서부터 국어의 올바른 사용 측면에 대한 지도 및 평가는 중요하게 다루어져야 함에도 규범에 대한 평가가 이루어지지 못하고 있다.

5학년의 경우에 출제 문항은 4문제, 20%에 달하나 평가 영역이 규범과 적용 영역에 편중되어 있어 영역 간 안배가 부족한 것으로 보인다. 물론 방언과 표준어, 문장 성분에 대한 내용은 해당 학기의 학습 내용에 따른 문항 출제로 볼 수 있으나 표준 발음 관련 내용까지 추가하여 네 문제 모두 규범과 적용 영역에서 출제한 것은 국어 지식 영역 간 안배에 대한 충분한 고려가 이루어지지 않은 결과로 보인다. 또한 문장이나 담화에 대한 이해도 평가에서 고려되어야 할 것이다.

### (2) 평가 내용 측면

위의 평가 문항을 국어지식의 단편적인 이해와 실제적 활용 면으로 나누어 보았을 때 이해에 해당하는 문항은 3개, 활용에 해당하는 문항은 6개

---

16) 7차 교육과정 내용 체계에서는 국어지식의 내용 중 '표준어와 표준 발음'이 하나로 묶어져 제시되어 있으나 여기서는 평가 내용에 따라 표준어와 표준 발음에 관한 문제를 따로 구분해보기 위하여 영역을 나누었다.

로 나타났다. 국어지식의 활용적인 측면에 대한 평가 문항이 많은 점은 나름 바람직한 것으로 보인다. 그러나 형식적으로는 국어지식의 실제적 활용에 중점을 두고 있더라도 예문이나 정답이 국어 교과서에 나오는 내용을 그대로 인용하여 실제로는 학습한 내용에 대한 단순 기억 여부를 평가하는 문항도 많았다.

국어지식의 단순 활용에 그치는 문제들은 국어지식의 복합적 활용을 통해 고등 사고력을 평가할 수 있는 방향으로의 개선이 필요하다. 국어의 영역 간 통합을 통한 문제 제시도 이러한 방법의 하나가 될 수 있다. 위의 표에서는 국어지식의 활용에 해당하는 문항으로 분류했지만 사실상 국어지식의 활용이 아닌 다른 방법으로 문제풀이가 가능하도록 잘못 출제된 문항도 있다. 그 예는 다음 2학년 [객관식 4번] 문항과 같다.

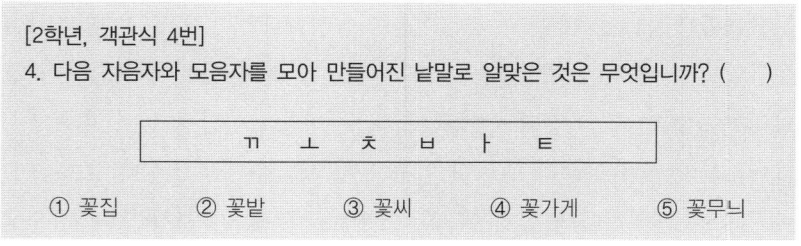

[2학년, 객관식 4번]
4. 다음 자음자와 모음자를 모아 만들어진 낱말로 알맞은 것은 무엇입니까? (    )

ㄲ ㅗ ㅊ ㅂ ㅏ ㅌ

① 꽃집        ② 꽃밭        ③ 꽃씨        ④ 꽃가게        ⑤ 꽃무늬

이 문항은 국어지식의 실제적 활용 능력을 평가하는 문항으로 분류하였지만 그것은 출제 의도에 따른 분류가 될 것이다. 즉 실제 문제 풀이 과정에서는 한글의 조어 방식에 대한 지식을 굳이 가지고 있지 않더라도 네모 안에 제시된 자음과 모음을 글자와 대조해 보는 방식으로 문제 풀이가 가능한 것이다. 보다 출제 의도에 맞게 평가가 이루어지게 하기 위해서는 제시된 자, 모음의 순서를 약간 바꾸어 놓는 방법도 생각해 볼 수 있다.

또한 국어 교과서에 나오는 예문이나 문장을 그대로 인용하여 평가하다 보니 탐구 능력이나 탐구 과정에 대한 평가보다는 지식의 단순한 재인 능력만을 평가하고 있는 경우가 많았다. 초등학생들에게 가능한 수준에서의 기초적인 탐구 과정에 대한 평가와 언어 지식의 실제적 활용에 중점을 둔 평가가 고려되어야 할 것이다.[17]

### 3) 국가수준 학업성취도 평가의 국어지식 평가

여기서는 2008년에 실시된 6학년 국가수준 학업성취도 평가의 국어지식 영역 평가 문항을 중심으로 분석해 보았다. 분석 결과 총 40개의 문항 중 10개가 국어지식 관련 문항으로 분석되었다. 이것은 전체의 25%에 해당하는 비율로써 국어과 평가 영역을 듣기·말하기,[18] 읽기, 쓰기, 국어지식, 문학의 5개 영역으로 보고 각 영역의 평가 비중을 동등하게 분할한다고 보았을 때 평균을 상회하는 수치이다.[19] 그러나 [선다형4]번 문항의 경우 듣기에 해당하는 평가 문항에 속한다. 듣기에 해당하는 평가 문항이지만 그 예문과 선택지의 내용이 주로 속담에 대한 것이므로 국어지식의 관용 표현과 관련이 있는 문항으로 분류한 것이다. 그러므로 이 문항을 제외한다면 실제 9문항, 22.5%로 영역 간 문항 출제 비율이 잘 배분되고 있는 셈이다.

---

17) 12학급 이상의 학교에서는 주로 시험지를 자체 제작하여 중간·기말 고사를 실시하고 있는 것으로 보인다. 그러나 이렇게 자체 제작한 평가 문항의 질이 어느 정도이고 지식의 실제적 활용과 탐구 과정을 어느 정도 반영하여 교수·학습에 송환되고 결과적으로 학생들의 사고력 향상에 얼마나 기여하고 있는지는 그 실태를 진단하여 개선해야 할 문제일 것이다.

18) 7차 국어과 교육과정의 내용 영역은 듣기와 말하기를 따로 구분하고 있으나 말하기 영역의 실제 평가가 어려우므로 듣기와 말하기를 통합하여 문항 출제 비율을 조정하고 있다.

19) 그러나 이 수치는 필자가 주관적으로 문항을 분석했을 때 국어지식적인 요소가 강한 것을 국어지식 문항으로 분류했기 때문에 실제 출제 기관에서 제시하는 영역별 문항의 수와는 다소 차이가 있을 수 있다.

국어지식 평가 문항들을 평가 영역과 내용 면으로 나누어 살펴보면 다음과 같다. 앞에서와 마찬가지로 분석의 틀은 7차 국어과 교육과정의 내용 체계에 준하였다. 여기서도 평가 문항에서 다루어지지 않은 영역은 표에서 제시하지 않았으며 어휘에 대한 문항이 많아 어휘를 다시 형태적, 의미적, 화용적 지식[20]으로 나누어서 분석해 보았다. 또한 속담과 같은 관용 표현을 국어의 규범과 적용 측면으로 보아 임의대로 국어의 규범과 적용 영역에 '기타' 영역을 삽입하여 분석하였다.

### (1) 평가 영역 측면

분석한 내용을 정리한 아래 [표 7]을 통해 국어지식 평가 영역이 '국어의 이해와 탐구'와 '국어의 규범과 적용' 영역에 집중되어 있는 것을 알 수가 있다. 이는 '국어의 본질'과 '국어에 대한 태도' 영역에 대한 평가가 결여되어 있는 것으로 이에 대한 문제는 국어지식 평가와 관련하여 김진규·안주호(2006 : 16)에서도 지적된 바 있다. 특히 국어에 대한 태도의 평가가 이루어지지 않고 있다는 문제제기가 많은데 이는 그 영역의 성격상 명료하게 국어에 대한 태도만을 평가하기가 어려운 점도 감안해야 할 것이다. 7차 교육과정 개정안에서는 태도 부분을 듣기, 말하기, 읽기, 쓰기, 문법, 문학의 6개 영역 모두에서 삭제하였는데 태도가 저학년에서부터 시작하여 전 학년에 걸쳐서 지속적이고 기본적으로 학습되고 전제되어야 한다는 논지에는 변함이 없다고 밝히고 있다.[21] 그러면서 태도에 대한 구체적인 교수·학습 방법과 평가에 대해서 제안하였다고 하고 있지만 실제로 평가에 대한 부분을 살펴보면 듣기, 말하기, 읽기, 쓰

---

20) 하성예(2008 : 32)에서 맞춤법과 단어의 구조 등은 형태적 지식으로, 사전적·문맥적·관용적 의미와 반의·유의·다의어 등은 의미적 지식으로, 상황에 따른 적절한 단어 사용에 대한 것은 화용적 지식으로 분류한 것을 참고하였다.
21) 교육과학기술부(2008), 초등학교 교육과정 해설(Ⅲ), 한솔사, p.18 참조.

기, 문학 영역의 평가에 대해서만 언급하고 있다. 이러한 전후 사실의 합치성 또한 국가 수준 교육과정에서 보완되어야 할 문제이다.[22]

2008년도 6학년 학업성취도 평가 문항을 분석한 것은 아래 [표 7]과 같다.

[표 7] 2008년도 6학년 학업성취도 평가 문항 분석

| 영 역 (문 항) | | 국어의 이해와 탐구 | | | 국어의 규범과 적용 | | | 탐구과정 평가 | 평가 내용 |
|---|---|---|---|---|---|---|---|---|---|
| | | 어휘[23] | | | 표준어와 표준발음 | 문법 | 기타 | | |
| 순 | 문항 번호 | 형태적 지식 | 의미적 지식 | 화용적 지식 | | | | | |
| 1 | 선다형4 | | | | | | ● | · | 속담 활용(듣기 통합) |
| 2 | 선다형9 | | | | | ● | | ◉ | 과거 시제 활용 |
| 3 | 선다형10 | | ○ | | | | | ◉ | 어휘(상하, 유의 관계) |
| 4 | 수행형5 | ○ | | | | | | ◉ | 어휘(고유어, 외래어) |
| 5 | 선다형14 | | | ● | | | | ◉ | 어휘(적절한 사용) |
| 6 | 선다형16 | | ○ | | | | | · | 어휘('발생'의 의미) |
| 7 | 선다형19 | | | | | ● | | ◉ | 어휘('그러자'의 활용) |
| 8 | 수행형7 | | | | ● | | | · | 꽃망울[꼰망울] 등 |
| 9 | 선다형26 | | | | | ● | | ◉ | 다양한 주어형태 이해 |
| 10 | 선다형28 | | ● | | | | | ◉ | 다의어 '대상'의 이해 |

○ : 단순 지식 이해 평가, ● : 지식의 실제적 활용 평가

6학년 학업 성취도 평가 문항은 '국어의 이해와 탐구' 영역 내에서의 출제 비율을 살펴보았을 때 어휘에 치중되어 있다. 물론 어휘에 관한 것으로 분류한 문항에서 문장이나 화용적인 지식과 관련된 문항이 있으므로 문장이나 의미, 담화에 대한 평가가 동시에 이루어지고 있다고 보아도 무방할 것이다. 다만 음운 영역에 대한 평가는 이루어지고 있지 않았다.

---

22) 7차 교육과정 개정안은 이 글의 연구의 중점이 아니기 때문에 그에 대한 자세한 논의는 추후로 미루도록 하겠다.
23) 하성예(2008)의 어휘 분류 참조.

국어 교과서의 평가에서와 같이 어휘의 형태적 지식과 국어의 규범적 지식과 관련되는 것으로써 '맞춤법'에 대한 평가 문항이 포함되어 있지 않았다. 요즈음 인터넷이나 휴대폰을 통한 매체 통신이 국어 생활의 중요한 부분을 차지하게 되었다. 그로 인해 국어의 규범적 사용이 파괴되고 혼란을 빚고 있는 상황에서 맞춤법에 대한 평가는 교수·학습으로 이어져 국어의 규범 교육에 일조할 수 있을 것으로 보인다. 특히 초등학교 과정에서는 국어의 올바른 사용에 대한 태도를 학습하고 내면화해야 하는 시기이므로 맞춤법 교육이 더욱 강조되어야 할 것이다.

### (2) 평가 내용 측면

국어지식 평가에서는 단순한 국어지식의 재인보다는 국어 자료를 이용하여 국어지식을 도출하고 그것을 실제 국어 생활에 활용할 수 있는지를 평가해야 한다는 논의는 7차 교육과정에서 제시하는 탐구 과정과 국어 지식의 실제적 활용을 중시해야 한다는 논리와 일맥상통한다.[24] 위의 [표 7]에서 보자면 단순 국어 지식의 평가 문항도 있지만 국어 지식의 활용에 대한 평가와 탐구 과정에 대한 평가 문항이 각각 7개로 많은 수를 차지하고 있다.

그러나 [수행형 7번] 문항은 출제 방식에서 조금 아쉬움이 있다. 이 문항은 꽃망울, 밭이, 읊어 등의 표준 발음을 쓰도록 하는 문항인데 같은 음운 현상이 나타나는 낱말들을 대상으로 하였다면 탐구 과정을 측정할 수 있는 문항이 될 수 있었을 것이기 때문이다. 다만 수행형 문항을 통해서 국어지식을 평가함으로써 국어지식의 단순 재생을 묻는 선택형 문제 유형보다 진일보한 문항 유형이라 할 수 있다. 다시 말하자면 국어지식

---

24) 박영목 외(1998), 국어과 교수 학습 방법 탐구, 교학사, p.62 참조.

영역의 특성상 국어지식의 단순 이해에 대한 평가를 완전히 배제할 수는 없다고 보았을 때 위의 평가 문항 비율은 나름대로 의미 있는 출제 비율이라고 생각된다.

특히 [선다형 4번]과 같은 문항은 듣기 영역에 해당하는 문항이지만 국어지식도 함께 평가하고 있다. 즉 들려주는 담화와 선택지의 5개 보기가 모두 속담으로 이루어져 관용적 표현에 대한 이해와 실제 활용 능력을 평가하는 문항이다. 이는 관용 표현에 대한 지식과 그것을 실제 국어 생활에 적절하게 활용할 수 있느냐의 능력을 평가하는 문항 유형으로써 매우 바람직하다. 즉 듣기·말하기, 읽기, 쓰기 등 실제 국어 사용 영역과의 통합 평가가 국어지식 교육의 궁극적 목적인 국어지식을 활용한 국어 사용 기능의 신장에 부합하는 길이 될 것이다.[25] 이러한 평가 문항은 국어와 국어지식 교육의 목표 도달뿐만 아니라 학생들의 흥미 재고와 고등 사고력 평가 및 신장에도 총체적으로 기여할 수 있는 바람직한 국어지식 문항 유형이라 할 수 있다.


## 3. 초등학교 국어지식 평가의 개선점

지금까지 초등학교 국어지식 평가의 실제를 점검해보기 위해 초등학교 국어 교과서, 중간고사, 국가수준 6학년 학업성취도 평가 문항을 중심으로 살펴보았다.

국어 교과서의 '되돌아보기'를 분석해본 결과 학년에 맞는 학습 및 평가 내용의 조정이 필요하며 초등학교에서부터 국어의 '가치'나 '맞춤법'

---

25) 국어 교육과 국어지식 교육과의 관계 정립에 대한 부정론, 통합론, 독자론, 포괄론 등의 논의는 김광해(1997 : 25~34)에 요약되어 있음.

과 같은 규범적인 측면에 대한 명시적인 지도가 필요할 것으로 보았다.

'표준 발음'에 대한 분석에서는 학습 및 평가 내용의 선정에서 지식의 실제적 유용성도 고려되어야 한다는 점과 지식의 실제적 활용 측면을 감안하여 평가 단위를 낱말보다는 문장 단위, 의미 단위로 할 것을 제안하였다.

학교 자체에서 실시하는 중간고사를 분석해본 결과 평가 지문이나 정답에서 교과서의 예문을 그대로 인용하여 기억의 단순한 재인 능력만을 평가하는 양태는 지양되어야 하며 국어지식의 실제적 활용과 기초적인 수준에서 탐구 과정을 평가할 것을 제안하였다. 학교 자체에서 실시되는 중간·기말 고사가 교수·학습에 미치는 영향이 지대한 것으로 볼 때 이러한 지식의 실제적 활용과 탐구 과정에 대한 평가는 궁극적으로 학생들의 사고력 향상을 좌우할 것이기 때문에 평가의 질을 개선하기 위한 노력이 필요하다.

국가수준 6학년 학업성취도 평가를 분석한 결과 듣기·말하기, 읽기, 쓰기의 국어사용 영역과의 통합을 통한 평가가 국어사용의 실제적 활용 측면과 부합되므로 앞으로 국어지식 영역의 평가가 지향해야 할 방향으로 보인다.

요컨대 초등학교의 국어지식 지도와 평가에서 국어의 태도 측면인 '가치'와 국어의 규범적 사용 측면인 '맞춤법'에 대한 지도는 가치의 내면화와 올바른 국어사용을 위해 보다 강화되고 구체화되어야 할 것으로 보인다. 또한 국어지식 평가에서 국어의 영역 간 통합을 통한 평가가 학생들의 흥미 재고와 고등 사고력 신장을 위한 바람직한 평가의 방향이다. 덧붙여 초등학교에서 가능한 국어지식 내용에 한해 탐구 과정에 대한 학습과 평가가 이루어진다면 이는 궁극적으로 학생들의 사고력 신장에 기여할 것이다.

# 참고문헌

교육과학기술부(2008), 초등학교 교육과정 해설(Ⅲ), 한솔사.

교육부(1997), 초등학교 교육과정 해설, 교육과학사.

_____(2002), 초등학교 1-6학년 국어 교사용 지도서, 대한교과서주식회사.

_____(2006), 초등학교 1-6학년 국어 교과서, 대한교과서주식회사.

김광해(1996), "국어지식 교육의 위상", 국어교육연구 3집, 서울대학교 국어교육연구
소, pp.21~45.

_____(1997), 국어지식 교육론, 서울대학교출판부.

김진규·안주호(2006), "국어 지식 영역의 내용과 평가방법에 관한 고찰", 새국어교육
73, 한국국어교육학회, pp.5~32.

박영목·한철우·윤희원(1998), 국어과 교수 학습 방법 탐구, 교학사.

박정진(2005), "빈칸메우기 검사의 타당성 연구", 한국초등국어교육 28집, 한국초등국
어교육학회, pp.67~90.

서 혁(2000), "제7차 초등학교 국어과 교과서에 대한 비판적 고찰", 한국초등국어교육
16집, pp.161~186.

_____(2004), "초등학교 국어과 시험의 문제점과 개선 방안", 국어교육학 연구 20집,
국어교육학회, pp.125~166.

송현정(2003), "국어지식 영역의 성취도 평가에 관한 분석 연구", 이중언어학 23호, 이
중언어학회, pp.137~166.

신명선(2000), "초등 학교 국어지식 교육의 방향에 관한 고찰", 국어교육학연구 10, 국
어교육학회, pp.231~255.

_____(2008), "개정 국어과 교육과정의 문법 교육 내용에 대한 고찰", 국어교육학연구
31, 국어교육학회, pp.357~392.

이관규(2003), "국어 지식 교육의 평가 내용과 방법의 현황 및 문제점", 이중언어학 23
호, 이중언어학회, pp.211~226.

_____(2004), "국어 지식 영역의 교수 학습에 있어서 평가 방법에 대한 체계적 및 실
제적 연구", 한국어학 22집, 한국어학회, pp.299~334.

이성영(1998), "교육문법의 체제 연구", 국어교육학연구 8, 국어교육학회, pp.199~243.

이은희(1999), "국어 지식 영역 평가의 체계화 방안 연구", 선청어문 27집, 서울대학교
국어교육과, pp.327~352.

주세형(2006), "국어지식 영역에서의 지식의 성격과 내용 체계화 방법론 연구", 국어교
육학연구 25, 국어교육학회, pp.105~154.

_____(2008), "국어과 평가의 타당도 제고를 위한 문법 교육 방향", 학회 발표집 28, 한말연구학회, pp.110~139.

최현섭 외(1997), 국어교육학개론, 삼지원.

하성예(2008), 연어(連語) 학습을 통한 어휘 지도 방안 연구, 한국교원대학교 석사학위 논문.

# 부 록

1. [1학년, 객관식 11번]

   다음 글을 읽고, 물음에 답하시오.

   > ……[전략] "네가 우리 ⓛ오라버니를 죽였지? ……[후략]

   11번. ⓛ '오라버니'를 부르는 지금의 말로 알맞은 것은 무엇입니까?

   ① 동생　　② 오빠　　③ 아빠　　④ 엄마　　⑤ 선생님

2. [2학년, 객관식 4번]

   4번. 다음 자음자와 모음자를 모아 만들어진 낱말로 알맞은 것은 무엇입니까?

   | ㄲ　　ㅗ　　ㅊ　　ㅂ　　ㅏ　　ㅌ |
   |---|

   ① 꽃집　　② 꽃밭　　③ 꽃씨　　④ 꽃가게　　⑤ 꽃무늬

3. [2학년, 주관식 7번]

   7번. 〈ㅐ〉 소리가 들어가는 낱말을 한 가지 쓰시오. (　　　　　　　)

4. [3학년, 객관식 5번]

   5번. 다음 문장에서 밑줄 그은 부분을 소리 나는 대로 알맞게 발음한 것은 무엇입니까?

   | 엄마는 아기를 <u>눕히고</u>, 이불을 덮어 주셨습니다. |
   |---|

   ① [누피고]　　② [누키고]　　③ [눕히고]　　④ [눕피고]　　⑤ [눈피고]

5. [5학년, 객관식 6번]

   6번. 다음 문장의 밑줄 그은 부분을 소리 나는 대로 알맞게 발음한 것은 무엇입니까?

   | 누가 맞는지 <u>옳고</u> 그름을 가려 보자. |
   |---|

   ① [올고]　　② [온코]　　③ [올코]　　④ [욹고]　　⑤ [욹코]

6. [5학년, 객관식 7번]

다음 글을 읽고, 물음에 답하시오.(7~8번)

> 해　설 : 한석봉이 드디어 글공부를 마치고 집으로 돌아왔습니다.
> 한석봉 : 어머이, 슥뽀이 왔어요, 슥뽀이가요. 어머이!
> 어머니 : 야이야 니, 슥뽀이 아니나? 그래 글공부는 마이 했나? 어데 한번 보자. 불
> 　　　　으 끄고, 나는 떡을 쓸 테이까, 니는 글으 쓰거라이.
> 해　설 : 잠시 후, 불을 켜자, 어머니가 썬 떡은 가지런한데, 한석봉이 쓴 글은 형편
> 　　　　없었습니다.
> 어머니 : 야바라. 야, 니 이게 머이나? 니가 진짜 글 공부를 똑땍이 하기는 했나? <u>니
> 　　　　이래갖고 냉중에 큰인물이 우떠 될라 그르나. 도로 가. 가서 있잖나, 죽어라</u>
> 　　　　하고, 글공부만 똑땍이 해이다. 그 담에 돌아오너라이.

7번. 이 글에 나오는 방언을 표준어로 바꾼 것 중 알맞지 않은 것은 어느 것입니까?

① 야이야 → 얘야　　② 쓰거라이 → 써라　　③ 어머이 → 어머니
④ 똑땍이 → 똑딱이　　⑤ 쓸 테이까 → 썰 테니


7. [5학년, 주관식 8번]

다음 글을 읽고, 물음에 답하시오.(위의 [5학년, 객관식 7번] 지문 참조)

8번. 밑줄 그은 문장을 표준어로 바르게 바꾸어 쓰시오.


8. [5학년, 주관식 15번]

15번. 다음 문장에서 밑줄 그은 부분에 해당하는 문장의 형식을 두 가지 쓰시오.

> 나는 누나와 <u>밥을 먹는다</u>.


9. [6학년, 주관식 7번]

7번. 낱말 '맏며느리'를 소리 나는 대로 쓰시오. (　　　　　　　　　)

**② 2008년 6학년 국가수준 학업성취도 평가의 국어지식 평가 문항(10개)**

1. [선다형 4번] 듣기평가

> • 이번에는 가족들의 대화 내용을 들려 드립니다. 잘 듣고 물음에 답하시오.
> **아들(남자 1, 초등학생)** : 엄마, 운동화 사 주세요. 저도 친구들처럼 멋진 운동화를 신고 싶어요. 나만 이런 운동화 신고 다닌단 말이에요.
> **엄마** : 운동화 산 지 얼마나 되었다고 그러니? 아직은 멀쩡한데, 좀 더 신다가 새 학기에 사면 좋겠구나.
> **아빠** : 엄마 말씀이 옳아. '백지장도 맞들면 낫다.'는 말처럼 작은 것도 아껴 써야 한단다. 이런 작은 절약이 쌓이고 쌓이면 큰 재산이 되거든. '세 살 적 버릇이 여든까지 간다.'는 말도 있잖니? 아빠는 우리 아들이 어려서부터 아껴 쓰는 사람이 되었으며 좋겠어.
> **엄마** : 그래, '발 없는 말이 천 리 간다.'고 지금 신는 신발도 좋은데, 또 새것을 산다는 건 낭비라고 생각돼. '쇠뿔도 단김에 빼랬다.'는 말 들어 봤지? 모양만 예쁜 운동화를 골랐다가 나중에 불편해서 잘 신지 못할 수도 있어.
> **아빠** : '열 손가락 깨물어 안 아픈 손가락 없다.'고 엄마 말씀을 잘 들으면, 너에게도 손해가 없을 거야. 한번 잘 생각해 보렴.

4번. (물음) 대화에 나오는 속담 중에서 알맞게 사용된 것은 어느 것입니까?

① 백지장도 맞들면 낫다.　　② 세 살 적 버릇이 여든까지 간다.
③ 발 없는 말이 천 리 간다.　　④ 쇠뿔도 단김에 빼랬다.
⑤ 열 손가락 깨물어 안 아픈 손가락 없다.

2. [선다형 9번]

다음 글을 읽고, 물음에 답하시오.

> (가) 지난 여름방학 나는 형과 함께 삼촌이 일하시는 자동차 공장으로 견학을 갔다. 정문에 들어서자……[후략]

9번. 밑줄 친 문장 (가)와 시간 표현이 같은 것은 어느 것입니까?

① 나는 지금 동화책을 읽는다.
② 운동장에서 친구들이 축구를 한다.
③ 내일은 교실 화분에 꼭 물을 주어야겠다.
④ 어제 우리 가족은 이모 결혼식에 참석했다.
⑤ 다음 일요일에 친구와 함께 서점에 가겠다.

3. [선다형 10번]

10번. 낱말 사이의 관계가 〈자료〉와 같이 짝지어진 것은 어느 것입니까?

─── 〈자 료〉 ───

나는 <u>운동</u>을 좋아합니다. 오늘도 수업이 끝난 후 운동장에서 <u>축구</u>를 하고 집으로 돌아왔습니다.

① 곤충 – 개미  ② 승낙 – 거절  ③ 그늘 – 응달  ④ 의무 – 권리  ⑤ 티끌 – 먼지

4. [수행형 5번]

수행평가 5번. ㉠에 들어갈 알맞은 말을 쓰고, ㉡에 들어갈 말은 〈보기〉에서 골라 쓰시오.

─── 〈보 기〉 ───

학교, 지붕, 레스토랑, 운동장, 필름, 빵

| 구 분 | 뜻 | 예 |
|---|---|---|
| 고유어 | 우리말에 본디부터 있던 말이나 그것에 기초하여 새롭게 만들어진 말 | ㉡ |
| ㉠ | 다른 나라 말에서 빌려 와서 우리말처럼 쓰이는 말 | 빵 |

㉠ :                    ㉡ :

5. [선다형 14번]

다음 글을 읽고, 물음에 답하시오.

우리가 살고 있는 지구와 가장 가까운 행성은 금성입니다. 금성은 지구와 마찬가지로 태양계에 속해 있습니다. 금성은 태양계에서 지구와 수성 사이에 위치하며, 지구와 가장 가까울 때는 약 4100만km 정도 떨어진 곳에 있습니다. 우주에서 볼 때 금성과 지구는 크기가 비슷하기 때문에 ㉠<u>마치</u> 쌍둥이별처럼 보입니다.

이처럼 지구와 거리도 가깝고 크기도 비슷해서 예부터 사람들은 금성에 많은 관심을 가졌습니다. 어떤 사람들은 '㉡<u>혹시</u> 외계인이 살고 있는 것은 아닐까?'라고 생각하기도 했습니다. 그러나 탐사 결과 생물체가 ㉢<u>전혀</u> 살 수 없는 곳으로 밝혀졌습니다.

금성의 이름들도 여러 가지가 있었습니다. 우리 선조들은 ㉣<u>비록</u> 저녁에 보이는 금성과 새벽에 보이는 금성을 다른 이름으로 구분하여 불렀습니다. 우리나라에서는 저녁에는 서쪽 하늘에서, 새벽에는 동쪽 하늘에서 ㉤<u>자주</u> 볼 수 있습니다. 보통 해가 진 후 또는 해가 뜨기 전 약 3시간에 걸쳐 반짝이는 모습을 보여줍니다. 저녁에 보이는 금성을 '개밥바라기' 또는 '태백성'이라고 불렀고, 새벽에 보이는 금성을 '샛별' 또는 '계명성'이라고 불렀습니다.

14번. 밑줄 친 ㉠~㉤ 중에서 적절하지 않은 낱말은 어느 것입니까?

① ㉠　　　② ㉡　　　③ ㉢　　　④ ㉣　　　⑤ ㉤

6. [선다형 16번]

다음 글을 읽고, 물음에 답하시오.

> ……[전략] 이 외에도 학교 안팎에서 크고 작은 자전거 사고가 종종 ㉠ 발생 하였
> 다. ……[후략]

16번. 밑줄 친 ㉠의 뜻에 해당하는 것은 어느 것입니까?
① 더 좋은 상태로 나아감
② 어떤 일이나 사물이 생겨남
③ 성장하여 완전한 형태에 가까워짐
④ 세상에 알려지지 않은 것을 처음으로 찾아냄
⑤ 전에 없던 것을 새로 생각해 내거나 만들어 냄

7. [선다형 19번]

다음 글을 읽고, 물음에 답하시오.

> ……[전략] 거울을 처음 본 아내는 거울 속에 비친 자기 모습을 보고 소스라치게 놀
> 랐다. ㉠그러자 며느리의 울음소리를 들은 시어머니가 방으로 들어왔다. ……[후략]

19번. 밑줄 친 ㉠이 들어가기에 가장 적절한 것은 어느 것입니까?
① 숲이 울창했다. (　　) 산불이 나서 잿더미로 변해 버렸다.
② 철수는 아침마다 운동을 한다. (　　) 철수는 자전거를 탔다.
③ 어젯밤에 눈이 많이 내렸다. (　　) 해가 뜨자 다 녹아 버렸다.
④ 선생님께서 교실에 들어오셨다. (　　) 떠들던 아이들이 조용해졌다.
⑤ 아버지께서 밝은 표정으로 말씀하셨다. (　　) 아버지께서 화가 나신 줄 몰랐다.

8. [수행형 7번]

수행평가 7번. 아래 대화에서 밑줄 친 ㉠~㉢을 〈예〉와 같이 바르게 소리 나는 대로
쓰시오.

> 손　　녀 : 할아버지, ㉠꽃망울 좀 보세요.
> 할아버지 : 참 예쁘구나, 이 ㉡밭이 꽃으로 가득하면 더 아름답겠지? 기분도 상쾌한
> 데, 시조나 한 수 ㉢읊어 볼까?

| 〈예〉 꽃으로 | → | [꼬츠로] |
|---|---|---|
| ㉠ 꽃망울 | → | [    ] |
| ㉡ 밭이 | → | [    ] |
| ㉢ 읊어 | → | [    ] |

9. [선다형 26번]

26번. 문장에서 〈자료〉의 밑줄 친 부분과 같은 역할을 하는 것은 어느 것입니까?

———————— 〈자 료〉 ————————
시골에 계시는 <u>할아버지께서는</u> 농사를 지으신다.

<u>연수가</u>　　　<u>운동장에서</u>　　　<u>신나게</u>　　　<u>달리고</u>　　　<u>있다.</u>
　①　　　　　　②　　　　　　③　　　　　④　　　　　⑤

10. [선다형 28번]

다음은 어느 학생의 발표문이다. 글을 읽고, 물음에 답하시오.

……[전략] 컴퓨터 게임 중독 정도를 알아보기 위해 어린이를 ㉠<u>대상</u>으로 하는 검사지를 활용하는 것도 좋은 방법이다.

28번. 위 글의 문맥으로 볼 때, 밑줄 친 ㉠의 의미와 같은 것을 어느 것입니까?

① 조선시대 개성에는 많은 <u>대상</u>들이 활약했다.
② 수진이는 글짓기 대회에서 <u>대상</u>을 수상하였다.
③ 과학 시간에 초파리를 관찰 <u>대상</u>으로 정하였다.
④ 교내 합창 대회에서 우리 반이 <u>대상</u>으로 뽑혔다.
⑤ 사막에서는 <u>대상</u>들이 낙타를 타고 이동하기도 한다.

# 1. 문학교육 평가의 전제

문학교육 평가는 학습자의 선발이나 개인차를 내기 위한 '서열의 조직'에 있는 것이 아니라 모든 학습자가 수업 목표를 달성할 수 있도록 적절한 학습 방법을 제공하고, 이를 통해 인격 성장 및 문화 창달을 평가의 주목적으로 해야 한다. 문학교육은 문학을 체질화하고 그에 기반하여 활동하는 능력의 교육이며, 문학 능력의 함양을 통해 개인적으로는 인격의 성장에 이르고, 사회적으로는 문화의 계승과 창달에 이르는 것을 목표[1]로 하기 때문이다. 이는 교수 프로그램에 관한 의사결정을 하기 위해서 학습자의 행동변화 및 학습과정에 관한 정보를 수집하고 이용하여 교육적 의사 결정을 내리는 데 도움을 주거나 혹은 의사결정을 하는 과정 바로 그 자체[2]라고 규정한 교육 평가관을 반영한 것이다. 문학교육 평가가

---

[1] 김대행 외(2000), 문학교육원론, 서울대학교 출판부, p.37. 최현섭도 문학교육의 목표로서 문학적 문학의 고양, 상상력의 발달, 삶의 총체적 체험, 심미적 정서의 함양, 민족 정서의 이해와 습득 등으로 정리한 바 있다(최현섭 외(1999), 국어교육학개론, 삼지원).

인간 능력의 위계화를 규정한다기보다는 개별적인 인간을 이해하는 역할[3]로 작용하고 있음을 알 수 있다. 여기에서 '인간 이해'란 문학 학습자가 문학작품을 통해 문학적 행동의 습관화와 가치관 등 자기정체성을 형성해가기 위해 반응하는 정서의 올바른 방향성을 확인하는 일이다.

'수준별 교육과정'[4]도 이러한 맥락에서 수용할 수 있다. 그러나 실제 학교 현장에서 이루어지는 교육평가는 학습자에 대한 이해보다는 학습자의 성취수준을 우열화하여 학습자의 학습능력 혹은 학습수준을 규정함으로써 상급학교 진학을 위한 선발적 평가에 초점을 맞추고 있다. 교육현장에서 감지되는 실제적인 교육현상이 선발적 평가방식을 요구하고 있음을 무시할 수는 없다. 중등교육과정에서 평가의 최종 단계라고 할 수 있는 대학수학능력시험이 교수자나 학습자, 나아가 사회구성원들에게 미치는 영향력이 상당하기 때문에 '인간 이해'라는 문학교육 평가의 이상적인 목표를 실현하기란 교수자나 학습자 모두에게 쉬운 일이 아니다. 그럼에도 불구하고 여전히 문학교육 평가의 목표를 '인간 이해'에 둘 수밖에 없는 것은 문학교육이 문학 능력의 향상을 통하여 인간다움을 성취하는 교육활동[5]임이 분명하기 때문이다. 이는 곧 우리 문학교육이 나아가야 할 당위적인 지점이기도 하다.

이러한 전제를 토대로 2장에서는 문학교육에서의 평가와 그것의 활용에 관한 기존의 연구 성과를 검토하고, 3장에서 '정서'를 중심으로 '인간 이해'라고 하는 문학평가의 목표에 근접할 수 있는 새로운 문학교육 평가 항목을 제시해보고자 한다.

---

2) 황정규 외(1998), 교육학개론, 교육과학사, p.301.
3) 구인환 외(1994), 문학교육론, 삼지원, p.301.
4) 각 학교의 수준별 교육과정 운영은 학생들의 능력, 적성, 필요, 흥미 등의 개인차를 고려하여 교육과정의 차별화, 다양화를 기함으로써 학생 개개인의 성장 잠재력과 교육의 효율성을 극대화하고 자기 주도적 학습 능력을 갖춘 학생을 양성하는 데 목적이 있다.
5) 김대행 외(2000), 문학교육원론, 서울대학교 출판부, p.5.

## 2. 연구 성과 검토

　박재승[6]은 '문학교육은 문학능력의 향상을 통하여 인간다움을 성취하는 교육 활동'이기 때문에 문학교육에서 작품을 직접 읽는 방향으로 평가가 이루어져야 한다고 했다. 이때 평가의 대상이 되는 것은 작품을 읽고 구체적으로 무엇을 알게 되었는가 하는 '내용' 위주이다. 문학교육에서 작품을 직접 읽는 방향으로 평가가 이루어지면 그 결과는 먼저 언어능력을 신장시키는 데 중요하게 활용될 수 있다. 언어구조물인 문학작품을 많이 읽는 학습자의 언어능력이 신장되는 것은 당연한 이치다. 다음으로는 세상 사람들이 살아가는 다양한 모습과 이치가 문학 작품 속에 풍부하게 들어있기 때문에 국어과 교육과정에서 목표로 설정한 "언어 활동과 언어와 문학의 본질을 총체적으로 고려하면서 국어를 정확하고 효과적으로 사용하며, 국어문화를 바르게 이해하고, 국어의 발전과 민족의 언어 문화 창달에 이바지할 수 있는 능력과 태도를 기른다."고 하는 국어 목표, 즉 삶에 대한 이해의 폭을 깊고 넓게 할 수 있다는 입장이다. 문학 평가는 '기능주의'적 측면에서 언어 능력을 신장시킬 수 있으며, 이를 통해 삶에 대한 이해를 깊고 넓게 할 수 있고, 바람직한 인간으로 성장할 수 있다는 '인간이해'의 교육목표를 달성할 수 있다는 입장이다.

　최미숙[7]은 문학교육 평가를 위해서는 먼저 서열화·점수화된 평가가 아니라 학생들의 국어 능력 신장을 위한 지도·조언을 위한 평가가 전제되어야 한다고 하였다. 문학작품에 대한 이해, 해석, 감상 내용을 표현하게 함으로써 평가가 이루어져야 하고, 문학교육 특수성에 대한 인식을 토대로 평가 논의가 있어야 한다고 하였다. 그러면서 이와 같은 문학교

---

6) 박재승(2007), "문학교육평가의 활용방안 연구", 새국어교육 제73호, 한국국어교육학회.
7) 최미숙(2000), "문학교육에서의 평가 연구", 국어교육학연구 11, 국어교육학회.

육 평가가 쉽지 않은 이유로 첫째, 특정 자극에 대하여 동일한 반응을 기대하기 어렵고, 둘째, 특정 자극에 대한 반응 과정에서 분명히 교수 과정에서 전달된 가시적 내용 이외의 반응도 가능하다는 점을 고려해야 하며, 셋째, 독자들이 보이는 반응을 위계화하기 어려운 측면과 마지막으로 성취 기준에 대한 도달 정도를 정확하게 측정하기 어려움을 제시하고 있다. 그러면서 문학교육 평가를 위한 몇 가지 실마리를 제시하는데 첫째, 반응의 유형을 다양화·위계화하여 평가하는 방안, 둘째, 특정 종류의 반응을 유도한 후 평가하는 방안, 셋째, 교육적으로 유의미한 몇 개 항목을 중심으로 학생들 반응을 시기적·공간적으로 자유롭게 열어 놓고 평가하는 방안, 넷째, 학생들이 감상한 내용을 아무런 내용적·형식적 조건 없이 자유롭게 쓰도록 하고 평가하는 방안, 다섯째, 반응 과정을 중심으로 채점 기준을 작성하는 방안 등을 제시하고 있다. 이를 위해서는 성취기준과 평가기준에 적합하면서도 반응은 열어놓는 평가 도구를 개발해야 한다는 입장을 밝히고 있다.

정현선8)은 문학교육 평가에 양적인 평가와 질적인 평가가 있다고 하면서 두 경우 모두 문학을 읽는 하나의 보편적인 관점이 있다는 본질주의적 관점을 탈피해야 한다고 하였다. 학생들이 정확히 '어떤 종류의 관점으로' 문학을 보는 눈이 있거나 없는 것인가에 대해 설명할 수 있어야 한다는 것이다. 그러면서 문학교육 평가에 있어서 사실과 가치의 이분법을 넘어서는 다원주의가 필요하다고 하였다. 다원주의란 문해력 자체의 본질에 천착하지 않고, 실행된 문해력, 전개된 문해력, 사고된 문해력, 표현된 문해력, 그리고 이런 맥락에서 표명된 문해력으로 눈을 돌리는 입장을 말한다. 문학적 글쓰기가 어떤 단일한 본질의 구현으로서가 아니라

8) 정현선(1997), "문학교육에서의 평가에 대한 비판적 검토", 문학교육학 제1호, 한국문학교육학회.

특정한 사회적·문화적·역사적 환경 속에서 행해진 것으로서 볼 수 있는 힘을 갖고 있는가, 그것에 대해 독자로서 평가할 수 있는가 하는 점이 문학교육 평가의 대상이 되어야 한다는 입장이다.

한창훈[9]은 문학교육 영역이 보편적으로 인지적 영역과 정의적 영역으로 나누어보는 견해가 있음을 확인하면서 정의적 영역 특히 정서[10]에 주목하였다. 특정한 문학작품에 적절한 정서로써 반응하는 것이 하나의 교육적 목적이 될 수 있다는 입장을 견지하면서 학습자들이 특정한 문학작품을 보는 방법에 면밀한 관심을 기울여야 함을 설명하고, 문학교육에서 정서 평가는 문학작품에 형성되어 있는 정서적 경험을 학습자가 어떤 과정을 통해 자신의 정서 경험과 '조응'하여 이해하고 있는가에 초점을 맞출 수밖에 없다고 하였다. 한창훈은 논의를 정리하면서 문학교육에서 정의적 영역, 즉 정서 교육 평가 문제에 대해

(1) 중등학교 문학교육에서 정의적 영역의 평가는 인지적 영역의 요소를 고려하지 않을 수 없다.
(2) 문제는 이 인지적 요소를 절대적으로 주어진 것으로 처리하면, 학습자의 정의적 요소 파악 능력을 제대로 측정할 수 없다.
(3) 그렇다고 하여, 학습자의 정서 반응을 다 가치 있는 것으로 파악해 버리면, 평가라는 것 자체가 무의미하게 된다.
(4) 때문에 평가자는 학습자의 정서를 유도하는 입장에 서야 하며, 그 유도의 조건을 주어진 텍스트 혹은 컨텍스트에 조건화 하여야 한다.
(5) 결국 중등학교 특히 고등학교 수준의 입장에서는, 작품에서 느끼는

---

9) 한창훈(2004), "중등학교 문학교육에서 정의적 영역 평가의 문제", 문학교육학 제12호, 한국문학교육학회.
10) 정서(情緖, emotion)란 감각을 매개로 받아들이게 되는 인간의 심리적 능력이나 반응을 말한다. 한창훈, 위의 글.

정서를 표현해내는 것이 중요한 것이 아니고, 자신의 정서를 이끌어내는 텍스트 내적 혹은 외적 조건, 즉 근거를 추출해낼 수 있는 설명 능력(=공감력)이 중요하며, 이것이 평가의 대상이 된다.

고 제안하고 있다.

이러한 제안은 제7차 고등학교 <문학> 과목의 목표인 "문학의 수용과 창작 활동을 통하여 문학 능력을 길러, 자아를 실현하고 문학 문화 발전에 능동적으로 참여하는 바람직한 인간을 기른다." 및 세부사항 중 "나. 작품의 수용과 창작 활동을 함으로써 문학적 감수성과 상상력을 기른다. 다. 문학을 통하여 자아를 실현하고 세계를 이해하며, 문학의 가치를 자신의 삶으로 통합하려는 태도를 지닌다."고 하여 학습자의 능동적 요소를 강조하고 있는 것과 맥을 같이 한다고 볼 수 있다.

위에서 검토한 내용을 포괄적으로 정리하면 문학교육 평가는 문학에 대한 '평가'가 아니라 문학작품을 수용하는 '인간'에 대한 '이해'에 초점이 맞추어져 있음을 알 수 있다. 이는 문학의 향유 과정을 통하여 이전보다는 향상된 문학 능력을 지니게 되고, 그 결과로서 그 이전과는 다른 사람으로 변모한다는, 즉 학교에서 문학교육을 받은 개인들이 교육의 본질과 방법을 바탕으로 장차 저마다의 삶을 영위하면서 문학교육적 원리를 생활화하고, 그 결과로서의 효과를 극대화함으로써 인간다움을 성취하도록 하는 문학교육적 이상을 실현하는 것이기도 하다.[11]

---

11) 김대행 외, 앞의 책, p.6.

## 3. 학습자의 정서 형성을 위한 문학교육 평가

문학작품을 통해 '인간 이해'에 이르는 교육 목표를 달성하기 위해서는 무엇보다도 문학교육 평가의 적절성이 확보되어야 한다. 평가의 적절성을 확보하기 위해서는 '평가'가 지닌 위계적 속성을 제거할 필요가 있다. 문학교육이 '인간 이해'라는 목표를 설정하고 있다는 데 동의할 경우 '위계지향적 평가'[12)는 자칫 '인간' 자체의 서열화를 부추길 수 있기 때문이다. 이는 7차 국어과 교육과정 개정안에서 규정하고 있는 <문학> 과목의 성격에 반하는 평가방법이기도 하다.

7차 국어과 교육과정 개정안에서는 <문학> 과목의 '성격'을 다음과 같이 규정하고 있다.

> 문학은 인간의 체험과 상상력으로 이루어진 언어 예술이자 소통 행위이며, 개인과 공동체의 생활 경험 및 미의식을 담아내는 문화의 한 양식이다. 문학은 음성과 문자를 중심으로 한 다양한 매체로 구현되고, 사회 · 문화의 다른 영역과의 관련 속에서 존재한다.
> 문학은 인간과 사회 및 역사의 본질을 심미적 언어로 형상화하고, 이를 바탕으로 개인의 자아를 실현하며 공동체의 삶과 문화를 발전시키는 데 그 가치가 있다. 학습자는 문학을 통하여 창의적인 언어 능력과 사고력을 기르고, 정서와 심미 의식을 함양하고 가치관을 확립하며, 더불어 살아가는 존재로서 자아를 발전시킬 수 있다.
> '문학'은 국민 공통 기본 교육과정의 '국어' 과목 중 '문학' 영역을 심화 · 발전시킨 과목이다. 이 과목에서는 다양한 문학 경험과 활동을 통해 이해 · 표현 능력을 심화하여, 학습자가 바람직한 문학 주체로 성

---

12) 일반적으로 평가는 측정(measurement)의 성격과 점검(inspection)의 성격을 가지고 있다. 측정은 어떤 대상에 대해 엄밀한 규칙에 따라 수치를 부여하는 것을 의미한다. 즉 학습자가 어떤 특성을 소유한 정도를 양적으로 표현하는 과정이다. 반면 점검은 교육 목표에 대한 학습자의 성취도를 알아보거나 학습자의 성취도와 목표와의 일관성을 확인하는 것이다.

장하고 인간다운 삶이 가능한 사회를 만드는 데 기여하도록 도움을 주는 것을 목적으로 한다. 이 과목에서는 다양한 문학 경험과 활동을 통해 이해·표현 능력을 심화하고, 바람직한 문학 주체로 성장하여, 인간다운 삶이 가능한 사회 형성에 기여하도록 하는 데 중점을 둔다.[13]

개정된 국어과 교육과정이 제시하고 있는 <문학> 과목의 '성격' 가운데 '학습자는 문학을 통하여 창의적인 언어 능력과 사고력을 기르고, 정서와 심미 의식을 함양하고 가치관을 확립하며, 더불어 살아가는 존재로서 자아를 발전시킬 수 있다.'는 규정은 학습자의 인격 형성과 연관 지을수 있으며, 이는 결국 '인간 이해'에 맞닿아 있음을 확인할 수 있다. <문학> 과목의 성격이 '인간 이해'에 있다는 사실은 <문학> 과목의 평가 또한 '인간 이해'를 중심으로 이루어져야 한다는 뜻이다.

따라서 이 글에서는 '정서와 심미의식 함양'에 주목하여 문학교육을 통한 학습자의 '정서'적 측면을 중심으로 문학교육에서의 평가 방법을 구안해 보았다. <문학> 과목의 '성격'에서 제시한 '다양한 문학 경험과 활동을 통해 이해·표현 능력을 심화하고, 바람직한 문학 주체로 성장하여, 인간다운 삶이 가능한 사회 형성에 기여하도록 하는 데 중점을 둔다'는 사실에 착안하여 문학 경험의 이해 측면에서는 (1) 정서 반응 평가 항목을 설정하고, 표현 측면에서는 (2) 정서 반응 기술 평가 항목을 제시하였다. 그리고 '바람직한 문학 주체'란 결국 문학 작품에 나타난 정서와 그 정서를 수용하여 자신의 내면에서 일어나는 정서적 반응을 재구성해낼 수 있는 학습자라는 판단에서 (3) 정서 재구성 평가 항목을 설정하였고, 문학 작품에 대한 정서적 반응의 적절성 여부는 작품에 대한 이해의 합당성에 달려 있다[14]는 판단에서 (4) 문학지식 평가 항목을 제시하였다.

---

13) 교육인적자원부, 교육인적자원부 고시 제2007-79호[별책] 국어과 교육과정.
14) 제임스 그리블, 나병철 역(1987), 문학교육론, 문예출판사, p.180.

마지막으로 문학교육을 통해 '인간다운 삶이 가능한 사회 형성에 기여'하기 위해서는 평생에 걸쳐 문학 활동이 이루어져야 하므로 (5) 문학태도 평가를 설정하였다. 문학교육을 평가하는 데 있어서 '정서'에 주목한 것은 그동안 문학교육 현장에서 이루어진 교수·학습 과정이 문학작품에 나타난 미의식과 문학작품이 지닌 가치의 확인에 치우쳐 학습자가 문학작품을 통해 일으키는 정서 반응 양상을 평가하는 데 소홀했다는 판단에서다. 문학교육 평가 항목을 설정하는데 특히 '정서'의 측면에 주목한 이상 '정서'의 개념을 먼저 검토해볼 필요가 있다.

### 1) 정서의 개념

정서는 두려움, 분노, 기쁨, 놀람, 증오 등으로 지칭되는 정신적 작용이다. 이는 정서를 객관적으로 존재하는 사물로 볼 수 없다는 뜻으로, 정서는 실체가 아니라 일종의 작용이라는 말이다.[15] 김정희·김현주·정인숙은 정서를 "일상생활 과정을 통해 일어나는 희로애락의 급격한 감정의 흥분 상태, 즉 어떤 외부적인 자극이나 유기체의 내적인 조건이나 욕구 상태에 의해 유발되는 변화를 기초로 하여 동요되고 흥분될 때 경험하는 심리적인 상태"라고 정의한다.[16] 이러한 정의는 정서의 작용이 외부 자극뿐만 아니라 학습자 내적 조건에 따라서 유발될 수 있음을 말해준다. 이렇게 유발된 정서는 일상생활을 통해 유발되는 '삶의 정서'이며, '삶의 경험' 속에서 어떤 외부적인 자극이나 유기체의 내적인 조건 및 욕구 상태에 의해 유발되는 작용이다.

한편 제임스 그리블은 책이나 연극에 대한 정서적 반응을 '문학의 정

---

15) 김대행 외, 앞의 책, p.197.
16) 김정희·김현주·정인숙(1998), 아동발달심리, 동문선, p.225(한명숙(2002), "문학교육의 정서 탐구", 청람어문교육 24집, 청람어문교육학회, p.235에서 재인용).

서'로 보았다. "문학 작품 속에 그려진 사건·인물에 반응해서 경험하는 정서가 묘사된 사건·인물에 반응하는 것이라는 이유 때문에 덜 <실재적>이지는 않다."[17]고 하면서 '문학의 정서'를 '삶의 정서' 못지않게 중요하게 언급하였다. 이처럼 인간의 정서를 '삶의 정서'와 '문학의 정서'를 구분하는 태도는 김대행도 마찬가지다.

> 감정이나 정서는 인간의 정신적·감정적 작용의 하나로 정서를 인식하는 과정에는 글쓴이의 감정이 형상화된 문학 작품의 정서가 중요하게 작용한다. 따라서 문학 창작에는 글쓴이의 감정이 중요하다. 그러나 이 감정은 문학적 형상으로 재구성되고, 여기에는 글쓴이의 상상력이나 창조성과 같은 능력이 작용한다. 이 단계에서 정서가 생성되며, 이 정서는 다시 독자에게 전이된다. 즉 문학 작품에 형상화된 것이 정서이며, 이런 정서는 독자의 문학 작품에 대한 감정을 의식하는 데 작용한다.[18]

'문학의 정서'는 정서 주체에 따라 글쓴이, 작중 화자, 독자 측면으로 구분할 수 있으며, 이들 사이에서 벌어지는 갈등 양상을 통해 동화 혹은 이화된 형태로 전이되면서 카타르시스 효과를 지닌다. 독자가 카타르시스에 이르기 위해서는 글쓴이 혹은 작중 화자의 정서를 내면화하는 과정이 필요한데, 이 내면화 과정을 김대행은 '체득'으로 설명하고 있다. 그러면서 독자가 작품을 통해서 체득할 수 있는 정서적인 반응의 실체가 곧 문학의 정서라고 정의하고 있다.[19]

지금까지 살펴본 '정서' 개념 가운데 이 글에서 중심 논의로 삼고자 하는 것은 김대행이 정의하고 있는 '문학의 정서'이다. "문학에 표현된 정서가 무엇인가를 이해하기보다는 이를 학습자들의 정서 체험으로 전환

---

17) 제임스 그리블, 앞의 책, p.182.
18) 김대행 외, 앞의 책, pp.197~198.
19) 김대행 외, 앞의 책, p.201.

하는 활동을 중심으로 문학적 정서가 교수·학습되어야 한다."[20]는 김대
행의 주장이 '인간 이해'를 위한 문학교육과 맥이 통한다고 판단했기 때
문이다.

### 2) 문학교육 평가

'문학의 정서' 체험은 문학 텍스트나 교사, 문학 교수·학습 과정 혹
은 학습자로부터 추출되는 것은 아니다. 학습자는 문학 텍스트를 읽음으
로써 내면화되는 상상적 체험을 통해 문학의 정서를 얻는다. 이때 상상
적 체험은 학습자의 선험적 체험과 문화적 환경에 의존한다. 따라서 문
학 텍스트에 반응하는 학습자의 문학의 정서는 학습자의 성장과정, 독서
습관 및 태도, 가치관 등 학습자를 이해하는 유효한 단서가 된다.

학습자의 상상적 체험은 학습자의 정의적 특성을 보여준다. 정의적 특
성은 흥미, 태도, 가치관, 자아개념, 불안, 동기, 성격 등 다양한 내용이
포함된 인간의 정서와 기질을 기초로 발달되는 비지적(非知的) 특성을 총
칭한다.[21] 이러한 학습자의 정의적 특성이 어떻게(how) 내면화되어 가는
지 추적하는 과정은 '학습자가 바람직한 문학 주체로 성장하고 인간다운
삶이 가능한 사회를 만드는 데 기여하도록 도움을 주는 것을 목적'으로
하는 문학교육 목표에 부합한다. 문학교육 평가 역시 이러한 목표에 근
접할 수 있는 적절한 평가 도구 개발이 요청되는데, 이 글에서 검토하고
자 하는 문학의 정서가 학습자의 정의적 특성이 어떻게 내면화되는지 평
가하는 하나의 적절한 방법이 되리라는 생각이다.

---

20) 김대행 외, 앞의 책, p.201.
21) 황정규 외, 앞의 책, p.242.

### (1) 정서 반응 평가

문학교육에서 학습자의 정서는 '인간이해'라는 교육목표 달성에 중요한 지표가 된다. 이는 학습자의 정서 반응이 문학교육 평가에 한 축을 담당할 수 있다는 뜻이다. 하지만 정서라고 하는 추상적인 영역을 평가한다는 것은 쉬운 일이 아니다. 일반적으로 평가가 지필고사 형식으로 진행되는 점을 감안하면 문학작품에 대한 정서 반응이 언어를 통해 정확하게 전달될지 의문이다. 그런 점에서 문학 작품을 읽고 난 학습자의 정서 반응 평가를 언어가 아니라 예술작품으로 접근해보는 방법이 있다. 예를 들어, 이효석의 '메밀꽃 필 무렵'에서 달밤에 흐드러지게 핀 메밀꽃을 묘사한 지문을 제시하고, 이에 대한 정서 반응 문항을 언어적 설명이 아니라 다양한 정서 반응을 유도할 수 있는 그림이나 카툰 만화 등으로 제시할 수 있다. 이 경우 학습자는 자기의 정서를 언어로 표현할 필요 없이 문학 작품에서 일어난 정서 반응과 가장 유사한 형태의 정서 반응을 일으키는 그림 혹은 카툰 만화를 선택할 수 있다. 이러한 정서 반응 평가에 특정한 정답이 있어서는 안 된다. 다만 정답 보기들을 일정한 유형으로 구분하여 학습자가 선택한 보기에서 그 학습자의 정서 반응 유형을 추출해내고 이를 통해 학습자가 '인간이해'의 교육목표에 부합하기 위한 바람직한 문학교육 교수·학습 프로그램을 설계할 수 있는 방향으로 평가가 진행되어야 한다. 이와 같은 정서 반응 평가가 이루어지기 위해서는 제시 지문 역시 다양한 정서적 반응을 유발할 수 있는 문학작품을 선택하고, 제시 지문에서 유발 가능한 정서를 다양하게 확인할 수 있는 보기를 제시하는 것이 바람직할 것이다.

[예시 문항] 다음 작품을 읽고 난 후 독자의 마음속에 일어난 정서 반응을 아래 보기에서 고르시오.

줄 끊어진 기타를 영희는 쳤다. 나는 아버지가 무슨 생각을 하고 있는지 알 수 없었다. 〈일만 년 후의 세계〉라는 책을 아버지는 개천 건너 주택가에 사는 젊은이에게서 빌렸다. 그의 이름은 지섭이었다. 지섭은 그 집 가정교사였다. 아버지와 그는 서로 통하는 데가 있었다. 지섭이 하는 말을 나는 들었다. 그는 이 땅에서 우리가 기대할 것은 없다고 말했다.

"왜?"

아버지가 물었다. 지섭은 말했다.

"사람들은 사랑이 없는 욕망만 갖고 있습니다. 그래서 단 한 사람도 남을 위해 눈물 흘릴 줄 모릅니다. 이런 사람들만 사는 땅은 죽은 땅입니다."

"하긴!"

"아저씨는 평생 동안 아무 일도 안 하셨습니까?"

"일은 안 하다니? 일을 했지. 열심히 했어. 우리 식구 모두가 열심히 일했네."

"그럼 무슨 나쁜 짓을 하신 적은 없으십니까? 법을 어긴 적 없으세요?"

"없어."

"그렇다면 기도를 드리지 않으셨습니다. 간절한 마음으로 기도를 드리지 않으셨어요."

"기도도 올렸지."

"그런데, 이게 뭡니까? 뭐가 잘못된 게 분명하죠? 불공평하지 않으세요? 이제 이 죽은 땅을 떠나야 됩니다."

"떠나다니? 어디로?"

"달나라로!"

"얘들아!"

어머니의 불안한 음성이 높아졌다. 나는 책장을 덮고 밖으로 뛰어 나갔다. 영호와 영희는 엉뚱한 곳을 찾아 헤매고 있었다. 나는 방죽가로 나가 곧장 하늘을 쳐다보았다. 벽돌 공장의 높은 굴뚝이 눈앞으로 다가왔다. 그 맨 꼭대기에 아버지가 서 있었다. 바로 한 걸음 정도 앞에 달이 걸려 있었다. 아버지는 피뢰침을 잡고 발을 앞으로 내밀었다. 그 자세로 아버지는 종이비행기를 날렸다.

－조세희, 「난장이가 쏘아 올린 작은 공」

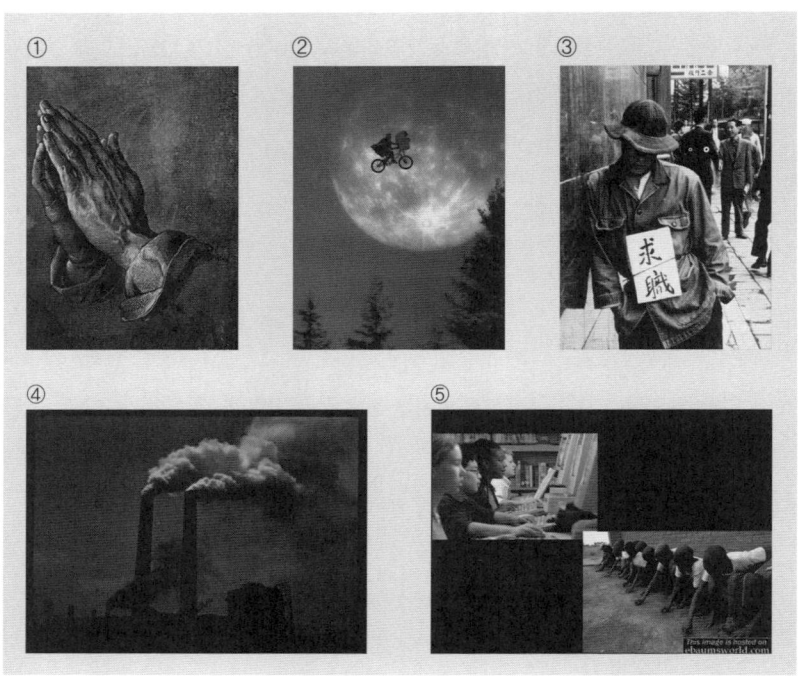

　보기 제시는 본문에 나타난 세계관을 이미지화하여 보여주고 있다. ①은 지섭이 말하는 기도와 관련한 이미지이고, ②는 아버지가 날리는 종이비행기와 달의 이미지를 상징적으로 반영하였다. ③은 노동 중심의 삶을 상징화하였고, ④는 죽은 땅으로서의 벽돌 공장 높은 굴뚝을 형상화하였다. 마지막으로 ⑤는 불공평한 삶의 모습이다.

　이와 같은 정서 반응 평가는 학습자의 세계관을 파악할 수 있는 유용한 자료가 될 수 있다. 정서 반응 평가를 위해서는 제시된 문학작품에 다양한 세계관을 지닌 인물 혹은 상황들이 혼재되어 있어야 하며, 평가 문항 보기들도 서로 다른 가치관을 표출하는 예시들로 구성할 필요가 있다. 평가 결과는 학습자에 대한 이해를 가져올 수 있으며, 이를 바탕으로 학습자에게 적절한 문학 교수·학습 전략을 마련할 수 있다. 또한 학습자에게 맞춤한 문학작품을 교육함으로써, 문학교육이 학습자가 인간다운 삶을 추구하는 데 필요한 정의적 특성의 계발 및 강화를 위한 방향성까지 제시함으로써 학습자의 정서 형성을 위한 문학치료 기능까지 담당할 수 있을 것이다.

### (2) 반응 기술 평가

이 항목은 문학작품 감상 후 일어나는 학습자의 정서와 관련하여 유사한 정서를 유발했던 학습자의 직·간접적인 과거 체험을 기술하는 평가이다. 이러한 평가는 정서라고 하는 추상적인 대상을 언어화할 수 있는 능력 평가이면서 동시에 문학이 사회·역사적 체험의 기록이라는 측면에서 문학 작품 수용에 대한 적극적인 반응이라고 할 수 있다. 이 평가에는 4단 만화 및 만평을 제시하고 빈 말풍선에 내용 채워 넣기 평가도 적용할 수 있고, 문학작품의 특정 장면에서 대화 부분을 생략함으로써 학습자가 생략된 부분을 상상하여 채워 넣는 평가도 가능하다. 이러한 평가는 학습자가 문학작품에 반응한 정서를 평가자가 다시 반응하는 메타적 성격을 지니게 되며, 문학교육이 '세계−작품−비평−메타비평'으로 구현되는 문학 현상을 두루 포괄하는 교육[22]이라고 하는 측면을 직접적으로 반영할 수 있다.

---

22) 우한용(1999), "문학교육의 평가−메타비평의 글쓰기 평가를 중심으로", 국어교육 제 100호, 한국국어교육연구회.

[예시 문항] 다음 〈자료 1〉과 〈자료 2〉를 읽고 〈자료 3〉의 말풍선에 들어갈 수 있는 적절한 표현을 자신의 경험과 관련하여 쓰시오.

### 〈자료 1 : 이솝우화 "여우와 두루미"〉

어느 날 여우가 두루미를 저녁 식사에 초대를 했는데, 여우가 만든 식탁에 두 개의 접시가 놓이게 되었습니다. 식사가 시작되자 여우는 아주 맛있게 식사를 하는데 두루미는 부리가 길기 때문에 접시에 담긴 음식을 먹을 수가 없었습니다. 그러자 여우는 "왜 식사를 하지 않느냐"고 하면서 혼자서만 맛있게 접시를 핥고 있었습니다. 두루미는 속으로 잔뜩 화가 났습니다. 그래서 다음에는 두루미가 여우를 초대했습니다. 이번에 두루미가 꾸며 놓은 식탁에는 두 개의 호리병이 놓여졌습니다. 식사가 시작되자 두루미는 긴 부리로 호리병에 담긴 음식을 맛있게 먹었건만 여우는 호리병을 내려다보고만 있었습니다. 두루미가 말합니다. "왜 바라만 보고 있니. 어서 맛있게 먹어." 그러나 여우는 부리가 없기 때문에 호리병에 담긴 음식을 먹을 수가 없었습니다.

### 〈자료 2 : 강원일보 사설(2008. 11. 12)〉

[사설] 대통령, 수도권 규제완화 입장 밝혀야

전국 비수도권 자치단체들의 수도권 규제완화 방침에 대한 반발이 갈수록 거세지고 있다. 문제의 심각성은 수도권 규제완화 조치가 국론을 분열시키고 있다는 데 있다. 상황이 이렇다면 이명박 대통령이 나서 명확한 입장을 밝혀야 한다. 대통령이 비수도권 자치단체들의 행동에 대해 일일이 간섭하고 통제하는 것은 물론 바람직하지 않다. 그러나 조정하고 통합하는 리더십은 지녀야 한다. 지금이 바로 대통령의 리더십이 요구되는 시점이다.

그동안 국가경쟁력 제고와 일자리 창출이 강조되기 시작하면서 수도권 규제에 대한 비판이 확대되어 왔던 것이 사실이다. 이는 국가 균형 발전의 추진에 따른 수도권 지역이 가진 상대적 박탈감과 동북아 대도시권의 성장에 따른 위기의식이 결부된 결과라 할 수 있다. 또 다른 한편으로는 수도권 경쟁력과 수도권 규제에 대한 잘못된 해석에 기인한 바가 크다. 여기에다 수도권 문제를 정치적으로 해결해 온 그간의 경험이나 수도권 관리에 대한 명확한 원칙과 기준의 부재가 더해져 더 큰 논란을 불러왔다. 수도권 문제는 수도권 내부 문제로만 볼 수 없다. 국가 균형 발전과 불가분의 관계를 가지고 있다. 따라서 수도권 규제완화의 틀은 이에 기여하는 방향으로 설정돼야 한다. 수도권이 규제완화를 통해 양적인 확대를 추구하는 경우 결국 수도권 팽창으로 수도권 주민들의 삶의 질은 더 떨어진다. 수도권 규제완화 정책의 수단 선택에서는 무엇보다 시간적인 차원이 고려돼야 한다. 임시방편적으로 수도권의 '집적이익'을 지방으로 분배하면 된다는 식으로 접근해선 곤란하다. 수도권 규제완화 정책은 효과가 당장 나타날 수 있지만, 지방발전 정책은 장기적이고 종합적인 관점에서 지속적으로, 그리고 상당한 투자가 이뤄져야만 효과를 볼 수 있다. 따라서 지방발전 정책을 곧 발표할 예정이니 수도권 규제를 완화해도 된다는 논리는 양 정책이 서로 다른 시간차를 가졌다는 사실을 간과한 논리다.

반응 기술 평가에서 주의할 점은 학습자의 정서 반응이 획일적으로 나타날 수 있는 문항이 제시되어서는 곤란하다는 것이다. 교훈적이거나 윤리적인 측면에서 접근할 경우 자칫 획일화된 정서 반응을 초래할 수 있다. 하나의 장면을 통해 다수의 상이한 정서 반응이 일어날 수 있도록 문항을 구성해야만 이 평가의 목적에 부합할 수 있다.

반응 기술 평가는 기본적으로 학습자의 정서를 언어로 표현하는 능력을 강화하게 한다. 이 경우 자칫 언어사용기능 신장에 한정된 평가가 되기 쉽다. 하지만 반응 기술 평가는 문학작품에 반응하는 학습자의 정서와 유사한 학습자 개인의 과거 체험을 환기시키는 데 그 본질이 있다. 학습자가 문학 작품에 반응하는 현재의 정서는 학습자의 과거 체험이 누적된 총체적 정서이기 때문이다. 따라서 반응 기술 평가는 학습자의 정서 이력을 확인하는 과정이면서 동시에 학습자의 정의적 특성을 이해하는 과정이다. 그리고 평가 결과는 학습자의 편향된 정서 이력의 개선을 위한 문학 교수·학습 방법을 구안하는 데 활용될 수 있을 것이다.

### (3) 정서 재구성 평가

정서 재구성 평가는 제시된 문학작품을 감상한 후 학습자가 자신의 정서를 중심으로 문학작품을 재구성할 수 있는 능력을 평가하는 방법이다. 이러한 평가 방법으로는 한 작품을 여러 단락으로 해체하여 무작위로 배열하고 학습자로 하여금 재구성하게 하거나, 작품 패러디 및 작품의 특정 부분을 삭제하고 학습자의 정서를 표현하는 평가 방법이다. 이 평가에는 다수의 문장을 제시하고 각 문장을 무작위로 연결하여 하나의 의미 있는 문학작품으로 재구성해내는 평가도 포함한다. 이러한 평가는 학습자가 문학 작품에 나타난 창작자의 정서와 작중 화자의 정서를 이해하고, 문학 작품을 주체적으로 재구성할 수 있는 창조적 능력을 기름으로써 '인간 이해'에 필요한 학습자의 정서를 스스로 구축하게 할 수 있다는 장점이 있다.

---

[예시문항] 다음 Ⓐ작품은 김춘수의 〈꽃〉이고 Ⓑ작품은 장정일의 〈라디오같이 사랑을 끌 수 있다면-김춘수의 〈꽃〉을 변주하여〉이고 Ⓒ작품은 오규원의 〈꽃의 패러디〉이다. 이 작품들을 참고하여 김춘수의 〈꽃〉을 패러디하시오.

Ⓐ
내가 그의 이름을 불러 주기 전에는
그는 다만
하나의 몸짓에 지나지 않았다

내가 그의 이름을 불러 주었을 때
그는 나에게로 와서
꽃이 되었다

---

내가 그의 이름을 불러준 것처럼
나의 이 빛깔과 향기에 알맞은
누가 나의 이름을 불러다오
그에게로 가서 나도
그의 꽃이 되고 싶다

우리들은 모두 무엇이 되고 싶다.
너는 나에게 나는 너에게
잊혀지지 않을 하나의 눈짓이 되고 싶다.

Ⓑ
내가 단추를 눌러 주기 전에는
그는 다만
하나의 라디오에 지나지 않았다.

내가 그의 단추를 눌러 주었을 때
그는 나에게로 와서
전파가 되었다.

내가 그의 단추를 눌러 준 것처럼
누가 와서 나의
굳어 버린 핏줄기와 황량한 가슴 속 버튼을 눌러다오.
그에게로 가서 나도
그의 전파가 되고 싶다.

우리들은 모두
사랑이 되고 싶다.
끄고 싶을 때 끄고 켜고 싶을 때 켤 수 있는
라디오가 되고 싶다.

Ⓒ
내가 그의 이름을 불러 주기 전에는
그는 다만
왜곡될 순간을 기다리는 기다림
그것에 지나지 않았다.

내가 그의 이름을 불렀을 때
그는 곧 나에게로 와서
내가 부른 이름대로 모습을 바꾸었다.

> 내가 그의 이름을 불렀을 때
> 그는 곧 나에게로 와서
> 풀, 꽃, 시멘트, 길, 담배꽁초, 아스피린, 아달린이 아닌
> 금잔화, 작약, 포인세치아, 개밥풀, 인동, 황국 등등의
> 보통명사가 수명사가 아닌
> 의미의 틀을 만들었다.
>
> 우리들은 모두
> 명명하고 싶어 했다.
> 너는 나에게 나는 너에게.
> 그리고 그는 그대로 의미의 틀이 완성되면
> 다시 다른 모습이 될 그 순간
> 그리고 기다림 그것이 되었다.

정서 재구성 평가 문항은 문학 작품에 나타난 정서의 흐름이 산만하거나 분산되어 있어서는 곤란할 것이다. 아울러 제시되는 작품은 학습자의 정서에 따라 작품을 재구성할 수 있는 가능성이 열려 있어야 한다. 시의 경우 다양한 이미지가 나타나는 작품 혹은 패러디 작품을 제시하여 학습자가 제시된 작품을 무작위로 해체하여 자신의 정서를 보완한 창작물로 재구성할 수 있어야 한다. 소설의 경우에는 다양한 성격 인물군이 드러나는 작품이나 한 인물의 복합적인 성격을 표현하고 있는 작품을 선정함으로써 학습자의 정서 반응이 다중성을 띠게 할 필요가 있다.

정서 재구성 평가를 통해 교수자는 학습자가 문학작품에 나타난 정서를 어떻게 받아들이는지 확인할 수 있으며, 나아가 학습자가 체득한 정서를 내면화하는 과정에서 일어나는 다양한 심리적·정신적 작용을 이해할 수 있게 된다. 평가 결과는 학습자의 정서 재구성 능력을 높일 수 있는 문학 교수·학습 프로그램을 구안할 수 있는 의미 있는 자료를 확보할 수 있다.

### (4) 문학지식 평가

문학지식은 보다 의미 있는 문학체험을 위해 필요하다. 문학이 예술의 모습을 한 것이라는 전제에 동의한다면 예술의 속성에 대한 기본적인 지식 습득은 바람직한 '인간 이해'를 위한 문학작품 감상에 상당한 정보를 제공할 수 있다. 때문에 문학 작품을 구축하는 요소로서 문학 지식에 대한 평가는 단편적인 문학사적 지식이나 개별 작품의 의미 분석이 아니라 학습자가 체험한 정서의 폭과 깊이를 보장할 수 있는 실제적인 측면에서 접근해야 할 것이다. 특정 문학작품을 제시하고 그 작품에서 학습자의 정서적 감응을 유발해내는 요소가 어떤 것들인지 파악하게 하는 문항이 적절한 예가 될 수 있을 것이다.

[예시문항] 다음은 김소월의 〈먼후일〉 개작과정이다. 개작 과정을 비교하여 〈먼후일〉의 개작으로 나타나는 시적화자 및 독자의 정서적 변이 원인과 그 특징을 시의 리듬과 관련하여 설명하시오.

먼후일당신이차즈시면 그때에내말이 —니젓노라
당신말에나물어하시면 무척그리다가 —니젓노라
그래도그냥나물어하면 밋기지안아서 —니젓노라
오늘도어제도못닛는당신 먼후일그때엔 —니젓노라

 —〈먼후일〉 초고본

먼 훗날에 당신이 차즈시면
그때에 내말이 니젓노라

맘으로 당신이 나무려하시면
그때에 내말이 무척 그리다가 니젓노라

당신이 그래도 나무러하시면
그때에 이말이 밋기지안서 니젓노라

오늘도 어제도 못닛는 당신을

먼 훗날 그때에는 니젓노라

–〈먼후일〉 재고본

먼훗날 당신이 차즈시면
그때에 내말이 니젓노라

당신이 속으로 나무리면
**무쳑** 그리다가 니젓노라

그래도 당신이 나무리면
밋기지 안아서 니젓노라

오늘도 어제도 아니닛고
먼훗날 그때에 니젓노라

–〈먼후일〉 결정본

위 문제는 시의 리듬이 학습자의 정서와 어떠한 연관관계가 있는지를 실제 시 작품을 통해 확인하고 있다. 이 문제를 해결하기 위해서는 시의 음악성에 대한 배경지식이 동원되어야 하며, 음악성과 정서 간의 상관성에 대한 지식도 요구된다. 물론 각 작품을 성실하게 감상하는 것도 중요하다. 하지만 문학지식 평가는 말 그대로 문학 장르에 관한 이론적 지식을 물어야 한다. 따라서 교수자는 학습자들이 인상적 감상이나 작품평에 머물지 않고 각 문학 장르의 주요한 특성을 작품과 연계하여 학습할 수 있도록 교수·학습 과정을 구안해야 한다. 평가 시에도 이론적 배경이 실제 작품의 감상에 얼마나 정확하게 반영되었는지를 중점적으로 확인해야만 한다.

### (5) 문학태도 평가

교육의 본질은 학습자의 태도 형성에 있음은 별다른 이견이 없을 것이다. 문학 능력은 문학에 대한 정보, 문학의 명제, 사실 또는 개념에 대한 지식, 사상 등 신념적 요인을 갖추고, 이러한 것들에 대한 기술, 요령, 습관 등 행동적 요인의 형성과 함께 가치관, 사고방식, 사회풍조에 대한 이해로서의 의식 구조적 요소까지 체득할 것을 요구한다. 문학교육이 문학에 대한 어떤 사실을 아는 데서 그치는 것이 아니라 그러한 능력을 행하는 행동이 하나의 습관으로까지 나아가야 함을 의미한다. 이처럼 습관의 수준에 이른 능력을 대습관 또는 인격이라고 한다. 문학 능력의 교육은 그러한 대습관 또는 인격의 수준에 이르는 것을 이상으로 한다.23) 그러므로 문학교육에서 본질적으로 평가해야 하는 항목이 바로 학습자의 태도가 되어야 함은 당연하다고 할 수 있다. 다음과 같은 문항이 문학태도 평가에 관한 하나의 사례가 될 수 있을 것이다.

[예시문항] 주어진 작품은 기형도의 〈엄마 걱정〉이라는 작품이다. 이 시를 읽고 다음 각 사항에 대한 자신이 해당하는 곳의 점수를 표시하시오. (전체적인 합이 20점 이상이면 바람직함, 15점 이상이면 보통, 15점 미만이면 노력 요함)

열무 삼십 단을 이고
시장에 간 우리 엄마
안 오시네, 해는 시든 지 오래
나는 찬밥처럼 방에 담겨
아무리 천천히 숙제를 해도
엄마 안 오시네, 배춧잎 같은 발소리 타박타박
안 들리네, 어둡고 무서워
금간 창 틈으로 고요히 빗소리
빈방에 혼자 엎드려 훌쩍거리던

아주 먼 옛날
지금도 내 눈시울을 뜨겁게 하는
그 시절, 내 유년의 윗목

---

23) 김대행 외, 앞의 책, pp.35~36.

〈평가항목〉

← 매우 그렇다                                            전혀 아니다 →

| 5 | 4 | 3 | 2 | 1 |
|---|---|---|---|---|
|   |   |   |   |   |

①___ 가끔 못 견디게 외로움을 느꼈을 때 이를 누군가에게 털어놓고 싶은 적이 있었다.
②___ 시 속의 주인공이 되어서 그들의 심정을 직접 체험하고 싶은 생각이 든다.
③___ 지금도 유년 시절을 생각하면 눈시울이 뜨거워진다.
④___ 이 시의 화자처럼 외로움이 지나쳐 두려움으로 변했던 기억이 있다.
⑤___ 이 시에 대한 감정을 정직하게 표시하고 싶지만 그로 인해 상처를 입을까 두렵다.

문학태도 평가 결과를 문학교육의 교수·학습에 적용하기 위해서는 평가 결과에 따른 학습자 개인별 성향을 일정한 유형으로 구분하여 올바른 문학태도 형성을 위한 문학교육 방향을 설정해야 한다. 이를 위해서는 평가항목을 가능한 한 확대하여 다수의 반응결과를 확보할 필요가 있으며, 다년간에 걸친 누가적 결과를 검토하여 특징적인 주요 성향을 추려내야 한다. 그리고 각 성향별 특성을 정리하고 그 특성에 맞는 적절한 문학 교수·학습 방법을 구안해야 한다.

물론 학습자의 문학태도가 일정한 특성들을 위주로 한 몇 가지 성향으로 묶어낼 수 있는 성질은 아니다. 학습자 개개인은 그 자체로 독립된 인격체이기도 하면서 독자적인 성향을 지니고 있기 때문이다. 하지만 교육이 일정한 목표를 달성하기 위한 일련의 의도적 행위라는 점과 현재 학교 교육이 지닌 인적·물적 한계상황을 감안하면, 문학태도 형성을 위해 성향별 특성에 따른 문학 교수·학습 방법은 학습자 개개인을 모두 만족시킬 수는 없지만 문학 교수·학습 과정에 있는 전체로서의 학습자는 상당한 수준까지 만족시킬 수 있을 것으로 보인다. 왜냐하면 이 과정을 통해 교수자는 학습자 개개인이 체득한 정서를 이해하고 '인간 이해'라는 문학교육 목표를 달성할 수 있으며, 학습자들은 개인 성향에 따른 최선의 자기주체적인 문학태도를 형성할 수 있을 거라고 판단하기 때문이다.

## 4. 마무리

지금까지 문학교육 평가에 관한 기존의 논의를 살펴보고 '인간 이해'를 목표로 한 문학교육 평가를 위한 방법으로서의 가설을 설정해보았다. 가설 설정 과정에서 문학교육의 정서반응 평가에 주목하고, 이를 위해 '정서'와 '문학의 정서' 개념을 검토하였다. 정서란 두려움, 분노, 기쁨, 놀람, 증오 등으로 지칭되는 정신적 작용이다. 정서는 일상생활을 통해 유발되는 '삶의 정서'와 책이나 연극에 대한 반응인 '문학의 정서'로 구분할 수 있다. 이 글에서는 문학교육과 관련해서 '문학의 정서'를 중심으로 검토하면서, 문학에 표현된 정서가 무엇인가를 이해하기보다는 이를 학습자들의 정서 체험으로 전환하는 활동을 중심으로 한 문학적 정서를 문학교육의 교수·학습 목표로 삼았다.

이러한 '인간 이해'를 교수·학습 목표로 설정한 문학교육 평가 방법으로는 5개의 항목을 제시하였다. 5개 항목은 국어과 <문학> 영역의 '성격'을 검토한 후 '다양한 문학 경험과 활동을 통해 이해·표현 능력을 심화하고, 바람직한 문학 주체로 성장하여, 인간다운 삶이 가능한 사회 형성에 기여하도록 하는 데 중점을 둔다'는 사실에 착안해 문학 경험의 이해 측면에서 (1) 정서 반응 평가 항목을, 문학 경험의 표현 측면에서 (2) 정서 반응 기술 평가 항목을, 문학 작품에 나타난 정서와 그 정서를 수용하여 자신의 내면에서 일어나는 정서적 반응을 재구성해낼 수 있는 학습자가 궁극적으로 '바람직한 문학 주체'라는 판단에서 (3) 정서 재구성 평가 항목을, 문학 작품에 대한 정서적 반응의 적절성의 여부는 작품에 대한 이해의 합당성에 달려있다는 판단에서 (4) 문학지식 평가 항목을 제시하였다. 마지막으로 문학교육을 통해 '인간다운 삶이 가능한 사회 형성에 기여'하기 위해서는 평생에 걸쳐 문학 활동이 이루어질 때 가능하므로 (5) 문학태도 평가도 논의의 중심으로 삼았다.

문학교육을 평가하는 데 있어서 '정서'에 주목한 것은 그동안 문학교육 현장에서 이루어진 교수·학습 과정이 문학작품에 나타난 미의식과 문학작품이 지닌 가치의 확인에 치우쳐 학습자가 문학작품을 통해 일으키는 정서 반응 양상을 평가하는 데 소홀했다는 판단에서다. 하지만 논의를 전개하는 과정에서 학교 교수·학습 현장에 적용할 만큼 실제적이고 구체적인 접근에는 이르지 못했다는 아쉬움이 있다. 이는 개인의 정서를 형성하는 요인을 유목화하기 어렵고, 문학작품이 개인 정서 형성에 미치는 영향력을 파악하기 곤란하다는 한계에 직면한 까닭이다. 아울러 가설로 제시한 5가지 항목은 위계적이어서는 곤란하다는 생각도 밝힌다. 각 항목별 문항 배치도 일목요연하기보다는 무작위로 배치하여 학습자들의 정서 반응이 순정한 상태에서 평가가 이루어질 수 있도록 해야 한다는 생각이다. 그리고 제시된 가설들이 실제 교육현장에서 선발적인 기능을 위해 적용하기에는 무리가 따를 것임을 인정해야 할 것이다. 그렇지만 '인간 이해'를 위한 정서의 유형을 나누고 각 유형별 특성을 구축한다면, 평가 결과에 따른 학습자의 정서 유형에 따라 적절한 정서 교정교육 혹은 정서 지지교육에 활용할 수 있으리라 생각한다. 물론 이러한 가설에는 학교 현장에서 문학교육 만큼은 위계적·선발적 평가관에서 탈피하여 학습자의 정서를 형성·고양시키고 궁극적으로는 '인간 이해'에 도달할 수 있는 교수·학습 및 평가가 이루어져야 한다는 소박하지만 당위적인 전망이 담겨 있는 것이다.

# 참고문헌

교육인적자원부, 교육인적자원부 고시 제2007-79호〔별책〕국어과 교육과정.
구인환 외(1994), 문학교육론, 삼지원.
구인환 외(1998), 문학교수·학습 방법론, 삼지원.
김대행 외(2000), 문학교육원론, 서울대학교출판부.
박재승(2007), "문학교육평가의 활용방안 연구", 새국어교육 제73호, 한국국어교육학회.
우한용(1999), "문학교육의 평가-메타비평의 글쓰기 평가를 중심으로", 국어교육 제
            100호, 한국국어교육연구회.
정현선(1997), "문학교육에서의 평가에 대한 비판적 검토", 문학교육학 제1호, 한국문
            학교육학회.
최미숙(2000), "문학교육에서의 평가 연구", 국어교육학연구 11집, 국어교육학회.
최현섭 외(1999), 국어교육학개론, 삼지원.
한명숙(2002), "문학교육의 정서 탐구", 청람어문교육 24집, 청람어문교육학회.
한창훈(2004), "중등학교 문학교육에서 정의적 영역 평가의 문제", 문학교육학 제12호,
            한국문학교육학회.
황정규 외(1998), 교육학개론, 교육과학사.
제임스 그리블, 나병철 역(1987), 문학교육론, 문예출판사.

이
중
진

# 한국어 작문의 숙달도 평가 방안

## 1. 한국어 작문 평가의 의의

작문(Composition)이란 단순히 쓰기(Writing)를 넘어선 하나의 완성된 텍스트를 구성해 내는 것을 의미한다. 제2언어 교수·학습에서 자유 작문(free writing) 평가는 통제된 쓰기(limited writing)나 유도된 쓰기(guided writing)와 달리 어떤 주제에 대해 자신의 생각을 적어도 한 단락 이상 표현하도록 하며, 가능한 한 학습자에게 많은 부분을 생성하게 하는 직접평가이자 진정한 쓰기 평가라 할 수 있다. 더불어 숙달도 평가는 어느 교육기관의 교육과정이나 교수요목에 한정되지 않고 다수의 학습자의 언어능력을 객관적이고 일괄적으로 평가한다는 측면에서 다른 평가와 구별된다.

현행 한국어 작문 숙달도 평가는 일반한국어능력시험(S-TOPIK)[1]의 쓰

---

1) 2006년 이전 TOPIK의 작문 점수 배당이 8점이던 것이 2006년 이후 30점으로 무려 3.7배가 높아졌고 급수별 영역 과락점수가 40점인 것을 감안하면 쓰기 영역에서의 작문 30점은 당락을 결정하는 수준에 이르렀다고 할 수 있다. TOPIK이 2007년 11회부터는 일반한국어(Standard TOPIK, S-TOPIK)와 실무한국어(Business TOPIK, B-TOPIK)능력시험이라는 명칭으로 나뉘어졌으므로 이 둘을 분명히 구분해서 사용해야 한다. 그 출제

기 영역에서 행해지고 있다. 하지만 현행 일반한국어능력시험(S-TOPIK)을 살펴보면, 평가 문항의 텍스트가 설명문(초급, 중급)과 논설문(고급)으로 그 유형이 단순하며, 평가기준도 텍스트나 수준이 고려되지 못하고 있다. 이러한 평가는 타당성과 신뢰성을 확보하기가 어렵다. 더구나 한국에서 학업 중인 외국 유학생들의 작문 숙달도 평가는 초급 수준의 실용문에서 고급수준의 학술문에 이르기까지 다양하게 이루어져야 하며, 평가기준은 수준과 텍스트가 고려되어 타당성과 신뢰성을 갖춘 바람직한 평가가 되어야 한다. 유학생들은 간단한 메모, 편지에서 시작하여 전공 보고서나 논문에 이르기까지 다양한 유형의 글쓰기 능력을 갖추어야 하기 때문이다. 평가는 교육과정을 주도하며 개선 보완해 나간다. 이런 의미에서 일반한국어능력시험(S-TOPIK)은 국내외 한국어 교육에 많은 영향을 미치고 있다. 일례로 현재 국내의 많은 대학에서 유학생들에게 일반한국어능력시험(S-TOPIK) 4급 합격증을 요구하는 실정에 맞춰 일부 한국어 교육기관에서는 일반한국어능력시험(S-TOPIK) 전담반까지 상설하고 있다. 더욱이 2006년부터 일반한국어능력시험(S-TOPIK)에 쓰기영역에서 '작문 문항'이 새롭게 출제되고 그 배점도 강화되면서 한국어 작문 교육에 대한 관심이 한층 더해지고 있다.

　이 글에서는 일반한국어능력시험(S-TOPIK)의 문제점들을 해결하는 방안으로써 '수준과 텍스트'를 고려한 평가기준과 내용을 구체적으로 제시할 것이다. 그리고 평가문항을 다양하게 출제하는 방안으로 수준을 고려한 평가문항 텍스트의 유형과 종류를 제안하겠다. 마지막으로 채점이 구체적으로 어떻게 이루어지는지 채점과정을 소개할 것이다. 여기에서 제

---

범위도 고급(5, 6급)에서만 출제되던 것이 초급~고급까지 급수별로 모두 출제되게 되었다. 참고로, 실무한국어(Business TOPIK, B-TOPIK)능력시험에는 '작문' 평가가 없다. 더 자세한 것은 TOPIK 홈페이지(http://www.topik.or.kr/)를 참조할 것.

시될 '평가기준'과 '수준별, 텍스트별 평가척도', '평가문항 제시 방안', '작문 문항 텍스트 유형' 등은 숙달도 작문평가뿐만 아니라 개별 한국어 교육기관에서 행해지는 배치평가나 진단평가 등에도 응용하여 적용될 수 있으리라 본다.

## 2. 한국어 작문 평가기준 설정

한국어 작문평가 기준(범주와 내용)을 설정하기에 앞서 먼저는 일반 한국어능력시험(S-TOPIK)과 기존의 작문평가들의 평가범주 및 내용 등을 살펴보고 이를 토대로 새로운 한국어 작문 평가 기준을 설정해 보고자 한다.

### 1) 일반한국어능력시험(S-TOPIK)의 평가기준

[표 1] 일반한국어능력시험(S-TOPIK)의 작문평가 범주 및 내용

| 평가 범주 | | 평가 내용 |
|---|---|---|
| 내용 및 과제 수행 | | 요구된 내용을 적절하게 포괄하며, 과제를 적절히 수행하였는가를 평가 |
| 글의 전개구조 | | 적절한 문단 구조를 이용하고 담화 장치를 적절하게 사용하여 응집성 있게 구성하였는가를 평가 |
| 언어 사용 | 어 휘 | 어휘를 적절하고 정확하며 유창하게 사용하였는가를 평가 |
| | 문 법 | 문법을 적절하고 정확하며 유창하게 사용하였는가를 평가 |
| | 맞춤법 | 맞춤법에 맞게 표기하였는가를 평가 |
| 사회언어학적 격식 | | 작문의 장르적 특성 등에 맞추어 격식(register)의 사용이 적절한가를 평가 |

일반한국어능력시험(S-TOPIK)에서는 작문평가 범주를 크게 4가지로 나누고 있다. 첫째는 '내용 및 과제수행'으로 문항에서 제시된 내용의 포괄성과 과제수행의 적절성을 평가하는 것이며, 둘째는 '글의 전개구조'에서

는 문단 구조와 담화장치의 적절성과 그 응집성을 보는 것이다. 셋째로 '언어사용'에서는 어휘, 문법, 맞춤법의 적절성과 유창성 및 정확성을 평가하고, 마지막으로 '사회언어학적 격식2)'에서는 장르적 특성에 따른 격식(register) 사용의 적절성을 평가하는 것이다. 일반한국어능력시험(S-TOPIK)에서는 작문평가 기준을 다음과 같이 제시하고 있다.

## 2) 기존의 작문 평가기준

다음으로는 1980년대에 들어서서 작문 연구가들이 제시한 다양한 유형의 작문 평가 기준 중 Purves(1984)와 국제교육 평가 학회(IEA, 1988) 작문평가 기준을 참고해 보기로 하자(박영목, 1998).

'Purves의 작문평가 기준'에서는 작문평가 범주를 3가지로 나누고 있는데, '내용과 사고', '조직', '표현과 문체'가 그것이다. 그리고 '내용과 사고'의 평가 기준으로는 정보의 풍부성과 정확성 및 관련성, 그리고 추론적, 종합적, 비판적 사고와 대안의 제시 등을 제안하였고, '조직' 범주에는 글의 구조, 구성의 일관성과 통일성을 들고 있다. 마지막으로 '표현과 문체' 범주에는 표현의 객관성과 공정성 그리고 유창성을 평가기준으로 제시하고 있다.

[표 2] Purves의 작문 평가 기준

| 범 주 | 평가기준 | | |
|---|---|---|---|
| 내용과 사고 | 1) 정보의 풍부성 | 2) 정보의 정확성 | 3) 정보의 관련성 |
| | 4) 추론적 사고 | 5) 종합적 사고 | 6) 비판적 사고 |
| | 7) 대안의 제시 | | |
| 조 직 | 8) 글의 구조 | 9) 구성의 일관성 | 10) 구성의 통일성 |
| 표현과 문체 | 11) 표현의 객관성 | 12) 표현의 공정성 | 13) 표현의 유창성 |

---

2) '사회언어학적 격식'이란 사회언어학적 능력, 즉 다양한 언어기능(묘사, 설득, 정보전달 등)을 수행하기 위해서 사회적 맥락과 담화상황에 맞게 문법적 형태를 사용하거나 이해 하는 능력에 의해 결정된다.

'국제교육평가학회의 작문평가 기준'에서는 작문능력의 구성요인으로서 크게 '텍스트의 구조화와 산출' 기능으로 나누었다. 그리고 각각을 '인지적 기능'과 '사회적 기능', '텍스트 관련 문법적 기능'과 '심동적 기능'으로 세분화 하였으며, 평가기준으로 '아이디어의 질과 범위', '내용의 조직과 전개', '문체 및 어조의 적절성', '어법 및 문장구조의 적절성'을 내세웠으며, 마지막으로 '심동적 기능'으로서 '글씨'를 평가 기준으로 제시한 것이 흥미롭다.

[표 3] 국제교육평가학회의 작문평가 기준

| 작문 능력의 구성 요인 | 평가 기준 |
|---|---|
| A. 텍스트 구조화 기능 | |
| 가. 인지적 기능(의미처리작용) | |
| 1) 아이디어 생성 ⟶ | 아이디어의 질과 범위 |
| 2) 아이디어 조직 ⟶ | 내용의 조직과 전개 |
| 나. 사회적 기능(사회적 상호작용) | |
| 1) 표현의 규준 및 관습에 대한 숙달 ⟶ | 문체 및 어조의 적절성 |
| B. 텍스트 산출 기능 | |
| 가. 텍스트 관련 문법적 기능 ⟶ | 어법 및 문장 구조의 적절성 |
| 나. 심동적 기능 ⟶ | 글씨 |

### 3) 새로운 작문평가 범주와 내용

여기에서는 '일반한국어능력시험(S-TOPIK)', 'Purves의 작문 평가 기준', '국제교육평가학회의 작문평가 기준'들을 수정 보완하여 다양한 텍스트를 차별적으로 타당성 있게 평가할 수 있는 새로운 한국어 작문평가 범주와 내용을 구성했다. 기존의 평가 기준들과는 달리 새로운 평가기준이 갖는 가장 큰 의미는 학습자의 한국어 수준과 평가문항 텍스트 유형에 따라서 재구성될 수 있도록 다양한 평가 범주와 내용을 포함하고 있다는 것이다. 새로운 작문평가 범주는 전체적으로 4영역으로 설정되었는데, '언어사용', '사회적 기능', '글의 구성', '내용과 사고'가 그것이다. 첫째, 평가기준 '언어사용'에는 '철자', '띄어쓰기', '문법', '어휘' 등으로 구성하였는데, 특히 '띄어쓰기'는 한국어에서 의미를 차별화하기 때문에 초급 수준에서 평가되어야 한다. 둘째, '사회적 기능' 범주에는 '문체', '수사'가 있는데, 이것들은 다양한 장르적 특성이 작문에서 고려되었는지를 평가하게 될 것이다. 셋째, '글의 구성'에 있어서는 '완성도', '응결성', '응집성'이 그 평가 내용이다. 흔히 커넬(Canale)의 4가지 의사소통 능력 (문법적 능력 grammatical competence, 사회언어학적 능력 sociolinguistic competence, 담화능력 discourse competence, 전략적 능력 strategic competence)에서 담화능력으로서 언급되는 '형태적인 응집'과 '내용상의 결속성'을 여기에서는 텍스트언어학적 정의를 빌려 '형식의 응결성(cohesion)', '내용의 응집성(coherence)'이라 정하였다. '형식적 응결성'은 텍스트의 표층의 문법적 연관성을, '내용의 응집성'은 텍스트의 내용적, 의미적 연관성을 가리킨다. 예컨대, 한국어 작문 평가에서의 '형식적 응결성'이라면 문장과 문단의 자연스러움을 위해 대명사나 접속사 등을 어떻게 적절히 사용하는 지에 관한 것이다. 그리고 '긴 것은 기차. 기차는 빠르다. 빠른 것은……'식의 문장들에서, 앞 뒤 문장이 형식적 응결성은 있으나 의미의 연관성 결여로 '내용의 응집성'은 갖추지 못한 글이 되는 것이다. 넷째, '내용과 사고' 범주로는 '용이성', '독창성', '적절성', '논리성', '심미성'으로 되어 있다. 일반적으로 텍스트 유형대로 '용이성'은 실용문, '독창성'은 학술문, '적절성'은 설명문, '논리성'은 논설문, '심미성'은 예술문 등에서 선택적으로 강조되어 평가될 수 있도록 구성되었다. 이상으로 새로운 평가범주와 내용 그리고 척도를 표로 제시하면 다음과 같다.

[표 4] 새로운 작문 문항 평가범주 및 내용

| 평가 범주 및 내용 | | 척 도 |
|---|---|---|
| 언어사용[3] | 철 자 | 철자가 정확한가? |
| | 띄어쓰기 | 띄어쓰기가 의미파악과 전체적인 인상에 지장을 주고 있는가? |
| | 문 법 | 문법요소가 정확하고 자연스러운가? |
| | 어 휘 | 어휘력이 풍부하고 그 사용이 적절한가? |
| 사회적 기능 | 문 체 | 텍스트에 적절한 문체와 어조를 일관성 있게 사용하고 있는가? |
| | 수 사 | 수사적 표현력이 다양하고 적절한가? |
| 글의 구성 | 완성도 | 요구된 과제를 다 포함해서 글을 완성했는가? |
| | 응결성 | 텍스트의 형식적 응결장치를 적절히 사용하고 있는가? |
| | 응집성 | 글의 흐름이 자연스러운가? |
| 내용과 사고 | 용이성 | 내용이 이해하기 쉬운가? |
| | 독창성 | 사고 전개가 독창적인가? |
| | 적절성 | 사용된 정보가 적절한가? |
| | 논리성 | 펼치고 있는 주장이 논리적이고 설득력이 있는가? |
| | 심미성 | 읽을 때 심적인 동요와 감동이 있는가? |

앞서 언급했듯이 이상의 평가범주와 내용은 급수별, 텍스트별로 척도의 내용과 수를 적절히 재구성하여 적용하려는 의도로 개발되었다. 평가 기준이 수준별, 텍스트별로 분명히 구별되어 있지 않으면 채점자가 실제로 적용하기 어렵고 적용을 한다 해도 신뢰도가 낮아질 수밖에 없다. 뿐만 아니라 채점 척도의 항목이 많으면 쓰기 능력을 세분화하여 측정할 수 있으나 채점자가 채점을 일관성 있게 유지하기 어렵다는 단점이 있기에 적절한 평가 척도의 내용과 수를 선택하는 것이 필요하다.

### 4) 채점 척도 제시

작문능력 평가 척도는 신뢰도와 타당도 확보를 위해서 언어숙달 정도에 따라 그 평가 척도가 달라야 하며, 텍스트를 고려한 평가가 이루어져

---

3) '철자'와 '띄어쓰기'를 '맞춤법' 범주로 묶을 수도 있겠으나 더 세부적인 평가가 필요하다고 생각하여 각각을 평가하기로 한다.

야 한다. 여기에서는 수준과 텍스트를 고려한 채점척도를 실험적으로 제
시해 보겠다.

### (1) 수준별

초급에서 고급으로 갈수록 글의 평가 기준은 형태에서 내용으로 정확
성에서 유창성으로 가는 것이 바람직하다. 예를 들면 그 점수 비중이 '언
어사용 > 글의 구성 > 사회적 기능=내용과 사고' 순으로 중요도가 배치
되어야 할 것이다. 아래는 실험적으로 초급의 점수 척도를 예시한 것인
데, 중요도 순으로 점수 차를 두었다. 즉, 언어사용의 최고점수와 최하점
수의 차이는 ①~④레벨 차이를 두었다.

[표 5] 초급 채점표

| 평가 내용 및 척도 | | 점 수 | |
|---|---|---|---|
| •언어사용 | | | |
| 철자가 정확한가? | ①②③④ | ( | ) |
| 띄어쓰기가 의미파악과 전체적인 인상에 지장을 주고 있는가? | ①②③④ | ( | ) |
| 문법사용이 정확하고 자연스러운가? | ①②③④ | ( | ) |
| 어휘력이 풍부하고 그 사용이 적절한가? | ①②③④ | ( | ) |
| •사회적 기능 | | | |
| 텍스트에 적절한 문체와 어조를 일관성 있게 사용하고 있는가? | ①② | ( | ) |
| 수사적 표현력이 다양하고 적절한가? | ①② | ( | ) |
| •글의 구성 | | | |
| 요구된 과제를 다 포함해서 글을 완성했는가? | ①②③ | ( | ) |
| 텍스트의 형식적 응결장치를 적절히 사용하고 있는가? | ①②③ | ( | ) |
| 글의 흐름이 자연스러운가? | ①②③ | ( | ) |
| •내용과 사고 | | | |
| 내용이 이해하기 쉬운가? | ①② | ( | ) |
| 사고 전개가 독창적인가? | ①② | ( | ) |
| 사용된 정보가 적절한가? | ①② | ( | ) |
| 펼치고 있는 주장이 논리적이고 설득력이 있는가? | ①② | ( | ) |
| 읽을 때 심적인 동요와 감동이 있는가? | ①② | ( | ) |

급수가 더해 갈수록 텍스트에 맞는 적절한 문체와 어조에 관한 '사회적 기능'과 전체적인 글의 완성도 및 텍스트의 형식적 응결성과 내용의 응집성을 요구하는 '글의 구성', 독자에게 이성과 감성에 호소할 수 있는 '내용과 사고'의 중요성이 더해 간다.

따라서 중급의 중요도는 '글의 구성 > 언어사용 > 사회적 기능=내용과 사고'가 적당하고, 고급은 '내용과 사고=사회적 기능 > 글의 구성 > 언어사용' 순으로 초급과 역이 되는 것이 타당하다. 그리고 이 중요도 순으로 점수레벨 구성이 이루어진다.4)

### (2) 텍스트별

텍스트 특성에 따라서 평가되어야 할 범주와 내용이 달라져야 함은 당연하다. 가령 논설문에서 요구되는 것은 논리의 타당성, 설득력 등이며, 문학적인 글에서는 심미성과 흥미성 등이 중요하게 평가되어야 한다.

### (3) 수준과 텍스트를 고려한 채점표

여기서는 학습자의 수준과 텍스트를 모두 고려한 채점표를 살펴보고자 한다. 그 대상은 초급~고급이며 텍스트는 각각 실용문, 설명문, 논설문이다. 앞에서 살펴본 바에 따르면 초급은 그 평가의 중요도가 '언어사용 > 글의 구성 > 사회적 기능=내용과 사고'이며, 중급은 '글의 구성 > 언어사용 > 사회적 기능=내용과 사고'이다. 그리고 고급은 초급의 역이 성립하는데, '내용과 사고=사회적 기능 > 글의 구성 > 언어사용'로 제시한 바 있다. 결국 초급~고급의 평가척도 항목 수를 중요도 순으로 결정하고 척도레벨 간격을 결정하여 다음과 같이 정할 수 있다.

---

4) 중급과 고급의 채점표는 초급과 함께 다시 '수준'과 '텍스트'를 고려한 채점표에서 제시될 것이다.

[표 6] 초급-실용문5)

| 평가 내용 및 척도 | | 점 수 |
|---|---|---|
| • 언어사용 | | |
| 철자가 정확한가? | ①②③④ | ( ) |
| 띄어쓰기가 의미파악과 전체적인 인상에 지장을 주고 있는가? | ①②③④ | ( ) |
| 문법사용이 정확하고 자연스러운가? | ①②③④ | ( ) |
| 어휘력이 풍부하고 그 사용이 적절한가? | ①②③④ | ( ) |
| • 사회적 기능 | | |
| 텍스트에 적절한 문체와 어조를 일관성 있게 사용하고 있는가? | ①② | ( ) |
| 수사적 표현력이 다양하고 적절한가? | ①② | ( ) |
| • 글의 구성 | | |
| 요구된 과제를 다 포함해서 글을 완성했는가? | ①②③ | ( ) |
| 텍스트의 형식적 응결장치를 적절히 사용하고 있는가? | ①②③ | ( ) |
| • 내용과 사고 | | |
| 내용이 이해하기 쉬운가? | ①② | ( ) |
| 읽을 때 심적인 동요와 감동이 있는가? | ①② | ( ) |

[표 7] 중급-설명문

| 평가 내용 및 척도 | | 점 수 |
|---|---|---|
| • 언어사용 | | |
| 문법사용이 정확하고 자연스러운가? | ①②③ | ( ) |
| 어휘력이 풍부하고 그 사용이 적절한가? | ①②③ | ( ) |
| • 사회적 기능 | | |
| 텍스트에 적절한 문체와 어조를 일관성 있게 사용하고 있는가? | ①② | ( ) |
| 수사적 표현력이 다양하고 적절한가? | ①② | ( ) |
| • 글의 구성 | | |
| 요구된 과제를 다 포함해서 글을 완성했는가? | ①②③④ | ( ) |
| 텍스트의 형식적 응결장치를 적절히 사용하고 있는가? | ①②③④ | ( ) |
| 글의 흐름이 자연스러운가? | ①②③④ | ( ) |
| • 내용과 사고 | | |
| 내용이 이해하기 쉬운가? | ①② | ( ) |
| 사용된 정보가 적절한가? | ①② | ( ) |

5) 평가의 신뢰성 확보를 위해서는 더 구체적인 개별 텍스트 종류에 따라 기술되어야 함이
마땅하다. 다만, 여기에서는 일예로 초, 중, 고급별로 각각 '사적편지(실용문)', '제품사
용(설명문)', '올바른 인터넷 사용(논설문)'을 제시해 본다.

[표 8] 고급 – 논설문

| 평가 내용 및 척도 | | 점수 | |
|---|---|---|---|
| • 언어사용 | | | |
| 문법사용이 정확하고 자연스러운가? | ①② | ( | ) |
| 어휘력이 풍부하고 그 사용이 적절한가? | ①② | ( | ) |
| • 사회적 기능 | | | |
| 텍스트에 적절한 문체와 어조를 일관성 있게 사용하고 있는가? | ①②③④ | ( | ) |
| 수사적 표현력이 다양하고 적절한가? | ①②③④ | ( | ) |
| • 글의 구성 | | | |
| 요구된 과제를 다 포함해서 글을 완성했는가? | ①②③ | ( | ) |
| 텍스트의 형식적 응결장치를 적절히 사용하고 있는가? | ①②③ | ( | ) |
| 글의 흐름이 자연스러운가? | ①②③ | ( | ) |
| • 내용과 사고 | | | |
| 사용된 정보(또는 근거)가 적절한가? | ①②③④ | ( | ) |
| 펼치고 있는 주장이 논리적이고 설득력이 있는가? | ①②③④ | ( | ) |

## 3. 작문 문항 텍스트의 다양성

한국어 작문평가에 있어서 다양한 텍스트 종류를 제시한다는 것은 그만큼 평가의 타당성을 높이고 있다는 의미이다. 다시 말하면 타당성 있는 한국어 작문능력평가를 위해서는 다양한 텍스트 종류를 출제해야 하며, 학습자들은 평가경향에 따라 학습하게 됨으로 다양한 텍스트를 익히고 표현할 수 있는 능력을 기르게 될 것이다. 다양한 한국어 텍스트 종류 또한 수준별로 연구 제시되고 적용되어야 한다. 일단 일반한국어능력시험의 작문기출문항을 분석해 보고, 그 후에 수준별 작문 문항 텍스트 유형에 대하여 살펴보자.

### 1) 일반한국어능력시험(S-TOPIK)의 텍스트 다양성

일반한국어능력시험(S-TOPIK)의 초급(1, 2급), 중급(3, 4급), 고급(5, 6급) 평가기준을 통해서는 텍스트 종류를 추측하기는 다소 무리가 있다.[6] 그래서 여기서는 지금까지 출제된 작문평가 기출 문항(제11회~14회)[7]을 '주제'와 '문항유형', '텍스트유형' 별로 분류해 보았다. 텍스트 유형을 살펴보면 초급과 중급을 통틀어 10개의 텍스트 중 9개가 '설명문'이고, 고급은 모두 '논설문'이 출제되었다. 사실상 '설명문'과 '논설문'으로 지극히 단순하게 양분화 되어 있음을 알 수 있다. 평가문항 텍스트 유형에 대한 배려가 없다고 볼 수 있다. 이는 '텍스트적 특성에 따른 격식의 사용' 등에 대한 평가의 타당성을 떨어뜨리는 텍스트선정이라 하겠다. 그 결과는 [표 9]에서 확인할 수 있다.

[표 9] 일반한국어(S-TOPIK)의 문항 분석

| 문항 \ 급 | | 초급(1, 2급) | 중급(3, 4급) | 고급(5, 6급) |
|---|---|---|---|---|
| 주제 | 10회 | 좋아하는 여행 장소 | 갖고 싶은 직업 | 올바른 사과는 무엇인가 |
| | 11 | 받고 싶은 선물 | 나의 성격 | 현대 사회에서 나눔(분배)의 필요성 |
| | 12 | 좋아하는 친구 | 10년 후의 나의 모습 | 동물실험 |
| | 13 | 자기소개 | 꼭 만나보고 싶은 사람 | 이 시대가 원하는 지도자 |
| | 14 | 좋아하는 계절 | 잊지 못할 추억 | 올바른 인터넷 사용 태도 |
| 문항 유형 | 10회 | | | 이어쓰기 |
| | 11 | | | |
| | 12 | 제시된 '주제와 중심요지'를 포함시켜 자유 글쓰기[8] | | |
| | 13 | | | |
| | 14 | | | |

---

6) 1급에만 '생활문과 실용문'이 제시되어 있고 2, 3급에 '문단단위'라는 텍스트 형태가 언급된 것이 전부이다.

7) S-TOPIK 작문 평가가 강화된 제10회부터 2008. 9월에 실시된 최근 14회까지의 급수별 쓰기 영역 작문 문항은 부록에서 참고할 것.

| 문항＼급 | | 초급(1, 2급) | 중급(3, 4급) | 고급(5, 6급) |
|---|---|---|---|---|
| 텍스트 유형 | 10회 | 설명문 | 설명문 | 논설문 |
| | 11 | | | |
| | 12 | | | |
| | 13 | 자기소개서 | | |
| | 14 | 설명문 | | |

## 2) 수준별 작문 문항 텍스트 유형 제시

서희정(2005 : 15~18)에서는 다양한 이론들을 참고로 한국어 능력시험 텍스트 유형에 관해 언급하고 있다.9) 텍스트 기능에 따라 텍스트 유형을 '친교와 정서', '정보전달', '논증, 설득', '문학'의 4가지로 분류하고, 각각의 텍스트 유형은 다시 '개인적 / 업무적'이나 '개인적 / 학문적'으로 나뉜다. 그리고 텍스트 유형에 따라 급수별 텍스트 종류를 분석 기술하였다.

여기에 몇 가지 텍스트 종류를 첨부하고자 한다. 즉, 친교 / 정서 목적의 '휴대전화문자', '여행계획서', '영화감상문', '독후감', '소견서', '청원서', '추천서', '환영사'와 정보전달 목적의 '일지', '알림 글', '사유서', '진술서', '계약서', '합의서', '광고문', '수학계획서' 등이다. 아래 표에서 제시하고 있듯이 작문 문항 텍스트 유형은 초급에서 고급으로 갈수록 일상 소재를 다룬 실용문에서 업무와 관계된 사회적 글쓰기로 발전하고 있다. 즉, 친숙한 것에서 친숙하지 않은 주제로 개인적, 업무적, 학문적

---

8) 문항 유형에서는 10회~14회(초, 중, 고)까지 총 15개 문항 중 한 문항을 제외하고는 모두 '제시된 주제와 중심요지를 포함시킨 글쓰기'식의 문항이었다. 문항 유형의 다양성이 없음을 알 수 있다. 굳이 고급의 문항유형의 차이를 들자면 초급, 중급과 달리 '참고 문'을 제시해주고 '주제와 중심내용'을 포함시켜 자기 의견을 피력하게 한다는 점이다. 문항유형의 다양성 모색은 다음 기회로 미루기로 한다.

9) 서희정(2005 : 15~18)은 Vähäpässi(1982)의 쓰기 담화의 일반모델(General Model of Writing Discourse)과 Brown(2004 : 219)의 쓰기 장르 및 김왕규 외(2002 : 107~109)의 한국어능력시험의 쓰기 영역의 평가 내용을 바탕으로 급별로 제시한 것이다.

글쓰기를 지향하는 것이 바람직하다고 하겠다.

[표 10] 한국어 작문 문항 텍스트 유형 및 종류10)

| 의도/목적 | 초 급 | 중 급 | 고 급 |
|---|---|---|---|
| 친교/정서<br>(개인적/업무적) | 편지/이메일/카드/엽서/메모/초대장/일기/휴대전화문자 | 편지/이메일/일기/에세이/자기소개서/**영화감상문/독후감/여행계획서** | 에세이/**감상문**/편지/**소견서/청원서/추천서/환영사** |
| 정보전달<br>(개인적/업무적) | 신상명세서/메모/일정/광고/각종서류/안내문 | 사용설명서/업무보고서/기행문/지원서/이력서/처방전/기사/**일지/사유서/알림 글** | 노트/편지/기획보고서/이력서/기사/기행문/**진술서/계약서/합의서/광고문** |
| 논증/설득<br>(개인적/학문적) | | 연설문/논설문 | 연설문/논설문/논문/연구보고서/논평/학술기사/**수학계획서** |
| 문학 | | 시/수필 | 시/수필/소설 |

김왕규 외(2002 : 107~109)에서도 급수별 텍스트 유형을 초급에서는 일상생활과 관련된 매우 간단한 대화나 생활문, 자주 접하는 실용문을 쓸 것을 요구하고, 중급으로 가면서 업무환경에서 요구되는 일반적 글쓰기 기능을 부분적으로 수행하되 서간문에서 서평, 수필까지를 요구하고 있다. 고급에서는 정치, 경제, 사회, 문화 전반에 걸쳐 친숙하지 않은 주제에 관해 사회적, 업무적, 학문적으로 요구되는 다양한 글쓰기를 수행하도록 하고 있다. 여기에는 소설, 시 등 문학 작품까지 포함되어 있다.

김왕규 외(2002 : 107~109)에서 기술한 급수별 텍스트 종류는 다음과 같다.

---

10) [표 10]은 서희정(2005 : 18)에서 제시한 표를 수정, 보완한 것이다. 굵은 글씨가 첨가된 텍스트 종류이다. 일반적으로 텍스트 유형은 '유사한 특성을 가진 개별텍스트들의 분류'로 보고, 텍스트 종류는 그 하위 개념으로서 '사회적, 역사적 발전 과정을 통해 생겨난, 언어적 의사소통의 복합적 양식'이다. 즉, 텍스트 유형－종류의 관계로 논증－서평, 초대장－청첩장의 예를 들 수 있다. 유형은 분류, 종류는 분석이라는 용어를 사용한다. 본 글에서도 기본적으로는 이 개념을 따르되 때론 텍스트 유형과 종류의 개념을 엄밀히 구분하지 않기로 한다.

- 1급 : 대화문, 서술문
- 2급 : 대화문, 서술문, 실용문, 설명문, 메모, 편지, 서식, 안내문, 광고문
- 3급 : 대화문, 서술문, 실용문, 설명문, 메모, 편지, 서식, 안내문, 광고문, 기사
- 4급 : 대화문, 서술문, 실용문, 설명문, 메모, 편지, 서식, 안내문, 광고문, 기사, 감상문, 서평, 수필
- 5, 6급 : 대화문, 서술문, 실용문, 설명문, 메모, 편지, 서식, 안니문, 광고문, 기사, 감상문, 서평, 수필, 소설, 시

# 4. 작문 문항 제시 및 채점의 실제

## 1) 일반한국어능력시험(S-TOPIK) 작문 문항의 타당성 문제[11]

이 장에서는 한국어 작문 문항을 제시하기 이전에 먼저 일반한국어능력시험(S-TOPIK) 작문 문항 제시가 타당한지에 관하여 작문 답안의 구체적인 실례를 중심으로 살펴보겠다.[12] 여기에서 소개할 내용은 제11회 일반한국어능력시험(S-TOPIK) 초급(1, 2급) 쓰기에서 주어진 작문 문항이다. 이 작문 문항은 맥락이 결여됨으로써 위에서 살펴본 일반한국어능력시험(S-TOPIK) 작문영역의 평가범주에 해당하는 '사회언어학적 격식', 즉 '작문의 장르적 특성 등에 맞추어 격식(register)의 사용이 적절한가를 평가'한다는 것과는 거리가 멀어 보인다.

이어서 제시된 '실험답안1~3'은 실제 필자가 교육하고 있는 2급 반 학생들[13]을 대상으로 실험적으로 시험을 치른 결과이다. 이 실험 결과를

---

11) 타당도란 무엇을 얼마나 정확하게 재고 있느냐의 문제이며, 내용 타당도, 구인 타당도, 기준 타당도, 안면 타당도, 예상 타당도가 있다.
12) 전은주(2008 : 145~46)에서 한국어능력시험의 작문 문항 내용타당도에 대하여 이미 언급한 바 있다.

통해 작문평가 문항의 타당성에 문제가 있음을 볼 수 있다.

[표 11] 제11회 작문 문항

※ [47] 여러분은 어떤 선물을 받고 싶습니까? 왜 그 선물을 받고 싶습니까? 쓰십시오.
(150~300자) (30점)

* 쓰기 예

|   | 시 | 장 | 에 | 는 |   | 재 | 미 | 있 | 는 |   | 물 | 건 | 도 |   | 많 | 고 |   | 사 | 람 |
|---|---|---|---|---|---|---|---|---|---|---|---|---|---|---|---|---|---|---|---|
| 도 |   | 많 | 습 | 니 | 다 | . |   | 여 | 러 |   | 가 | 지 |   | 물 | 건 | 의 |   | 이 | 름 | 을 |

[그림 1] 실험답안1

'[그림 1] 실험답안1'을 통해서 독자, 문체, 텍스트[14] 등을 살펴 볼 수
있겠다. 작성자가 문장의 주어를 '저'로, 종결형을 상대 높임 '하십시오'
체를 사용함으로써 독자를 자기보다 '연장자'나 '대중'으로 상정했음을
볼 수 있다. 문체는 격식체를 사용했으며, 텍스트 유형을 말하자면 '발표

13) 한국어 학습 기간이 6개월가량 되는 14명의 학생들에게 '선물'에 관한 주제로 <제11
회> 기출문제와 함께 이메일, 편지(친구에게, 부모님께), 카드 등 총 4개의 과제의 답
안을 작성해 보도록 했다.

14) 필요에 따라서는 '장르'를 '텍스트'라는 용어로 대용하겠다. 고영근(1999 : 1~8)에서는
'Text'를 '일단 사람이 어떤 의도를 가지고 산출하는 언어적 표현'이라고 규정하고 있
다. 텍스트는 즉, 음성언어와 문자언어로 나타나는 의사소통 단위를 통일적으로 '텍스
트(text)'라고 명명하고 있으며, 여기서도 이 정의를 따라서 텍스트가 장르를 포함한다
고 보겠다('텍스트 > 장르').

문' 정도로 해야 할 것이다.

[그림 2] 실험답안2

| | | | | | 꿈 | 의 | 선 | 물 | | | | | | | | | |
|---|---|---|---|---|---|---|---|---|---|---|---|---|---|---|---|---|---|
| | 요 | 즘 | 은 | | 수 | 업 | 이 | | 너 | 무 | | 많 | 아 | 서 | | 숙 | 제 | 를 |
| 많 | 이 | | 있 | 었 | 어 | 요 | . | | 그 | 래 | 서 | | 매 | 일 | | 늦 | 게 | | 잤 |
| 어 | 요 | . | | 너 | 무 | | 피 | 곤 | 해 | 서 | | 죽 | 겠 | 어 | 요 | . | | 그 | 래 |
| 서 | | 어 | 제 | | 일 | 찍 | | 잠 | 을 | | 잤 | 어 | 요 | . | | 어 | 제 | | 저 |
| 는 | | 꿈 | 을 | | 꿨 | 어 | 요 | . | | 꿈 | 중 | 에 | | 저 | 는 | | 어 | 버 | 니 |
| 께 | | 보 | 낸 | | 비 | 행 | 기 | 표 | 를 | | 받 | 았 | 어 | 요 | . | | 아 | 침 | 에 |
| 일 | 어 | 날 | 때 | | 제 | 생 | 각 | 하 | 는 | "비 | 행 | 기 | 표 | 롸 | 있 | 으 | 면 | 좋 |
| 겠 | 어 | 요" | - | | 저 | 는 | | 집 | 을 | | 너 | 무 | | 보 | 고 | | 싶 | 었 | 어 |

'[그림 2] 실험답안2'는 '[그림 1] 실험답안1'과 독자나 텍스트를 비슷하게 상정할 수 있겠으나, 문장 종결형을 '-어요(상대두루높임)'의 비격식체를 사용한 것을 통해서 '발표문' 중에서도 좀 더 자유로운 분위기를 예상할 수 있겠다. 제목까지 붙여 놓은 것이 또 다른 면이다.

[그림 3] 실험답안3

| | 어 | 떤 | | 선 | 물 | 을 | | 받 | 으 | 면 | | 좋 | 을 | 까 | ? | 어 | 려 | 운 |
|---|---|---|---|---|---|---|---|---|---|---|---|---|---|---|---|---|---|---|
| 문 | 제 | 다 | . | 지 | 금 | 의 | | 사 | 회 | 가 | | 너 | 무 | | 복 | 잡 | 해 | 서 |
| 제 | 일 | | 실 | 제 | 의 | | 물 | 건 | 이 | | 필 | 요 | 한 | 다 | . | | 그 | 러 | 서 |
| 선 | 물 | 을 | | 받 | 을 | | 수 | | 있 | 으 | 면 | | 제 | 가 | | 돈 | 을 | | 받 |
| 고 | | 싶 | 다 | . | 이 | 제 | 의 | | 사 | 람 | 은 | | 돈 | 을 | | 벌 | 기 | 위 | 해 |
| 서 | | 무 | 슨 | | 일 | 을 | | 할 | | 수 | | 없 | 다 | ? | 왜 | 냐 | 하 | 면 |
| 돈 | 은 | | 있 | 으 | 면 | | 좋 | 아 | 하 | 는 | | 물 | 건 | 을 | | 다 | | 살 | 수 |

'[그림 3] 실험답안3'은 문체는 격식체를 사용한 점에서 '[그림 1] 실

험답안1'과 같지만 종결형에서 상대 높임을 쓰지 않았다는 점에서 다른 두 답안과 다르다. 텍스트를 예상하자면 독자를 자신으로 상정한 '일기'나 불특정 대중을 염두에 둔 '수필' 정도가 될 수 있다. 하지만, 날짜가 없는 것을 생각할 때 '일기' 형식이라고 하기에도 무리가 있다.

　이상에서 제시된 평가 과제는 작문의 상황이나 맥락이 결여 되어 있다. 즉, 글의 종류와 독자, 목적이 상세히 기술되어 있지 않기 때문에 동일한 평가문항에 기대되는 작문답안의 형태는 다양할 수밖에 없다. 수험생이 작성한 글마다 제각기 다른 형식과 문장의 형태를 지니고 있다. 이것은 '작문의 장르적 특성 등에 맞추어 격식(register)의 사용이 적절한가를 평가'하겠다는 평가 내용과도 거리가 있고 동시에 평가의 타당성과 신뢰성에 문제가 있는 것이다. 위 '실험답안1～3'을 텍스트, 독자, 문체 별로 정리하면 다음과 같다.

[표 12] 실험답안 분류표

| 구분 〈S-TOPIK〉 | 텍스트 | 독 자 | 문 체 |
|---|---|---|---|
| 실험답안1 | 발표문 | 대중, 연장자 | 격식적 문어체 |
| 실험답안2 | 발표문 | 대중, 연장자 | 비격식적 구어체 |
| 실험답안3 | 일기, 수필 | 자신 | 격식적 문어체 |

## 2) 초급 작문 문항의 대안 제시

　앞에서 문제가 되었던 텍스트와 맥락의 문제를 여기에서 해결하고자 한다. 즉, 텍스트와 맥락을 고려해서 작문 문항을 제시함으로 그 대안을 마련할 것이다. 일기, 편지, 이메일이라는 3가지 종류의 텍스트를 모색해 보겠다. 동일한 '선물'이란 주제이지만, 상황, 작문텍스트 유형, 대상, 목적 등을 구체적으로 상정해 줄 것이다. 그러면 어느 정도 일관성 있는 글이 예상되는 동시에 동일한 평가내용에 따른 타당성과 신뢰성이 확보되는 평가가 이루어질 것이다. 또한 앞에서 문제가 되었던 '사회언어학적 격식사용'에 대한 평가도 자연스럽게 이루어질 것이다.

다음의 '[그림 4] 대안답안1'~'[그림 6] 대안답안3'은 동일인이 작성한 답안으로서 다양한 텍스트에 대한 한 사람의 사회언어학적 격식사용 대처 능력을 볼 수 있는 좋은 예이다.[15)]

[표 13] 대안1(일기)

※ [47] 다음을 읽고 150~300자로 글을 쓰십시오(30점)
　47. 내일이 당신의 생일입니다. 다음의 내용으로 일기를 쓰십시오.
　• 내용 : 무슨 선물을 받고 싶습니까? 왜 받고 싶습니까? 누구에게 받고 싶습니까?
　* 일기쓰기 예

|  |  |  |  |  |  |  | 08 | 년 |  | 12 | 월 |  | 25 | 일 |
|---|---|---|---|---|---|---|---|---|---|---|---|---|---|---|
|  | 나 | 는 |  | 오 | 늘 |  | 친 | 구 | 와 |  | 함 | 께 |  | 백 | 화 | 점 | 에 |  | 갔 |
| 다 | . | 거 | 기 | 에 | 서 |  | 따 | 뜻 | 한 |  | 목 | 도 | 리 | 를 |  | 샀 | 다 | . |

[그림 4] 대안답안1

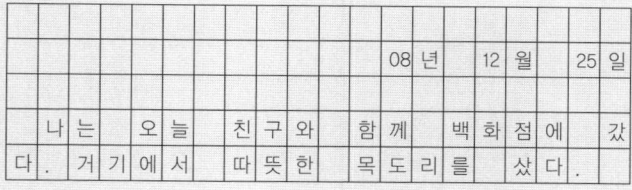

---

15) 한 사람이 여러 글을 쓰도록 한 것은 숙달도 평가를 이런 방식으로 실행하자는 의도는 아니고 단지 동일인일 경우 맥락과 텍스트가 분명한 평가문항제시를 통해 약점과 감점이 분명히 평가되고 텍스트 설정의 중요성이 더 부각될 것으로 예상되어서 선택한 방법이다. 물론, 실용성만 갖춰진다면 한 사람에게 다양한 텍스트를 써 보도록 하는 식의 질적인 숙달도 평가도 고려해 볼 법하다.

[표 14] 대안2(카드)

※ [47] 다음을 읽고 150~300자로 글을 쓰십시오(30점)

47. 오늘이 당신 어머니의 생신입니다. 당신은 부모님을 위해서 선물을 샀습니다. 다음의 내용으로 부모님께 선물 카드를 쓰십시오.

- 내용 : 무슨 선물을 샀습니까? 왜 그 선물을 샀습니까?

* 카드쓰기 예

|   |   |   |   |   | 사 | 장 | 님 | 께 |   |   |   |   |   |   |   |
|---|---|---|---|---|---|---|---|---|---|---|---|---|---|---|---|
|   |   |   |   |   |   |   |   |   |   |   |   |   |   |   |   |
|   | 사 | 장 | 님 | , | 안 | 녕 | 하 | 세 | 요 | ? |   | 지 | 난 | 번 |   | 주 | 문 | 하 | 신 |
| 상 | 품 | 은 |   | 이 | 미 |   | 발 | 송 | 했 | 습 | 니 | 다 | . | 너 | 무 |   | 늦 | 어 | 서 |
|   |   |   |   |   |   |   |   | ⋮ |   |   |   |   |   |   |   |
|   |   |   |   |   |   |   |   | 해 | 피 | 회 | 사 | 올 | 림 | . |   |

[그림 5] 대안답안2

| < | 가 | 드 | ﹥ |   |   |   |   |   |   |   |   |   | ─ |   |   |   |   |   |
|---|---|---|---|---|---|---|---|---|---|---|---|---|---|---|---|---|---|---|
|   |   |   | 어 | 머 | 님 | 께 |   |   |   |   |   |   |   |   |   |   |   |   |
|   | 어 | 머 | 님 | 께 | 저 | 번 | 에 | 요 | 즘 |   | 잘 |   | 지 | 버 | 셨 | 습 | 니 | 까 | ? |
| 오 | 늘 |   | 어 | 머 | 님 | 의 |   | 생 | 신 | 이 | 시 | 라 | 서 |   | 생 | 일 | 선 | 물 | 을 |
| 샀 | 습 | 니 | 다 | . |   | 겨 | 울 | 에 |   | 오 | 기 | 때 | 문 | 에 |   | 어 | 머 | 님 | 께 |
| 장 | 갑 | 을 |   | 샀 | 습 | 니 | 다 | . |   | 어 | 머 | 님 | 께 | 서 | 는 |   | 이 | 장 | 갑 |
| 을 |   | 끼 | 면 |   | 따 | 뜻 | 한 |   | 것 |   | 같 | 아 | 요 | . |   | 그 | 리 | 고 |   |
| 손 | 이 |   | 따 | 뜻 | 해 | 지 | 셨 | 습 | 니 | 다 | . |   | 어 | 머 | 님 | 께 | 서 | 는 |   |
| 장 | 갑 | 을 |   | 낄 | 때 |   | 저 | 를 |   | 생 | 각 | 해 |   | 주 | 세 | 요 | . |   | 생 |
| 일 |   | 축 | 하 | 해 | 요 | ~ | ~ |   | 어 | 머 | 님 | 께 | 서 | 는 |   | 건 | 강 | 을 |   |
| 시 | 키 | 세 | 요 | . |   | 너 | 무 |   | 보 | 고 | 싶 | 어 | 요 | ~ | ~ |   |   |   |   |
|   |   |   |   |   |   |   |   |   |   |   |   |   |   | 음 | 력 |   |   |   |
|   |   |   |   |   |   |   |   |   |   |   |   |   | 딸 |   | 황 | 파 | 올 | 림 |

[표 15] 대안3(이메일)

※ [47] 다음을 읽고 150~300자로 글을 쓰십시오(30점)

47. 내일은 당신 친구의 생일입니다. 다음 내용으로 이메일을 쓰세요.
  • 내용 : 친구가 받고 싶은 선물을 물어보세요. 당신이 주고 싶은 선물을 쓰세요. 그 이유도 쓰세요.
  * 이메일 쓰기 예

| 성 | 준 | 아 | , |  | 안 | 녕 | ! |  |  |  |  |  |  |  |  |
|---|---|---|---|---|---|---|---|---|---|---|---|---|---|---|---|
|  | 나 | 는 |  | 어 | 제 |  | 12 | 시 | 까 | 지 |  | 공 | 부 | 를 |  | 했 | 어 | . |  | 힘 |
| 들 | 고 |  | 피 | 곤 | 했 | 지 | 만 | , |  | 숙 | 제 | 를 |  | 모 | 두 |  | 마 | 쳤 | 기 |

[그림 6] 대안답안3

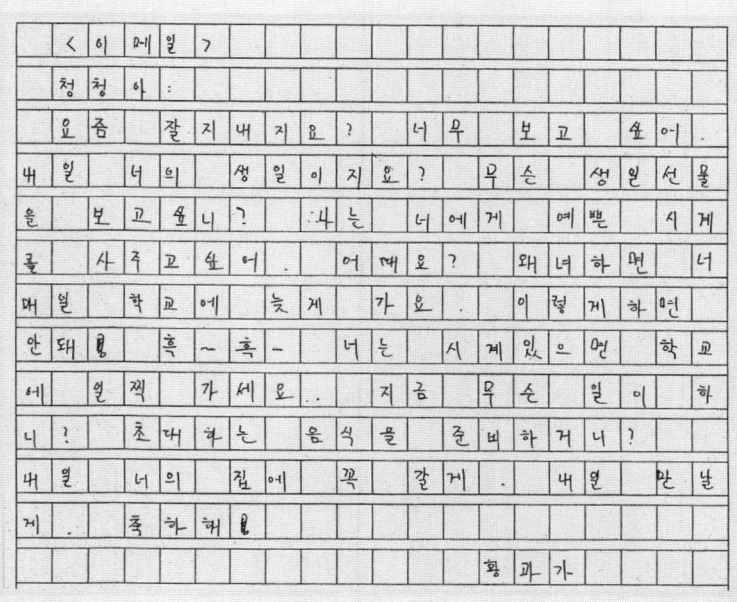

이와 같이 다양한 글의 텍스트와 맥락을 설정해 줌으로서 평가의 객관성도 갖게 됨을 볼 수 있다. 위 글의 작성자는 특히 친구에게 이메일을 보내는 '[그림 6] 대안답안3'에서 높임말과 반말을 혼동하는 실수들을 범

하게 됨을 볼 수 있다. 아마 텍스트가 주어지지 않았다면 이러한 평가 결과는 기대할 수 없었을 것이다. 수험자는 자기에게 익숙한 문체와 형태로 글을 써 내려갈 것이기 때문이다. 결국 맥락이 없는 평가는 숙달도 평가로서 부적절한 것이다. 특히, 초급의 실용문인 경우에는 더욱 더 그러함을 보았다.

### 3) 초급 작문 답안의 채점 실제

끝으로 '초급 작문답안'을 '채점 기준 표'에 따라 채점하는 실례를 보이고자 한다. 우리가 이미 2. '[표 6] 초급－실용문'에서 구현한 바 있는 채점표를 기초로 '[그림 6] 대안답안3'을 채점해 보기로 하자. 채점 하는 단계를 순차적으로 나타냈는데 먼저, 채점표의 평가항목에 따라 평가를 한 것이 '[표 17] 작문답안 평가실제'이고 이것에 기초해서 채점표에 점수를 부여한 것이 '[표 18] 초급－실용문 채점표'이다.

[표 16] 초급－실용문 작문 문항

※ [47] 다음을 읽고 150～300자로 글을 쓰십시오(30점)

　　47. 내일은 당신 친구의 생일입니다. 다음 내용으로 이메일을 쓰세요.

　　　　•내용 : 친구가 받고 싶은 선물을 물어보세요. 당신이 주고 싶은 선물을 쓰세요. 그 이유도 쓰세요.

　　　　* 이메일 쓰기 예

| 성 | 준 | 아 | . | 안 | 녕 | ! | | | | | | | | |
|---|---|---|---|---|---|---|---|---|---|---|---|---|---|---|
| | 나 | 는 | | 어 | 제 | | 12 | 시 | 까 | 지 | | 공 | 부 | 를 | | 했 | 어 | . | | 힘 |
| 들 | 고 | | 피 | 곤 | 했 | 지 | 만 | , | | 숙 | 제 | 를 | | 모 | 두 | | 마 | 쳤 | 기 | |

[표 17] 작문답안 평가실제

| 평가척도 / 문장 | 언어사용 | | | | 사회기능 | 글의 구성 | | 내용과 사고 | |
|---|---|---|---|---|---|---|---|---|---|
| | 철자 | 띄어쓰기 | 문법 | 어휘 | 문체수사 | 글자수 | 응결장치 | 심동기능 | 이해용이 |
| 1 청정아. | | | | | | 3 | | | |
| 2 요즘 잘 지내지요? | | 1 | | | 1 | 7 | | | |
| 3 너무 보고 싶어. | | | | | | 6 | | | |
| 4 내일 너의 생일이지요? | | | | | 1 | 9 | | | |
| 5 무슨 생일선물을 보고 싶니? | | 1 | | 1 | | 11 | | | 1 |
| 6 나는 너에게 예쁜 시계를 사주고 싶어. | | 1 | | | | 15 | | | |
| 7 어때요? | | | | | 1 | 3 | | | |
| 8 왜녀하면 너 매일 학교에 늦게 가요. | 1 | | | | 1 | 14 | | ✔ | |
| 9 이렇게 하면 안 돼! 흑~흑~ | | 1 | | 1 | | 9 | 1 | ✔ | |
| 10 너는 시계 있으면 학교에 일찍 가세요. | | 1 | | 1 | 1 | 15 | | | 1 |
| 11 지금 무슨 일이 하니? | | | 1 | | | 8 | | | |
| 12 초대하는 음식을 준비하거니? | | | 2 | | | 12 | | | 1 |
| 13 내일 너의 집에 꼭 갈게. | | | | | | 9 | | | |
| 14 내일 만날게. | | | 1 | | | 5 | 1 | | |
| 15 축하해 | | | | | | 3 | | | |
| 16 황과가 | | | | | | 3 | | | |
| 오류 개수 | 1 | 5 | 4 | 3 | 5 | 18(16) | 2 | | 3 |

[표 17]은 '초급－실용문' 채점표에 따라서 장문 답안을 실제 평가 했을 때의 상황을 보여준다. 평가 영역은 '언어사용', '사회기능', '글의 구성', '내용과 사고' 영역이다.

각 문장을 영역별로 평가하여 오류를 숫자로 제시하였다. 일예로 '글

16) '18'은 최저 기준치 150에서 수험자가 작성한 총 글자 수 132를 뺀 수이다

의 구성－응결장치' 영역에서 9번 문장에서 '이렇게 하면'이 아니라, 부사 '그러면'을 사용해야 할 것이며, 14번째 문장에는 '그럼', 15번 문장에는 '그리고' 등의 응결장치인 접속사가 보충되어야 할 것이다. 전체적으로 응결장치가 미흡하여 문장들 사이를 자연스럽게 연결되지 못하고 각 문장들이 서로 끊어져 있는 듯한 느낌이다.

하지만, '내용과 사고－심동기능' 영역은 오류가 아니라 심동기능이 있는 곳에 '✓'표를 하여 채점에 반영하였다. 그리고 '내용과 사고－이해용이' 영역에서는 글을 이해하는 데 심한 혼동을 가져다 준 요소들을 지적한 것이다. 즉, 5번 문장의 '……선물을 보고(받고) 싶니?'라든지, 10번 문장의 '너는 …… 가세요(갈 수 있을 거야)', 12번 문장의 '초대하는(대접할) 음식을……' 등은 이미 평가된 바 있으나 여기에서 다시 내용을 파악하는 데 상당한 장애를 줬다고 보는 것이다.

[표 18] 초급－실용문 채점표[17]

| 평가 내용 및 척도 | | 점 수 |
|---|---|---|
| • 언어사용 | | |
| 철자가 정확한가? | ①②③● | ( 4 ) |
| 띄어쓰기가 의미파악과 전체적인 인상에 지장을 주고 있는가? | ①●③④ | ( 2 ) |
| 문법사용이 정확하고 자연스러운가? | ①●③④ | ( 2 ) |
| 어휘력이 풍부하고 그 사용이 적절한가? | ①②●④ | ( 3 ) |
| • 사회적 기능 | | |
| 텍스트에 적절한 문체와 어조를 일관성 있게 사용하고 있는가? | ①② | ( 0 ) |
| 수사적 표현력이 다양하고 적절한가? | ①● | ( 2 ) |
| • 글의 구성 | | |
| 요구된 과제를 다 포함해서 글을 완성했는가? | ●②③ | ( 1 ) |
| 텍스트의 형식적 응결장치를 적절히 사용하고 있는가? | ①②● | ( 3 ) |

17) 영역별 오류 개수를 참고로 점수가 정해지는데, 영역별 '오류개수와 점수의 상관관계'에 대한 지침을 자세하게 제시하기는 난해한 면이 있다. 평가 교사들 간의 의논과 협의가 필요한 영역이기도 하다. 여기서는 필자가 오류를 참고로 해서 가능한 점수를 부여한 것이다.

| 평가 내용 및 척도 | | 점 수 | |
| --- | --- | --- | --- |
| • 내용과 사고 | | | |
| 내용이 이해하기 쉬운가? | ●② | ( 1 ) | |
| 읽을 때 심적인 동요와 감동이 있는가? | ●② | ( 1 ) | |
| 총 점 | (30점) | 19점/30점 | |

　이상 초급 편지(실용문)쓰기 작문 문항에 대한 답안을 개발한 채점표에 따라 평가해 보았다. 채점표에서 알 수 있듯이 본 작문답안 작성자는 '언어 사용'에 있어서 띄어쓰기와 문법사용 능력이 다른 요소들 보다 부진했으며, 더욱이 사회적 기능에 해당하는 적절한 문체 사용 학습이 절실한 형편이다. 총 16문장의 종결형 어미 중 1/3에 해당하는 5문장이 반말과 높임말을 오가는 현상을 보였다. 결국 상황과 맥락에 따른 언어 사용 능력에 대한 피드백이 이루어지지 않으면 사회적 기능이 더욱 중요시되는 중급과 고급으로 갈수록 작문능력이 더 저하되는 평가 결과를 맞이하게 될 것이다. 하지만, 보다시피 오류를 발견했지만 그것을 점수와 연결하는 과정에서 채점자의 주관이 상당히 개입하기 때문에 신뢰도를 최대한 높이기 위해서 교사들의 사전 의견 조율이 필요하며, 한 작문답안에 대해서 2~3명의 채점자의 결과를 합산하여 평균을 내야 할 것이다.


## 5. 마무리


　지금까지 한국어 작문평가 방안을 살펴보았다. 먼저는 한국어 작문의 '새로운 평가 기준'을 설정하여 초급(실용문), 중급(설명문), 고급(논설문)에 걸쳐 '수준과 텍스트별' 채점척도를 구체적으로 제시하였다. 그리고 다양한 평가문항 출제를 위해서 수준별로 '다양한 텍스트'를 제안하였으며 그 가운데 '초급-실용문'을 대상으로 자체 개발한 '초급 채점척도'로 채점하여 실제로 채점이 이루어져가는 과정을 실현해 보았다. 더욱이 이러한 결과물들은 현행 '일반한국어능력시험'에서 보완되어야 할 평가문항 텍스트의 다양성 문제라든지, 평가의 타당성 확보를 위한 평가문항제시, 수준과 텍스트를 고려한 차별화된 평가기준 설정 등의 문제에 대한 해결방안을 모색했다고 할 수 있다. 하지만 더 나은 평가의 신뢰성 확보를 위해서는 발견한 오류와 점수와의 관계를 더 명확히 할 필요가 있으며 이를 통해 채점과정에서 교사들의 주관을 최소화하는 것이 중요하며, 한 답안에 대해 공동으로 채점하는 방식도 필요하다. 나아가 평가자의 전문성과 관련해서 전문가 훈련과 세미나 등도 고려되는 것이 바람직하다. 이상 거론된 내용들을 표로 제시하며 마무리 하고자 한다.

[표 19] 한국어 작문의 숙달도 평가 방안 정리표

| 평가 기준 및 내용 설정 | * 수준별, 텍스트별로 재구성 가능한 평가 기준 개발 | [표 6] 초급-실용문<br>[표 7] 중급-설명문<br>[표 8] 고급-논설문 |
| --- | --- | --- |
| ↓ | | |
| 평가문항 텍스트 유형 제안 | * 평가문항 출제 시에 적용하기 위한 다양한 텍스트 종류들의 수준별 제시 | [표 10]<br>한국어 작문 문항 텍스트 유형 및 종류 |
| ↓ | | |
| 평가문항 제시방안의 실례 | * 평가의 타당성 확보를 위해 '텍스트', '상황맥락'을 제시한 '초급-실용문' 작문 평가 문항 제시 | [표 13] 대안1(일기)<br>[표 14] 대안2(카드)<br>[표 15] 대안3(이메일) |
| ↓ | | |
| 채점의 실제 | * 작문 답안이 실제로 채점 되는 과정 실현 | [표 17] 작문답안 평가실제<br>[표 18] 초급-실용문 채점표 |

# 참고문헌

고영근(1999), 텍스트이론−언어문학통합론의 이론과 실제, 아르케.

김왕규 외(2002), "한국어 능력시험의 평가기준 개발 연구", 한국교육과정평가원.

김유정 외(1998), "한국어 능력 평가 방안 연구−성취도 평가를 중심으로−", 한국어 교육 9-1, 국제한국어교육학회.

김유정(2001), "한국어 쓰기 포트폴리오 평가에 대한 연구−중급 학습자를 대상으로", 한국어학 13, 한국어 학회, pp.85~120.

김정숙(1999), "담화능력 배양을 위한 외국어로서의 한국어 쓰기 교육", 한국어교육 10-2, 국제한국어교육학회, pp196-214.

김정숙 외(2005ㄱ), "한국어능력시험의 개선 방안 연구(I)−등급 부여방식을 중심으로−", 한국어교육 16-1, 국제한국어교육학회, pp.77~97.

김정숙 외(2005ㄴ), 한국어 능력 시험의 개선방안 연구(Ⅱ)−평가문항 유형을 중심으로, 한국어교육 16-2, 국제한국어 교육학회, pp.91~107.

김호정(2007), "한국어 쓰기 교육의 원리와 교육 방안 탐색", 국어교육학연구 30, 국어 교육학회, pp.233~260.

노대규(1983), "외국어로서의 한국어 시험과 평가", 이중언어학 1, 이중언어학회, pp.139~172.

노은경(1994), "제2언어에서의 텍스트생성능력", 텍스트언어학 2, 텍스트언어학회, pp.165~190.

박영목(1998), "작문능력평가 방법과 절차", 국어교육 99, 한국어교육학회, pp.1~29.

박영순(2006), 외국어로서의 한국어교육론, 도서출판 월인.

박진용(1998), "국어과교육의 텍스트유형 분류", 청람어문학 20, 청람어문교육학회, pp.261~282.

서희정(2005), "한국어능력시험 쓰기 영역 문항 개발에 관한 연구−주관식 문항 유형을 중심으로−", 高凰論集 37, 慶熙大學校 大學院 院友會, pp.13~32.

우인혜(1996), "한국어 쓰기 교육에 대한 일 고찰", 한양어문 연구 제14집, 한양대 한양어문연구회, pp.163~185.

이미혜(2000), "과정 중심의 한국어 쓰기 교육−작문 수업을 중심으로", 한국어 교육 11-2, 국제한국어교육학회, pp.133~150.

전은주(2008), "한국어 능력 시험 평가 문항의 내용타당도 분석−제12회 일반 한국어 (S-TOPIK)의 쓰기·듣기·읽기 영역을 중심으로−", 국어교육학연구 31, 국어교육학회, pp.129~161.

정광 외(1994), "한국어 능력 평가 방안 연구-언어숙달도(Proficiency)의 측정을 중심으로", 한국어학 1, 한국어학 연구회, pp.481~538.

조항록(2006), "한국어 능력 평가 체계의 현황과 과제", 한국어 교육 17-1, 국제한국어교육학회, pp.333~363.

지현숙(2004), "학습자 중심 한국어 교육에서의 대안적 평가", 한국어교육 115-2, 국제한국어교육학회, pp.233~252.

진대연(2004), "한국어 쓰기 능력 평가에 대한 연구-텍스트 생산 능력 평가를 중심으로", 국어교육학연구 19, 국어교육학회, pp.483~512.

한국방송통신대학교 평생교육원 편(2005), 외국어로서의 한국어교육학, 한국방송통신대학교출판부.

한재영 외(2002), 한국어 교육 총서 2〈한국어 교수법〉개발 최종 보고서, 한국어 세계화추진위원회.

# 부 록

일반한국어능력시험(S-TOPIK) 주관식(작문)평가 문항(제10회~제14회)

## 1. 초급(1, 2급)

〈제10회〉

※ [47] 여러분은 여행을 좋아합니까? 특별히 좋아하는 장소가 있습니까? 왜 그 장
소를 좋아합니까? 쓰십시오. (150~300자) (30점)

* 쓰기 예

| | 저 | 는 | | 책 | 을 | | 좋 | 아 | 합 | 니 | 다 | . | | 그 | 래 | 서 | | 언 | 제 | 나 |
|---|---|---|---|---|---|---|---|---|---|---|---|---|---|---|---|---|---|---|---|---|
| 책 | 을 | | 가 | 지 | 고 | | 다 | 닙 | 니 | 다 | . | | 약 | 속 | | 장 | 소 | 에 | | 갈 |

〈제11회〉

※ [47] 여러분은 어떤 선물을 받고 싶습니까? 왜 그 선물을 받고 싶습니까? 쓰십시
오. (150~300자) (30점)

* 쓰기 예

| | 시 | 장 | 에 | 는 | | 재 | 미 | 있 | 는 | | 물 | 건 | 도 | | 많 | 고 | | 사 | 람 |
|---|---|---|---|---|---|---|---|---|---|---|---|---|---|---|---|---|---|---|---|
| 도 | | 많 | 습 | 니 | 다 | . | 여 | 러 | | 가 | 지 | | 물 | 건 | 의 | | 이 | 름 | 을 |

〈제12회〉

※ [47] 다음을 읽고 150~300자로 글을 쓰십시오(30점)

47. 좋아하는 친구가 있습니까? 왜 그 친구를 좋아합니까? 좋아하는 친구에 대
해서 소개해 보십시오.

* 쓰기 예

| | 저 | 는 | | 따 | 뜻 | 한 | | 우 | 유 | 를 | | 마 | 십 | 니 | 다 | . | 그 | 러 | 면 |
|---|---|---|---|---|---|---|---|---|---|---|---|---|---|---|---|---|---|---|---|
| 몸 | 이 | | 따 | 뜻 | 해 | 져 | 서 | | 잠 | 이 | | 잘 | | 옵 | 니 | 다 | . | 여 | 러 |

〈제13회〉

※ [47] 다음을 읽고 150~300자로 글을 쓰십시오. (30점)

47. 자기를 소개해 보십시오. 이름이 무엇입니까? 어느 나라 사람입니까? 무엇을 합니까? 무엇을 좋아합니까?

＊ 쓰 기 예

|   | 박 | 물 | 관 | 에 |   | 가 | 면 |   | 그 |   | 나 | 라 |   | 사 | 람 | 들 | 의 |   | 문 |
|---|---|---|---|---|---|---|---|---|---|---|---|---|---|---|---|---|---|---|---|
| 화 | 를 |   | 알 |   | 수 |   | 있 | 습 | 니 | 다 | . |   | 그 | 래 | 서 |   | 저 | 는 |   | 다 |

〈제14회〉

※ [47] 다음을 읽고 150~300자로 글을 쓰십시오. (30점)

47. 어느 계절을 좋아합니까? 왜 그 계절을 좋아합니까? 그 계절에 특별히 무엇을 합니까?

＊ 쓰 기 예

|   | 저 | 는 |   | 맛 | 있 | 는 |   | 음 | 식 | 을 |   | 먹 | 고 |   | 싶 | 으 | 면 |   | 전 |
|---|---|---|---|---|---|---|---|---|---|---|---|---|---|---|---|---|---|---|---|
| 주 | 에 |   | 갑 | 니 | 다 | . |   | 왜 | 냐 | 하 | 면 |   | 전 | 주 | 는 |   | 한 | 식 | 으 | 로 |

## 2. 중급(3, 4급)

〈제10회〉

※ [46] '갖고 싶은 직업'이라는 제목으로 글을 써 보십시오. 단 아래에 제시된 내용이 모두 포함되어야 합니다. (400~600자) (30점)

46.

| 직업명, 하는 일, 그 일을 하려는 이유, 그 일에 필요한 조건 |
|---|

＊ 원고지 쓰기 예

|   | 영 | 국 | 의 |   | 한 |   | 화 | 가 | 가 |   | 날 | 마 | 다 |   | 강 | 을 |   | 바 | 라 |
|---|---|---|---|---|---|---|---|---|---|---|---|---|---|---|---|---|---|---|---|
| 보 | 고 |   | 있 | 었 | 다 | . |   | 동 | 료 | 들 | 이 |   | 그 | 에 | 게 |   | 그 | 림 | 은 |   |

〈제11회〉

※ [46] '나의 성격'이라는 제목으로 글을 써 보십시오. 단 아래에 제시된 내용이 모두 포함되어야 합니다.(400~600자) (30점)

46.
| 성격의 특징, 장점과 단점, 고치고 싶은 부분과 그 이유 |

* 원고지 쓰기 예

|   | 어 | 느 |   | 배 | 우 | 는 |   | 무 | 명 |   | 시 | 절 | 에 |   | 너 | 무 |   | 힘 | 들 |
| 어 | 서 |   | 연 | 기 | 를 |   | 그 | 만 |   | 두 | 고 |   | 싶 | 을 |   | 때 |   | 마 | 다 |

〈제12회〉

※ [46] 다음을 읽고 400~600자로 글을 쓰십시오.(30점)
46. '10년 후의 나의 모습'이라는 제목으로 글을 써 보십시오. 단, 아래에 제시된 내용이 모두 포함되어야 합니다.

| 일의 내용, 일의 의미와 가치, 현재의 나의 노력 |

* 원고지 쓰기 예

|   | 사 | 물 | 은 |   | 바 | 라 | 보 | 는 |   | 위 | 치 | 에 |   | 따 | 라 |   | 다 | 르 | 게 |
| 보 | 인 | 다 | . |   | 컵 | 을 |   | 예 | 로 |   | 들 | 어 |   | 생 | 각 | 해 |   | 보 | 자 |

〈제13회〉

※ [46] 다음을 읽고 400~600자로 글을 쓰십시오.(30점)
46. '꼭 만나보고 싶은 사람'이라는 제목으로 글을 쓰십시오. 단, 아래에 제시된 내용이 모두 포함되어야 합니다.

| 만나고 싶은 사람 소개, 만나고 싶은 이유, 만나면 하고 싶은 말이나 일 |

* 쓰기 예

|   | 최 | 근 |   | 많 | 은 |   | 기 | 업 | 에 | 서 |   | 인 | 턴 | 사 | 원 | 제 | 를 |   | 도 |
| 입 | 하 | 고 |   | 있 | 다 | . |   | 예 | 비 | 취 | 업 | 생 |   | 입 | 장 | 에 | 서 | 도 |   |

<제14회>

※ [46] 다음을 읽고 400~600자로 글을 쓰십시오.(30점)

46. '잊지 못할 추억'이라는 제목으로 글을 쓰십시오. 단, 아래에 제시된 내용이
모두 포함되어야 합니다.

> 어떤 추억인가?
> 왜 지금까지 기억에 남아 있는가?
> 언제 그 추억이 떠오르는가?

\* 원고지 쓰기의 예

| | 아 | 이 | 들 | 은 | | 장 | 난 | 감 | 을 | | 가 | 지 | 고 | | 놀 | 면 | 서 | | 보 |
|---|---|---|---|---|---|---|---|---|---|---|---|---|---|---|---|---|---|---|---|
| 내 | 는 | | 시 | 간 | 이 | | 많 | 다 | . | 장 | 난 | 감 | | 놀 | 이 | 를 | | 통 | 해 |

## 3. 고급(5, 6급)

<제10회>

45. 〈올바른 사과는 무엇인가〉에 대한 자신의 의견을 다음 글에 이어서 쓰십시오.
단, 아래 제시한 〈잘못된 사과〉 중에서 세 가지를 선택하여 비판하는 내용을 포
함하십시오. (800~900자 내외) (30점)

> 〈올바른 사과는 무엇인가〉
> 사회가 복잡해질수록 사과가 필요한 사건이나 사고가 끊이지 않는다. 그리고
> 실제로 사과도 자주 하게 된다. 그런데 그 사과를 듣는 경우에 용서를 하기는
> 커녕 속으로 분노를 더 키우게 될 때가 있다. 왜 그럴까? 사과의 기술이 부족
> 한 탓이다.
>
> _____
>
> _____
>
> 〈잘못된 사과〉
> 변명과 반론, 돌려서 말하기, 때늦은 사과, 성급한 사과, 책임지지 않기

\* 원고지 쓰기 예

| | 사 | 회 | 가 | | 복 | 잡 | 해 | 질 | 수 | 록 | | 사 | 과 | 가 | | 필 | 요 | 한 | |
|---|---|---|---|---|---|---|---|---|---|---|---|---|---|---|---|---|---|---|---|
| 사 | 건 | 이 | 나 | | 사 | 고 | 가 | | 끊 | 이 | 지 | | 않 | 는 | 다 | . | 그 | 리 | 고 |

〈제11회〉

※ 45. 다음 글을 읽고 '현대 사회에서 나눔(분배)의 필요성'에 대해 서술하십시오.
단, 자신의 계획을 반드시 포함하십시오. (800~900자 내외) (30점)

> 얼마 전 해외의 한 갑부가 자신의 재산 85%를 사회에 기부한다고 말해서 화
> 제가 되었다. 세계 2위의 부자가 자신이 모은 재산의 대부분을 사회에 환원하
> 는 모습을 보면서 부러운 생각도 든다. 하지만 부자만이 자신의 것을 남과 나
> 눌 수 있는 것은 아니다. 우리 자신이 가진 것 중에서 작은 것이라도 사회에
> 기부하고 남과 나눌 수 있다면 그 가치는 부자들의 기부와 다를 바가 없을 것
> 이다.

\* 원고지 쓰기 예

|   | 얼 | 마 |   | 전 |   | 해 | 외 | 의 |   | 한 |   | 갑 | 부 | 가 |   | 자 | 신 | 의 |   |
|---|---|---|---|---|---|---|---|---|---|---|---|---|---|---|---|---|---|---|---|
| 재 | 산 |   | 85 | % | 를 |   | 사 | 회 | 에 |   | 기 | 부 | 한 | 다 | 고 |   | 말 | 해 | 서 |

〈제12회〉

※ [45] 다음을 읽고 700~800자로 글을 쓰십시오. (30점)

45. 다음 글을 읽고 '동물실험'에 대한 자신의 견해를 서술하십시오. (찬성하거나
반대하는 입장 중 하나를 선택하여 서술하되, 아래 제시된 각 입장의 논거
중 두 개 이상을 사용할 것)

> 전 세계적으로 의학, 약학, 생물학 등 다양한 분야에서 동물실험이 이루어
> 지고 있다. 동물들은 의약품이나 식품의 안전성 평가 및 개발을 위한 연구
> 에 주로 이용된다. 이러한 동물실험에 대해 찬성하는 입장과 반대하는 입
> 장이 대립하고 있다.

| 찬 성 | 반 대 |
|---|---|
| • 인간의 생명 연장<br>• 안전성<br>• 경제성 | • 동물의 생명권<br>• 인간의 이기적 태도<br>• 자연과의 공존 |

\* 원고지 쓰기 예

|   | 전 |   | 세 | 계 | 적 | 으 | 로 |   | 의 | 학 | , |   | 약 | 학 | , |   | 생 | 물 | 학 |   | 등 |
|---|---|---|---|---|---|---|---|---|---|---|---|---|---|---|---|---|---|---|---|---|---|
| 다 | 양 | 한 |   | 분 | 야 | 에 | 서 |   | 동 | 물 | 실 | 험 | 이 |   | 이 | 루 | 어 | 지 | 고 |

〈제13회〉

※ [45] 다음을 읽고 700~800자로 글을 쓰십시오. (30점)

45. 〈이 시대가 원하는 지도자〉에 대한 자신의 견해를 서술하십시오. 단, 아래에 제시한 지도자의 조건〉에서 두 가지를 선택하여 쓰고 나머지 한 가지는 자신이 중요하게 생각하는 지도자의 조건을 쓰되, 선택의 근거를 논리적으로 밝히십시오.

| 〈지도자의 조건〉 |
| --- |
| 겸손함 / 도덕성 / 책임감 / 추진력 / 통솔력 |

\* 원고지 쓰기 예

| | 〈 | 이 | | 시 | 대 | 가 | | 원 | 하 | 는 | | 지 | 도 | 자 | 〉 | 에 | | 대 | 한 |
| --- | --- | --- | --- | --- | --- | --- | --- | --- | --- | --- | --- | --- | --- | --- | --- | --- | --- | --- | --- |
| 자 | 신 | 의 | | 견 | 해 | 를 | | 서 | 술 | 하 | 십 | 시 | 오 | . | | 단 | , | 아 | 래 | 에 |

〈제14회〉

※ [45] 다음을 읽고 700~800자로 글을 쓰십시오. (30점)

45. '올바른 인터넷 사용 태도'에 대한 자신의 견해를 서술하십시오. 단, 아래 제시한 〈올바른 인터넷 사용 태도의 예〉 중에서 세 가지를 선택하여 쓰되, 각각의 태도를 지키지 않았을 경우에 나타나는 부작용의 예를 포함해야 합니다.

| 〈올바른 인터넷 사용 태도의 예〉 |
| --- |
| 상대방의 인격 존중하기 / 타인의 사생활 보호하기 / 의견 차이 인정하기 / 바른 언어 사용하기 / 정확한 정보 올리기 |

\* 원고지 쓰기의 예

| | 일 | 회 | 용 | | 차 | 의 | | 간 | 편 | 함 | 에 | | 익 | 숙 | 한 | | 우 | 리 | 에 |
| --- | --- | --- | --- | --- | --- | --- | --- | --- | --- | --- | --- | --- | --- | --- | --- | --- | --- | --- | --- |
| 게 | | 전 | 통 | | 방 | 식 | 으 | 로 | | 차 | 를 | | 우 | 리 | 는 | | 과 | 정 | 은 |

# 저자 소개

**권 순 희** _____ 전주교육대학교 국어교육과
저서 : 국어학과 국어교육, 청자 지향적 관점의 표현 교육, 하이퍼텍스트의
언어문화 이해 교육(공저), 한국어 교수법(공저), 한국어 문법 교육(공
저), 발표와 연설의 핵심 기법(공역) 외 다수

**소 미 영** _____ 전주송천초등학교
논문 : 초등학교 시 감상학습 지도방안 – 비언어적 활동을 중심으로 –

**안 재 란** _____ 이리고등학교
논문 : 김성한 소설 연구

**임 미 성** _____ 금마초등학교
논문 : 통합적 국어교육을 위한 교과서 구성 방안 연구, 국어과 교수학습 개
선을 위한 평가체제 연구

**김 병 오** _____ 정주고등학교

**최 은 경** _____ 전주서곡중학교
논문 : 토론을 활용한 논술 교수・학습 방안 연구 : 중학교 2학년 국어 교과
서를 중심으로

**정 승 우** _____ 남원월락초등학교
논문 : 초등학생의 어휘 이해도 조사(저학년을 중심으로)

**문　　신** _____ 전주문화재단, 시인
논문 : 이성복 시 연구
저서 : 시집『물가죽 북』

**이 중 진** _____ 전북대학교 언어교육원 한국어교육센터
논문 : 한국어 몽골어 음운대조
저서 : 몽골인을 위한 한국어 교재(공저)

전북대학교 교과교육연구총서❷

# 인간과 잣대 –국어과 평가의 새로운 탐색

초판 인쇄 2009년 7월 20일 | 초판 발행 2009년 7월 30일
지은이 권순희 외
펴낸이 이대현 | 편집 이소희
펴낸곳 도서출판 역락 | 등록 제303-2002-000014호(등록일 1999년 4월 19일)
주소 서울시 서초구 반포4동 577-25 문창빌딩 2층
전화 02-3409-2058(영업부), 2060(편집부) | 팩시밀리 02-3409-2059
전자우편 youkrack@hanmail.net
ISBN 978-89-5556-714-4 93370

정가 15,000원
■잘못된 책은 교환해 드립니다.